中国外语教育研究丛书
刘道义　主编

吴　欣　崔琳琳　著

英语教师专业能力及其发展途径

YINGYU JIAOSHI ZHUANYE NENGLI
JIQI FAZHAN TUJING

GEP 广西教育出版社
南宁

序　一

由广西教育出版社策划、刘道义研究员主编的“中国外语教育研究丛书”是出版界和外语教学界紧密合作的一个重大项目。广西教育出版社归纳了本丛书的几个特色：基于中国特色的比较研究，原创性、研究性和可操作性，理论与实践相结合，学科和语种相融合，可读性较强。道义研究员则谈到五点，即理论性、实践性、创新性、研究性、可读性。我非常赞同来自出版社和主编的归纳和总结，尽可能不再重复。在这里，只是从时代性方面汇报一下自己的感受。第一，本丛书上述各个特色具有新时期所散发的时代气息。众所周知，我国的外语教育在20世纪50年代以俄语及其听、说、读、写四项技能的教学为主，改革开放后强调的是英语交际教学法。进入新时期后，我国外语教育的指导思想着眼于如何更好地为“一带一路”倡议和“教书育人”素质教育服务。应该说，外语教材和有关外语教学理念的专著在我国不同时期均有出版，但本丛书更能适应和满足新时期的要求。如果说过去出版社关注的是如何让外语教材在市场上占有一定的份额，那么，本丛书更关注的是如何指导外语教师做好本职工作，完成国家和学校所交给的任务，让学生收到更好的学习效果，让家长和社会提高对外语教学重要性的认识。当然，这套丛书也帮助外语教师实现从“教书匠”转变为真正的外语教学工作者，使他们既是教师，又是研究者。第二，本丛书的内容不仅适用于英、俄、日、法、德等传统外语语种，也适用于其他非通用语种。第三，就本丛书的选题而言，除传统的技能教学和教育学外，还有社会学、心理学、哲学、美学、神经学等内容。这体现了当代多种学科相互融合的先进思想。随着信息技术的发展，多模态的课堂教学和网络教学已成为本丛书关注的选题内容。

我和本丛书的主编刘道义研究员相识多年。由于她从不张扬，因此我有必要以老大哥的身份来介绍一下她。第一，道义自1960年从北京外国语学院（今北京外国语大学）毕业后，从事大、中、小学英语教学工作17年，对不同层次的外语教学均有亲身体验。第二，从1977年8月起，道义参加了历次的全国中小学英语教学大纲编制工作，编写和修订了12套中小学英语教材，并承担其中9套教材的主编工作；编著教师理论丛书4套、中学生英语读物2套、英语教学辅助丛书3套；发表有关英语教学改革的文章百余篇。由此可见，除参与教学实践外，她还长期从事外语教学理论的研究。最近在许多学校内时有争论，那就是教师只要教书即可，不必费神搞研究。我想道义以自己的行动回答了这个问题。第三，道义曾任教育部中小学教材审定委员会英语专家组组长、中国教育学会外语教学专业委员会理事长、课程教材研究所副所长、人民教育出版社副总编辑。这表明道义具有很强的领导和组织能力。第四，道义曾任党的十四大代表，我认为这说明了道义本人的政治品质好。党员既要把握正确的政治方向，又要在业务工作中起表率作用。所有这些归纳成一句话，本丛书主编非道义莫属。

除道义外，本丛书汇聚了我国从事外语教育研究的专家和名师。以道义所在的人民教育出版社为例，就有吴欣、李静纯、唐磊三位研究员参与编写工作。我退休后曾经在北京师范大学兼课10年，见到丛书各分册的作者名单上有王蔷、程晓堂、罗少茜等大名，顿时兴奋起来。这些当年的同事和年轻学者承担了本丛书15卷编写任务中的4卷，实力雄厚，敢挑重担，我为之感到骄傲。作者名单上国内其他师范院校从事外语教育的领导和专家有华东师范大学的邹为诚、华南师范大学的何安平、东北师范大学的高凤兰、浙江师范大学的付安权、福建师范大学的黄远振、天津师范大学的陈自鹏，来自综合性大学的则有清华大学的崔刚、范文芳和中国人民大学的庞建荣。在这个意义上，本丛书是对我国外语教育研究力量的一次大检阅。难怪本丛书的一个特色是中外外语教育思想和理论的比较研究，而且重点是中国外语教育的实践和理论。上述作者中不少是我的老相识。虽然有的多年未见，如今见到他们仍活跃在第一线，为我国的外语教育事业而奋斗，令我肃然起敬。祝他们身体健康，在事业上更上一层楼。上述作者中有两位（范文芳教授和程晓堂教授）是我在北京大学和北京师范大学指导过的博士生。目睹当年勤奋学习的年轻学子，现已成为各自学校的教学科研骨干，内心一方面感到欣慰，一方面感到自己落在后面了。

本丛书的策划者广西教育出版社成立于1986年12月。就出版界来说，时间不算太早，但本丛书的成功出版在于该社英明的办社方针。据了解，该社主要出版教育类图书。其中教师用书和学术精品板块是该社最为器重的。本丛书的良好质量和顺利出版还得益于该社两个方面的经验。首先，早在20世纪90年代，该社已出版了一套外语学科教育理论丛书（胡春洞、王才仁主编）。该丛书总结了改革开放后外语学科教育研究的成果，展示了其发展的前景，给年轻一代学者的成长提供了帮助，在外语教学界产生了很好的影响，为本丛书的组织和编写提供了宝贵的经验。其次，新时期以来，该社相继出版了数学、化学、物理、语文等学科教育研究丛书，积累了较多经验，如今策划、组织和出版“中国外语教育研究丛书”更是驾轻就熟。

天时、地利、人和，在此背景下诞生的“中国外语教育研究丛书”必然会受到国内外外语教学界和出版界的欢迎和重视。我很荣幸，成了第一批点赞人。

胡壮麟

北京大学外国语学院

2016年12月1日

胡壮麟简介：教育部基础教育课程教材专家咨询委员会委员，北京大学资深教授、博士生导师。曾任教育部高等学校外语专业教学指导委员会委员、英语组副组长，中国英语教学研究会副会长，中国语言与符号学研究会会长，中国高校功能语法教学研究会会长。

序　二

一年多以前，当我接到广西教育出版社的邀请，让我主编一套外语教育理论研究丛书时，我欣然接受了。我担此重任的这份自信并非源于自己的学术水平，而是出自我对外语教育事业的责任和未竟的情结。

我这辈子从事外语教育，无非是跟书打交道：读书、教书、编书、写书。虽然教书认真，有良好的英语基础，但成绩平平。因为缺乏师范教育，并不懂得有效的教学方法。然而，17 年的大、中、小学教学为我后来的编书和写书提供了宝贵的实践经验。改革开放后，我有幸参加了国家英语课程和教材的研制工作，零距离地与教育专家前辈共事，耳濡目染，有了长进；又有幸出国进修、考察，与海外同行交流切磋，合作编写教材、研究教法、培训师资，拓宽了视野。由于工作需要，我撰写了不少有关英语教育、教学的文章。文章虽多，但好的不多。为了提升自己的理论水平，我对语言教学理论书籍产生了浓厚的兴趣。退休后有了闲空，我反倒读了许多书，而这些书很给力，帮助我不断写文章、写书。2015 年，我实现了一个心愿，就是利用我的亲身经历为我国的英语教育做些总结性的工作。我与同行好友合作，用英文撰写了《英语教育在中国：历史与现状》一书，又用中文写了《百年沧桑与辉煌——简述中国基础英语教育史》和《启智性英语教学之研究》等文章。

我已近耄耋之年，仍能头脑清楚，继续笔耕不辍，实感欣慰。

当我正想动笔写一本书来总结有关英语教材建设的经验时，我收到了广西教育出版社的邀请信。这正中我的下怀，不仅使我出书有门，还能乘此机会与外语界的学者们一起全面梳理改革开放以来，特别是这十几年的外语教育教学的研究成果。我计划在20世纪90年代出版的，由胡春洞、王才仁先生主编的外语学科教育理论丛书的基础上进行更新和补充。发出征稿信后，迅速得到了反馈，10所大学及教育研究机构的多位学者积极响应，确定了15个选题，包括外语教学论、教与学的心理过程研究、课程核心素养、教学资源开发、教学策略、教学艺术论、教师专业发展、信息技术的运用、教材的国际比较研究等。

作者们都尽心尽力，克服了种种困难，完成了写作任务。我对所有的作者深表谢意。同时，我还要感谢胡壮麟教授对此套丛书的关心、指导和支持。

综观全套丛书，不难发现此套丛书的特点主要反映在以下几个方面：

一、理论性。理论研究不仅基于语言学、教育学，还涉及社会学、心理学、哲学、美学、神经学等领域。语种不只限于英语，还有日语和俄语。因此，书中引用的理论文献既有西方国家的，也有东方国家的。

二、实践性。从实际问题出发，进行理论研究与分析，提供解决问题的策略和案例。

三、创新性。不只是引进外国的研究成果，还反映了我国改革开放以来的教育改革历程，具有鲜明的中国特色，而且还开创了基础教育教材国际比较的先例。

四、研究性。提供了外语教育科学研究的方法。通过案例展示了调查、实验和论证的过程，使科学研究具有可操作性和说服力。

五、可读性。内容精练，言简意赅，深入浅出，适合高等院校、基础教育教学与研究人员阅读。

此套丛书为展示我国近十几年的外语教育理论研究成果提供了很好的平台，为培养年轻的外语教育研究人才提供了很好的平台，为广大外语教研人员共享中外研究成果提供了很好的平台，也在高等教育机构的专家和一线教学人员之间建起了联通的桥梁。为此，我衷心感谢平台和桥梁的建造者——广西教育出版社！

我除组稿外，还作为首位读者通读了每一本书稿，尽了一点儿主编的职责。更重要的是，我从中了解到了我国外语教育近期的发展动态，汲取了大量信息，充实了自己，又一次体验了与时俱进的感觉。为此，我也很感谢广西教育出版社给了我这个学习的机会。

1998 年，我曾经在我的文章《试论我国基础外语教学现代化》中预言过，到 21 世纪中叶中华人民共和国成立一百年时，我国的基础外语教学将基本实现现代化。今天，这套丛书增强了我的信心。我坚信，到那时，中国不仅会是世界上一个外语教育的大国，而且会成为一个外语教育的强国，将会有更多的中国成功经验走出国门，贡献给世界！

2016 年 11 月 21 日

刘道义简介：课程教材研究所研究员、人民教育出版社编审。曾任中国教育学会外语教学专业委员会理事长、课程教材研究所副所长、人民教育出版社副总编辑。曾参与教育部中学英语教学大纲的编订和教材审定工作。参加了小学、初中、高中 12 套英语教材和教学参考书的编写和修订工作。著有《刘道义英语教育自选集》《英语教育在中国：历史与现状》，主编“著名英语特级教师教学艺术丛书”、《基础外语教育发展报告（1978—2008）》、《新中国中小学教材建设史 1949—2000 研究丛书：英语卷》等，并撰写了有关英语教育与教学的文章 100 多篇。

前 言

首先需要说明的是我们撰写这本书的动机。因为工作的缘故，我们有不少机会进入基础教育英语课堂，对英语教学的现状有一定的研究和思考。我们明白，在大学从事教师教育和研究能够影响所接触的准教师（指将走上学校讲台的在校学生）或已经在岗的部分教师，做课程研究与教材编写也能在一定程度上对教学起到引导作用，但作用有限。归根到底，课堂最终是千千万万一线教师的专属领地，教师对语言学习的理解以及教师对其所从事的工作的理解最终还得转化为教学能力，实实在在地作用于课堂。因此，每当我们看到一些基本的教学常识被误读且有的还成为一种潮流，每当我们看到教学成为某些教师的表演，我们不禁连连自问：究竟怎么做才能对改进我国的基础英语教学有一点点贡献？

冯友兰的“论知行”给了我们很大的启示。在冯友兰(2016)看来，“知易行难”还是“知难行易”得看是从道德的角度还是技术的角度。从技术的角度看，一个匠人是完全可以完成盖房子这么复杂的工程的。他从经验中学会盖房子的方法并用这个方法盖房子。但如果有人问他房子为什么要如此盖，他却不一定能回答。他知其然，不知其所以然。在冯友兰看来，“知其然所以能行，不知其所以然，所以虽行而未知”（冯友兰，2016）[86]。而学过建筑学的工程师就不同了，他不但会盖房子还知道盖房子的原理，他不但知其然，而且知其所以然，所以“知难行易”，“如有真知，则自然能行”（冯友兰，2016）[87]。

我们由匠人盖房子想到了教师教学。教师的知识、信念与行为也同样值得深思，“教书匠”这个称谓尤其值得思考。“教书匠”型的教师多是前辈传授经验，或自己摸索经验，以为教书就那么一回事，许多“经验”被代代相传，最后成为“真理”。如若多问几个“为什么”，回答多半是“我自己就是这样学的”、“我的师傅就是这样教的”或“专家就是这样说的”。殊不知这种“学”走了很多弯路，“师傅教的”师傅自己未必能明白，而“专家”有可能是道听途说。因此，“教书匠”型的教师不应成为教师的代名词，合格的教师应知其然并知其所以然。

改进基础英语教学还得从教师的“知”和“行”入手，还得研究教师“知”和“行”的内涵、来源与发展途径。换句话来讲，为改进我国基础英语教学，我们必须弄清楚教师从事英语教学需具备的基础知识与基本能力，以及形成并发展这些知识与能力的途径。我们知道有很多教师、学者、研究者对这些问题已经做了深入研究，我们只是希望结合各自熟悉的研究领域呈现我们这些年来的思考与研究。

出于上述原因，本书第一章简要概述我国英语教学、英语教师队伍和英语教师教育现状，提出本书的研究问题与意图；第二章在对教师教育与教师专业发展研究进行综述的基础上，强调进行英语教师专业能力及其发展途径研究的重要性与必要性；第三章对“英语教师专业能力”进行界定分析，阐述英语教师专业能力的内涵、结构与特征，探讨英语教师专业能力的建构问题；第四章分析作为英语教师专业能力重要培养途径之一的职前教育所存在的问题，阐述职前教育的主要任务与意义，通过两个典型案例分析我国职前英语教育课程改革的模式与途径，并简要阐述教师教育评价的最新动态；第五章分析在职教师的学习特点、学习模式、学习方式与学习环境，结合六个英语教师在职教育与发展案例，探讨在职英语教师教育与发展的有效途径和模式。

全书共五章，吴欣执笔撰写了第一、第三、第四章，崔琳琳执笔撰写了第二章和第五章，最后由吴欣进行全书统稿。

本书的写作秉承理论与实践相结合的原则，采用了多个教师教育与教师发展的具体案例。在写作过程中，我们收集了公开发表和部分未公开发表的资料，并得到了许多英语教师教育者和一线英语教师的大力支持，他们为本书写作所贡献的教学资料，成了本书的点睛之笔。收集到的未公开发表的资料很多，但最终因篇幅所限，仅采用了部分资料作为本书的案例。在此，特别向以下专家、学者表达真挚的谢意：

浙江师范大学外国语学院胡美馨教授

海南师范大学外国语学院王蓉副教授

北京外国语大学英语学院杨鲁新教授

北京教育学院外语与国际教育学院李宝荣教授

英国大使馆文化教育处梁俊红女士

在本书即将出版之际，感谢人民教育出版社刘道义老师为本书提供的宝贵意见和一些相关的背景资料，感谢华中师范大学舒白梅教授和四川师范大学郑鸿颖教授所提供的信息资料，感谢中国教师研修网贺军女士提供的信息反馈，感谢广西教育出版社的领导和编辑为本书的出版所付出的辛勤努力。

限于笔者才疏学浅，书中难免有纰漏之处，恳请大家不吝赐教，批评指正。

2021 年 12 月 20 日

目　录

第一章　引　言

20世纪90年代，即改革开放带来英语学习热潮10多年后，一位外籍教师在仔细观察研究我国英语教育的基础上指出，对于这场（教育）改革而言，至关重要的是教师培训，无论是怎样的教学大纲，或何种教材，如果教师没有经过正规培训，或者培训质量不高，我们将一无所成（Utley，1990）。如今，基础教育课程改革一场接一场，教材更换一代又一代，我国基础英语教育取得了长足的进步，目前学校课堂学习英语的起始年龄已下至小学三年级，而教育部和国家语言文字工作委员会2018年正式颁布的《中国英语能力等级量表》更标志着中国英语教育水平向国际标准化水平迈进。不可否认，支撑这种巨大变化的基础是英语教师教育的改革创新与针对英语教师发展研究的逐步深入。但是，在英语教学实践中，课堂教学仍然是人们诟病的对象，教师职前教育与在职教育方面巨大投入与产出之间的差异较大。这种理想与现实的冲突以及教育改革浪潮的挑战不但促使英语教师对语言教育教学本质进行重新思考，也迫使英语教师教育研究者对我国英语教师教育的目标、模式、课程和教学进行反思。因此，梳理40年来我国基础教育阶段英语教师发展的基本进程，了解我国英语教师及教师教育研究的基本现状与问题无疑成为本书研究的起点，进而有助于确定研究重点与研究主题，探寻可能解决问题的方向与途径。

第一节　研究起点

教育要发展，影响因素众多，但是，教师的作用为重中之重。英语教师作为中小学生英语学习的引路人，其重要性不言而喻。自改革开放以来，基础英语教育在增强国民经济、扩大对外开放中起着十分重要的作用，相应地，英语教师的地位也越来越高。人们开始认识到，改革创新英语教育的关键在教师，因此国家加倍重视英语师资队伍建设和教师教育。在过去 40 多年里，我国英语教师队伍建设成绩显著，基本解决了师资严重短缺的问题，形成了比较体系化的教师教育和管理的机制。

一、英语教师队伍基本现状

随着我国在基础教育阶段普遍开设英语课程，英语教师从人数上看曾经捉襟见肘，而后快速增长。例如，1992 年，初中生人数为 4000 多万，英语教师约为 33 万；高中生为 700 多万，英语教师约有 7.3 万（刘道义，2008）。到了 2016 年，初中生人数仍为 4000 多万，英语教师增至 54.3 万；高中生增至 3970 多万，英语教师则达到了 25.6 万（中华人民共和国教育部，2017b，2017c，2017d）。到了 2018 年，基础教育英语教师队伍不论是数量还是质量都有了巨大变化，英语教师不仅数量增加，更重要的是质量也在不断提高，最为突出的表现是英语教师的学历有了大幅度提升（见表 1–1 和表 1–2）。小学英语教师数量曾经严重短缺，如 2001 年小学开始开设英语课程时，小学英语教师缺口约为 20 万人（刘道义，2001），即使在发达地区，如广东省，虽然小学英语教学开展较早，但小学英语教师在 2003 年的缺口依然达 2.4 万人，而且在职的教师大都是中师毕业生，甚至还有转岗教学未经培训的教师，如果按小教大专化的标准来看，达标率不到 50%（林红，2003）。经过各地教育行政部门招聘和组织各种培训，2008 年全国全日制小学英语教师数量增加到 293421 名（中华人民共和国教育部，2009），到 2018 年这个数字已达到 477745 名（中华人民共和国教育部，2019）。总体来看，小学英语教师的数量和学历水平都有了显著提高（见表 1–3）。

表1–1 初中英语教师人数和学历变化表

单位：人

年份	1992	2001	2018
合计	330139	507068	570868
研究生毕业		302	20955
本科毕业	13903	72231	495239
专科毕业	175860	394490	54459
专科学历	81642		
高中毕业	54041	39232	211
高中毕业以下	4693	813	4

表1–2 高中英语教师人数和学历变化表

单位：人

年份	1992	2001	2018
合计	73292	121129	265382
研究生毕业		669	28957
本科毕业	23783	76652	233440
专科毕业	44736	43209	2962
专科学历	3500		
高中毕业	1208	573	21
高中毕业以下	65	26	2

表1–3 小学英语教师人数和学历变化表

单位：人

年份	2003	2006	2018
合计	167263	245432	477745
研究生毕业	77	213	10329
大学本科毕业	13457	45493	353545
大学专科毕业	100375	162129	111100
高中阶段毕业	52785	37130	2749
高中毕业以下	569	467	22

当然，基础教育英语教师队伍数量上的增加和学历上的提高并不代表教师质量上的绝对提高，也正是因为这一点，英语教师专业发展的重要性显得尤为突出。

二、英语教师教育发展新机遇

改革开放初期，基础教育英语教师队伍面临人员缺口大和水平低的问题，因此，国家鼓励教师通过高等学校、教师进修院校、夜大、电大、函授或高等教育自学考试等途径接受在职培训或提高学历。经过几十年的努力，现在小学英语教师基本上都已达到大学专科毕业及以上水平（见表 1–3），初中英语教师大多数达到大学本科毕业水平（见表 1–1），高中英语教师几乎达到大学本科毕业或研究生水平（见表 1–2）。英语教师的数量和质量都有了显著的提高。

同时，英语教师队伍和其他学科教师队伍一样，在政府和教育行政部门的直接管理下，完善教师教育管理体系，实现教师的专业发展，真正满足教学的需要。政府和教育部门采取了以下三个措施：

第一，促进教师教育管理法制化。政府制定了各种教育法律、法规和条例，如 1986 年的《关于基础教育师资和师范教育规划的意见》、1993 年的《中华人民共和国教师法》以及 1995 年的《教师资格条例》等。建立健全了教师教育执法监督、检查、仲裁机制，实现了有法必依，执法必严，违法必究。同时，教师的职业受到尊重、资历得以评价、生活得以改善，大大提高了教师的工作积极性。

第二，实现教师教育管理体系科学化。一方面，师范院校和外语院校等机构承担教师教育职前培养任务，经过不断改革，努力实现教师培养合理化和规范化；另一方面，教师职后教育形式趋于多样化，逐渐从单一封闭的教师培训体系走向多元开放的在职专业发展模式，如有长期与短期、脱产与在职、正规与非正规、函授与远程网络教学等形式，还有更多的是在岗研修模式。

第三，促进教师教育管理信息化。随着现代信息技术的发展，教师教育管理信息化已逐步成为事实，展示了教师教育制度创新、组织创新、观念创新的理念，把教育管理者从繁重的日常事务中解脱出来，使其有更多时间用于教育和教学研究。

三、英语教师专业发展新动态

教师专业发展是在终身教育思想指导下，按照教师专业发展的不同阶段，对教师的职前培养、岗前培训和在职发展的统称。近年来，英语教师教育研究呈现出强劲的势头，并形成了一种共识，认为在职教师专业发展的核心问题是教师自主学习能力的提高，教师教育应当培养具有教育创新能力、持续的自主发展能力、熟练的课堂教学技能、高水平的英语专业学识以及基层教育指导能力的骨干教师队伍。目前，基于这一概念的、以教师为中心的教师教育和教师专业发展形成了崭新的局面，如反思性教学、合作行动研究、探究性实践、案例教学、名师引领等教师专业发展策略层出不穷，学科知识与教学知识和能力发展融为一体。

改革开放 40 多年来，英语教师经历了绝好的发展机遇，很多优秀英语教师的成长例子都证明了这点。英语教师所从事的教育工作对国家和民族的发展所起的作用很重要，对我国改革开放也发挥了特殊的作用。英语教师所从事的工作和肩负的历史使命也让他们产生了光荣感和自豪感，并促使他们自觉努力学习以求得自身的专业发展。

但是，尽管我国基础教育英语教师在人数上已成倍增加，教师自我发展意识也有了极大提高，促进教师专业发展的相关措施与理念也有了长足进步，但如何提高英语教师教育教学质量，特别是提高英语教学专业能力仍然具有较大的研究空间。

第二节 研究问题

一、英语课程改革与课堂实施

自 1904 年实行癸卯学制以来，英语学科进入我国学校课堂已有一百多年的历史。从那以来，英语课程改革除特殊时期外没有停止过，其中，自 2001 年起推进的基础英语教育改革影响最为深远。在过去近 20 年的时间里，我国从教育行政部门政策制定到学校课程设置都加大了对基础教育英语学科的投入，基础教育英语教学改革迈出了一个个坚实的步伐。2001 年，教育部颁布了《全日制义务教育普通高级中学英语课程标准（实验稿）》（中华人民共和国教育部，2001），2003 年颁布了《普通高中英语课程标准（实验）》（中华人民共和国教育部，2003）。我国正式颁布的义务教育阶段和普通高中教育阶段国家英语课程标准为英语教材编写、课堂教学、教学评估和考试等提供了依据，为国家管理和评价课程奠定了基础，成为基础教育课程改革系统工程的重要枢纽。2012 年，《义务教育英语课程标准（2011 年版）》（中华人民共和国教育部，2012a）颁布，指出了课程改革的总目标、基本理念和课程设计思路，关注学生的学习过程和方法以及伴随这一过程而产生的积极情感体验和正确的价值观。《普通高中英语课程标准（2017 年版）》（中华人民共和国教育部，2018）则强调了以发展学生英语学科核心素养为纲的英语教学五大基本理念。这些课程改革理念对学校英语教育起到了极大的引导作用。

但是，与一次接一次的国家级课程改革相比，学校英语课堂教学依然存在很多不足，换句话说就是国家课程标准在“落地”学校课堂时还没有“完全到位”。韩宝成（2010）指出，就英语教育观、教学内容以及评价方式三方面而言，我国基础英语教育还有很多弊端。就英语教育观而言，大多数英语教师只看到语言的交际功能、工具属性，而忽视语言的认知、社会文化和生物属性，忽视对学生人文素质和思维能力的培养；就教学内容而言，教材比较枯燥乏味、程式化、不鲜活，教师的课堂教学也过于侧重语言技能和语言知识的培养，以“交际”“语法”为纲，以“速成”“实用”为目标；就评价方式而言，英语考试的内容僵化，忽视学生的实际语言运用能力。杨鲁新（2016b）也发现，对如何在教学中落实新课标理念，处理好语言学习与人文素养培养的关系，教师们还存在许多困惑。秦杰（2018）也指出，我国外语教师的专业能力令人担忧，教师专业能力整体偏弱。

导致课程改革在学校课堂执行中面临困难的原因是多方面的，如学校管理、师资配置、资源利用、考试评价、教育教学环境等。但正如 Fullan（1993，2001）和 Hargreaves（1994）指出的那样，教师是一切教育改革成功与否的关键，教育发展的首要问题是教师的发展问题。根据教育部官方统计数据，目前（2020 年）我国普通高中英语教师人数为 271548 人，初中英语教师人数为 590806 人，小学英语教师人数为 504235 人（中华人民共和国教育部，2020a，2020b，2020c）。这些教师支撑着世界上规模最大的中小学英语教育，他们的专业能力与专业发展是实现国家课程标准所提出的英语课程目标的重要保障，而针对这些逾百万计英语教师的教育与发展则成为首先要考虑的问题。

但是，无论是在英语教师职前教育（也叫职前培养），还是职后发展（也叫职后教育）方面，我们都面临很多问题，其中教师职前教育与中小学英语教学实践脱节，教师职后发展尚未建立起系统的发展支持体系等问题尤为突出。

通常来讲，教师职前教育是教师建立身份认同、培养专业能力的重要阶段，但是我国的教师职前教育面临诸多困境。程晓堂、孙晓慧（2010）指出师范院校的“去师范化”倾向非常明显；师范院校的培养体制僵化、培养目标定位不清、课程设置中师范特色不明显、教学方法落后，导致师范院校的很多毕业生并不能胜任中小学英语教师工作；职前教师培养的内容与中小学教学实际相脱离。邹为诚（2010c）[26] 更加尖锐地指出，“我们缺乏细致、具体的研究”，“我们就是不知道如何有效地传授英语教师的专业知识和实践技能，使他们能成为‘上手快’、‘后劲足’的专业英语教师”，“如果指望英语教师都靠实践中反思来学会语言教学，英语师范专业就必须认真思考这个专业是否还有存在的必要性”。

在职教育原本是保证教师队伍质量的一个重要手段，只有拥有高质量的教师队伍才能保证学校高质量的教学效果。自 20 世纪 90 年代以来，我国已相继开展了各个层级的骨干教师培训、新课程培训、贫困县教师培训以及全员培训等多种在职培训项目。2010 年，我国又启动了“国培计划”项目。然而，在许多地方，教师参加进修需要学校或行政部门通过采用记学分、作为职称评定标准之一等办法来吸引，而教师参加培训后又发现培训课程多与教学实践脱节，或是没有系统性，许多教师只是形式上参加了进修，而实际收获甚微。参加培训的教师回到学校后缺乏与同事的沟通交流，既不能带动同事，更不易和自己的教学实践经验相结合（王洁 等，2007）。此外，教师职后教育还出现了这样的情况，“培训机构多，但高质量的培训少”，“培训专家多，但培训行家少”，“真正懂得教师培训课程设计、熟悉培训内容、掌握培训手段且了解教师学习与发展规律的行家却很少”（吴欣，2008）[336]。哪怕 10 多年后，教师在职学习的效果仍不尽如人意（陈向明，2020）。总之，我国现行的教师在职教育，在制度的健全、体制完备以及教学内容的改革方面还有待进一步完善，尤其是在教育方式上，基本上还是沿用理论灌输型的培训，存在着“重理论，轻实践；重传授，轻反思；重专家教授，轻自身经验；重培训机构，轻基层学校”的误区（杜静，2010）[3]，“中小学教师的学习大都停留在被专家灌输知识或同行低水平交流的状态”（陈向明，2020）[47]。

综上所述，英语教师教育与发展所面临的困境已经成为英语教学改革的瓶颈，也引起了政策制定者和教师教育研究者的关注。2018 年 8 月，教育部召开了“全面深化新时代教师队伍建设改革暨乡村教师和‘三区三州’教师队伍建设工作会议”。会议指出，各地要深入落实《中共中央 国务院关于全面深化新时代教师队伍建设改革的意见》，加快制定省级层面制度文件，采取切实措施，全面开启新时代教师队伍建设的新篇章。同年，教育部等五部门也印发了《教师教育振兴行动计划（2018—2022年）》，指出要经过 5 年左右努力，办好一批高水平、有特色的教师教育院校和师范类专业，教师培养培训体系基本健全，为我国教师教育的长期可持续发展奠定坚实基础，为发展更高质量、更加公平的教育提供强有力的师资保障和人才支撑。

二、英语教师教育改革与研究

与国家课程标准在学校课堂具体实施面临困难相似，教师教育国家级的纲领要求在现实中贯彻也困难重重，而且，英语教师教育领域的研究，特别是英语教师研究和英语教师发展研究还远远落后于英语学科类其他领域的研究，如语言学研究、文学研究、翻译研究等（张莲 等，2019；周燕，2019）。

回顾过去20多年的发展历程，英语教师教育改革与研究具有以下六大特点。

（一）机遇与机制相辅相成

吴宗杰、晏小萍（1997）在《从IATEFL年会看英语教学走向》一文中对我国英语教师教育研究状况做了精辟的概述，认为我国的英语师资教育是世界上最庞大的英语师资教育体系，但是国内对英语师资教育的本体研究却非常有限，大多数是关于英语学科教育的研究，比如课程、教法、学法、测试的研究。英语教师教育研究的一个重大契机是1999年1月13日，国务院批准了《面向21世纪教育振兴行动计划》，其中12项重大行动之一是实施“跨世纪园丁工程”，随之出现的是中小学骨干教师培训计划和实施方案的出台，围绕英语骨干教师培训项目的研究也相继开展。2005年，全国教师教育学会和中国教育学会外语教学专业委员会合作启动了“全国中小学英语教师专业水平等级标准（试行）及培训、考核、认证体系”项目，尝试研究我国中小学英语教师应具备的专业知识和教学能力水平，为教师培养课程开发和教师专业发展模式提供参考和政策依据，虽然项目研究结果最终未能正式颁布，但其研究过程不失为一次有意义的尝试。2007年9月，北京外国语大学中国外语教育研究中心完成了教育部“中国高校英语教师师资教育与发展研究”项目，提出了高校英语教师专业素质框架、专业发展特点、发展阶段和发展因素等，虽然未深入涉及英语教师专业的具体标准以及体系机构等问题，但对教师素质框架、专业发展特点等的研究促进了我国英语教师教育的研究。2015年，北京外国语大学承担了教育部“中小学幼儿园教师培训课程标准研制——义务教育英语学科教学”项目，这个项目的研究为规范我国基础教育英语教师培训工作打下了坚实的基础，未来教师培训标准研制成果的颁布将对我国中小学英语教师在职培训具有重要的指导意义。

（二）教师学习研究兴起

与教师相关的其他研究还有关于外语教师学习的研究，既包括以教师学习为主题的直接研究，也包括在教师发展或教育变革框架下进行的间接研究（崔琳琳，2014；杨鲁新，2016b）。研究者关注的问题主要包括外语教师学习的结果、过程以及方式。就学习结果而言，其核心问题为实践性知识的增长。就学习过程而言，其热点问题包括外语教师学习过程中教学观念的变化、身份认同的构建以及课程改革的情境作用。就学习方式而言，其关键问题涉及合作探究、实践反思以及实践共同体等。但是，这类关于教师学习的研究更多的是针对在职教师，对职前教师的学习鲜有提及。

（三）教师知识研究期待突破

针对教师的另一方面的研究大多集中于“教师知识”的研究（朱晓燕，2004；韩刚，2011）。这些探讨教师知识的研究存在两个不同的视角，即实证主义视角和解释现象学视角。实证主义追求技术理性，以解决社会问题为目标，以高度概括的知识形态为结果，其研究模式忽略了问题存在的情境，以及如何解释复杂的、不确定的、独特的客观存在。受实证主义思潮影响的教师知识研究者认为，人类的认知过程是理性的、技术的发现过程，因此侧重探究教师应该具备的知识（Shulman，1987；Grossman，1990）。针对实证主义的弊端而兴起的解释现象学的认识论认为，人的思维和行为受具体情境的影响，而知识是个体在具体情境中对外部世界的思考和理解。因此，基于解释现象学的研究并不着重关注教师应该具备什么知识，而更关注教师实际具备什么知识以及这些知识与实践之间的关系。这一类研究最为重要的成果是提出了实践性知识的概念，强调教师知识的情境性、复杂性、个体性和不确定性，也正是这一重要研究成果使教师教育研究处于三难境地：如果制定教师教育标准，教师知识的个体性与不确定性该怎么处理；如果没有教师教育标准，在我国这样一个幅员辽阔的国家怎么评价数量众多的职前与职后教师教育质量；如果因为现实确实需要有一个指导性的标准，其研究如何既能符合教师知识特征又能恰当地、阶段性地对教师教育有一定规范与指导作用。

（四）职前教师学习过程有待研究

关于外语教师学习过程的研究也是教师研究之一。外语教师学习过程研究的焦点之一是通过追踪教师教学观念的变化，探究教师学习的过程以及影响因素。研究的焦点之二是外语教师在学习过程中的身份认同构建。研究的焦点之三是课程改革在教师学习过程中的情境作用。教师学习是成人学习，具有其独特性。探究何种学习方式契合外语教师的学习特点很有价值。笔者通过文献梳理发现，目前外语教师学习研究者们主要关注两种促进教师学习的有效方式，即合作探究与实践反思。但是，这类对教师学习过程的研究对职前教师学习过程中专业能力形成的关键点与要素缺乏足够的研究。

（五）教师专业发展取向清晰

就教师专业发展的取向而言，胡惠闵、王建军（2014）总结了三种不同的取向，即理智取向、反思取向和生态取向。理智取向强调教师的教学实践背后有特定的知识作为支撑，认为教师的发展应从改变支撑实践的知识入手，是一种容易操控的、可靠而经济的选择。反思取向更关注个体的、实践的、情境化的知识，认为教师通过个人或者集体的努力，通过反思活动，对自己的知识予以理解和澄清，获得成长和发展。生态取向则强调教师的专业发展发生于一个立体的丰富的背景之中，包含着人与人、人与物的多重互动关系，不是简单的教师与知识之间的学习、内化与实践的过程。总之，不同的取向通常会从多个角度来研究教师专业发展，在实践中，完全按照某一种取向的做法尚有争议。

（六）教师研究方法论创新

除上述研究以外，教师研究的方法论也在不断创新。近年来，质的研究得到了研究者的关注，成为与量的研究并行甚至受关注更多的一种研究范式。从近年来关于教师研究的成果来看，质的研究主要集中在教师的个人生活史、教师的行动研究以及教师叙事研究等方面，它带来的教师研究成果不是数学游戏的刻板计量，而是具有鲜明个性的教育叙事，是教育理论的感性深化和教师成长轨迹的哲学提升（王枬 等，2007）。但是，这种针对教师的研究在研究方法上的变化对职前教师教育的重要意义还没有充分体现出来。

总之，上述关于英语教师和教师发展的研究弥补了我国英语教育领域的一个空白，跳出了我国英语教育领域长期以来仅针对学科教育本身（what）的研究和学科教学方法与途径（how）的研究，将实施英语教学的实际操作者（who），也就是教师，作为重要的研究对象。这一转折对最终提高英语课堂教学效果，促进学生英语学习能力提高具有重要意义。

三、本书研究问题指向

如上所述，针对英语教师和教师发展的研究弥补了我国英语教育领域的一个空白，同时，我们也发现，在现实中英语教师教育仍然存在一些实际问题，如英语教师教育的目标问题和培养途径等，这些问题反映在实践中则是职前教育课程设置随意，有的课程甚至缺乏实践内容等（Wu，2002；王蔷 等，2007；邹为诚，2010a）。同时，我们也发现，促进英语教师的专业发展已经成为我国英语教育改革的关键，但是，究竟什么是教师专业能力？教师专业能力形成与发展的途径是什么？教师专业发展应侧重哪些能力的提高？教师专业发展的过程又是怎样的？教育界对这些问题依然有着不同的理解。

我们认为，英语教师专业发展是提高英语教学质量的根本，教师的专业能力则是基础，有必要厘清上述基础性的问题，特别是英语教师专业能力的内涵以及培养教师专业能力的途径等。因此，本书旨在从教师专业发展入手，着眼于教师专业能力，以及培养并发展这些能力的途径。

本书力图回答以下三个问题：

第一，为什么要研究英语教师专业能力及其发展途径？该问题将从两个方面来阐述：第一章简要概述英语教学现状、英语教师队伍现状和英语教师教育现状，提出教师专业能力是教师教育与教师发展的基础，对于提高英语教学质量具有重要意义。第二章对教师教育与教师专业发展研究进行综述，通过对教师专业发展的起源与发展历程的回顾，阐述教师专业发展的内涵与途径，并在众多研究中提出教师专业能力是教师发展的基础，有效的教师专业能力形成与发展途径是一个需要进一步研究的主题。

第二，英语教师究竟应必备哪些专业能力？第三章通过对国内外教师教育和英语教师教育领域的核心概念研究，对英语教师专业能力进行界定分析，阐述英语教师专业能力的内涵、结构与特征，强调英语教师专业能力建构的动态过程，探讨英语教师专业能力的构建问题。

第三，英语教师通过何种途径如何获得专业能力？对该问题的回答分为两章（第四章和第五章），分别从职前教育和职后教育与发展阐述英语教师专业能力的形成与发展途径。第四章重点分析职前教育的主要任务与意义，并通过两个典型案例的分析，强调我国职前教育综合语言能力培养和英语教师教育能力培养课程改革的模式与方法。同时也简要阐述教师教育评价和教师资格认证最新的发展状况。第五章重点分析在职教师的学习特点、学习模式、学习方式与学习环境，并结合六个背景不一、形式各异的英语教师在职教育与发展方面的案例，探讨在职英语教师教育与发展的有效途径和教育模式。

总之，为促进我国基础教育英语教学改革，提高我国基础英语教学质量，英语教师专业能力的形成与发展是无论如何也绕不过去的一个重大问题。本书以研究英语教师专业能力的本质为切入点，探讨我国英语教师职前教育与职后发展过程中的成就、问题与未来，以进一步推动我国英语教师专业发展，实现改进基础英语课堂教学的目的。

本章小结

本章为全书基础，简要阐述了我国基础英语教学现状、英语教师队伍发展状况和我国英语教师教育与发展现状，提出了新形势下我国英语教师教育与发展所面临的问题，指出探究英语教师专业能力是英语教师教育与教师发展的基础，研究并探讨英语教师专业能力发展途径对于提高基础教育阶段英语教学质量的重要意义。

第二章　教师专业发展研究述评

在20世纪的最后几十年里，世界发生了重大变化，各国的教育改革层出不穷，而教师专业发展则是教育改革成功与否的关键。但是，什么是教师专业发展？教师专业发展研究的有效途径是什么？“教师专业发展”能否冠之为“教师发展”？（叶澜，2019）这些都是研究者和教师教育者一直在探讨的问题。为了更好地探究英语教师专业发展的途径，我们需要追溯其起源，了解教师专业发展内涵，梳理教师专业发展研究的理论视角、研究主题和研究方法的变化，并在此基础上分析教师专业发展研究的趋势。就起源而言，人们对教师专业发展的关注始于教师专业化运动。因为该运动提升了教师职业的社会地位，也敦促研究者们关注什么是教师应该具有的专业知识，提供何种经验可以使准教师们获得这些知识，以及如何使教师不断发展其职业专长，成为自主决策、自主发展的从业者等重大问题。从内涵来看，教师专业发展就是教师学习的过程，包含了教师本人的知识与技能的变革，也包括教师基本素质（如价值观、内在需要、兴趣以及个人经验）的变化，更包括教师所处情境中的组织架构、教师文化的变化等因素的影响。就理论视角而言，教师专业发展观经历了从行为主义到建构主义再到社会文化理论观的演变。教师专业发展研究的主题和研究方法也随之发生了衍变，研究主题从只关注教师专业发展的结果到更关注发展的过程与方式，研究方法也日益丰富，包括了民族志、个案研究、叙事探究等贴近个体经验、关注社会情境及其影响的方法。尽管理论视角不断多元化，研究主题不断丰富化，研究方法不断多样化，但由于我国的教师专业发展研究起步较晚，关于教师专业发展的内涵尚未达成共识，研究的理论体系不够完善，关于中小学教师的实证研究还非常有限，所以，针对教师专业发展的研究还有很大的提升空间。

第一节　教师专业发展的内涵与起源

教师是履行教育教学职责的专业人员，是教育得以实施的主要社会力量，肩负着教书育人的重任。教师的专业发展是教育改革成功与否的核心问题，是世界各国关注的焦点问题，我国也不例外。但是，尽管我们对教师的专业发展，尤其是中小学教师的专业发展投入了大量的经费、资源、时间和精力，但教师的专业学习动力和素质提高并没有发生实质性的变化，没有达到教育行政部门、教师教育者、教师研究者和家长等利益相关方的预期（陈向明，2013）。问题背后的关键原因在于人们对教师专业发展之内涵的理解还比较模糊，也因此对教师专业发展的有效途径缺乏共识。如果我们不知道如何真正促进教师专业发展，如果努力的方向有偏差，即便我们投入再多的经费、再多的精力，也难以得到令人满意的结果。

因此，我们需要了解教师专业发展这一概念的由来，探究其内涵，以便更好地探究教师专业发展的路径。

一、教师专业发展的起源

教师是教育改革的关键因素，其素养直接关系到教育的质量，其发展直接关系到社会的进步。而提升教师队伍的素养、促进其专业发展的关键，是提升教师的职业尊严和欢乐，这不仅涉及教师职业本身的性质和创造的价值，还涉及社会对其价值、性质的认同与需求状态，更涉及教师本人的职业自我意识（叶澜　等，2001）。这三个方面在不同的国家，不同的历史时期，甚至是同一国家的不同历史发展阶段都呈现出错综复杂的状态和关系。我们需要从历史的视角进行梳理，以便更好地理解当今社会教师的角色，更深入地理解提升教师专业素养面临的瓶颈，从而寻找出促进其发展的有效途径。

从国际教师教育发展的历史来看，教师职业的专业化历程漫长而曲折。早在 20 世纪二三十年代，随着整个社会职业专业化浪潮的推动，教师职业的专业化就开始得到关注；20 世纪 60 年代，联合国教科文组织与国际劳工组织发布《关于教师地位的建议》，提出应该把教师职业作为专门职业看待。但是，从人们关注教师职业地位到相关制度、法规和标准的制定，却是一个漫长的过程。美国教师“专业化”的观念与制度的确立经历了整整一个世纪，在 20 世纪 80 年代才达到了空前的高度。1986 年美国卡耐基教育协会和霍姆斯小组分别发表了名为《国家为培养 21 世纪的教师做准备》和《明天的教师》的报告，进一步明确了教师工作是一种专业，而不是单纯的一门技术，而且指出要确保教育的质量，必须提高教师的专业水准，提高教师的专业水准的重点是明确教育专业的知识基础（陈静静，2011）。日本也经历了一个多世纪，直到 1997 年日本教育职员养成审议会才通过了审议报告，在教育制度上体现了教师“专业化”观念，突出了造就现代“教师能力”的若干要点，包括作为教育者的使命感、对于学生的成长和发展的深刻理解、对于儿童的教育与关爱、关于学科的专业知识和丰富的教养，以及顺应种种教学方式和个性差异的能力与从实践中学会教学的能力，以期提升教师的社会地位（钟启泉，2001）。澳大利亚自 20 世纪 60 年代起掀起对教学专业地位的探讨（陶燕琴 等，2020），但是直到 90 年代才兴起了全国性的教师专业化运动，其标志是联邦政府与澳大利亚教育联合会和独立教育联合会于 1993 年签订的《教学议定书》，以及联邦政府于 1994 年启动的“国家统一学校联盟”和“教师专业化的中小学与大学创新链接工程”两项国家教师专业化发展工程，到 2010 年才正式推出了新的《全国教师专业标准》（胡秀威 等，2013；李红惠，2018）。

就我国而言，虽然从古至今一直有尊师重教的传统，但是教师职业的价值、社会地位和教师自我专业意识也在不同历史时期经历了很多波折，教师的专业化历程也同样漫长曲折。

我国古代一直强调尊师。例如，古代教育名篇《学记》特别强调了教师的作用、地位，指出“能为师然后能为长；能为长然后能为君。故师也者，所以学为君也”。战国时期的著名思想家荀子则强调：“国将兴，必贵师而重傅；贵师而重傅，则法度存。国将衰，必贱师而轻傅；贱师而轻傅，则人有快，人有快则法度坏。”唐代著名文学家、哲学家韩愈则提出“古之学者必有师。师者，所以传道授业解惑也”。在几千年的封建社会中，虽然朝代有更替，统治者和具有重要社会影响的知识分子强调的都是教师对于统治者的社会工具价值（叶澜　等，2001）。

到了近代，随着科举制的废除、师范教育的兴起及提倡普及教育，教师群体的数量大大增加，教师群体的专业意识得到强化。不过，虽然教师的社会价值由为君转向为民、为社会，教师成为促进民族复兴和社会进步的重要力量，但是教师的职业价值依然是强调其对于社会的工具价值。

新中国成立后，教师群体获得了与其他劳动者同样的主人翁地位，被比作“园丁”“人类灵魂的工程师”，其公众形象可谓是知识的化身和道德的楷模，这大大激励了教师的工作热情。然而，教师职业也被赋予了奉献和牺牲的属性，其内在的价值并未得到重视（周燕　等，2014）。

“文革”期间，教师队伍遭受了巨大灾难，但是随着“文革”的结束和国家政策、经济等的恢复，教师职业得到了社会的加倍重视。此后，随着市场经济浪潮的涌起，教师队伍又一次遭遇了冲击，出现了教师“跳槽下海”的热潮。教师队伍之所以出现优秀人才外流，究其深层原因，也还与人们对教师自身认同关注不够，教师对职业本身带来的创造价值和幸福感体验不深有很大关系。

到20世纪90年代，随着国家相关教师专业化政策、法规、制度的制定和实施，情况有了很大改观。1993年颁布的《中华人民共和国教师法》和1995年发布的《教师资格条例》明示了教师职业的专业性，但是直到2012年，教育部才正式颁布了《幼儿园教师专业标准（试行）》《小学教师专业标准（试行）》《中学教师专业标准（试行）》（以下统称为《专业标准》）。《专业标准》是国家对幼儿园、小学和中学合格教师专业素质的基本要求，是教师实施教育教学行为的基本规范，是引领教师专业发展的基本准则，是教师培养、准入、培训、考核等工作的重要依据（教师专业标准研究课题组，2013），提出了“师德为先、学生为本、能力为重、终身学习”16字指导思想，以及专业理念与师德、专业知识、专业能力等三个维度约60条具体要求（各级教师要求不同），为我国教师的专业化成长提供了法规保障，改变了社会对教师职业的认识，有助于增强教师的职业自我意识和作为专业人员的自豪感（顾明远，2004；贾爱武，2014）。

《中学教师专业标准（试行）》中的专业理念与师德维度包括了职业理解与认识（如具有团队合作精神，积极开展协作与交流）、对学生的态度与行为（如尊重个体差异，主动了解和满足中学生的不同需要）、教育教学的态度与行为（如引导中学生自主学习、自强自立，培养良好的思维习惯和适应社会的能力）、个人修养与行为（如善于自我调节情绪，保持平和心态）四个层面。专业知识维度则涉及教育知识（如掌握教育心理学的基本原理和方法，了解中学生身心发展的一般规律与特点）、学科知识（如掌握所教学科内容的基本知识、基本原理与技能）、学科教学知识（如掌握所教学科课程标准）、通识性知识（如具有相应的自然科学和人文社会科学知识）四个方面。专业能力维度则涵盖教学设计（如科学设计教学目标和教学计划）、教学实施（如通过启发式、探究式、讨论式、参与式等多种方式，有效实施教学）、班级管理与教育活动（如妥善应对突发事件）、教育教学评价（如利用评价工具，掌握多元评价方法，多视角、全过程评价学生发展）、沟通与合作（如与同事合作交流，分享经验和资源，共同发展）、反思与发展（如主动收集分析相关信息，不断进行反思，改进教育教学工作）等六个层面。

综上所述，教师专业化运动促进了国家相关制度和政策的制定，对于从整体上改善教师队伍的构成、提升教师队伍的质量起到了积极的作用，也提高了学界对教师专业发展的关注。

二、教师专业发展的内涵

教师专业化的兴起意味着教师教育改革被提上了议事日程。随着教师专业化运动的深入，人们对教师专业发展内涵的理解也经历了不断变化和丰富的历程，教师教育领域也随之发生了很大的变化，具体表现在以下三个方面：

第一，教师教育的概念随着教师教育者的理念变化发生了重要更迭。我国师资培养的概念经历了“培训”“教育”“发展”“学习”的变化历程。“教师培训”强调教学技能的训练，如根据专家认为新教师应该掌握的技能，列出清单，对青年教师进行岗前培训。“教师教育”注重教育理论的灌输，这种培训不仅教教师如何上精读课或口语课，还开设一些应用语言学、教育心理学、教学法和测试等方面的课程，提高教师的综合素质。“教师发展”则注重在教育的基础上，鼓励教师反思自己的教学，观察自己和学生的课堂表现，强调将理论与实践进行结合（刘润清，2000）。“教师发展”这一术语近年也遭到了不少学者的批判，认为“教师发展”内含“被别人发展”的被动意味，更侧重教师学习的最终目的，忽视了教师学习的过程，而“教师学习”则更能体现教师自身成长的主动性、自觉性、日常性、内生性（肖正德　等，2011），因此“教师学习”这一主题也逐渐从教师认知研究领域凸显出来，成为教师教育领域重点关注的对象（鞠玉翠，2003）。“教师学习”概念的提出本身就是对教师教育的一种概念重构（吴一安　等，2007a）。

第二，研究者们开始探究教师专业发展的根本问题，即教师的素质构成和教师专业知识的构成。

就教师的素质构成而言，林崇德、申继亮、辛涛（1996）最早在国外认知心理学进展的基础上，研究了教师知识、教师观念、教师监控能力等形成过程与结构，形成了教师素质理论，为教师专业发展的研究提供了心理学理论基础（肖丽萍，2002）。叶澜等（2001）则从教育学、伦理学角度对教师专业发展进行了研究，提出从教师专业发展的角度来说，应该关注以下要素的交互与融合：（1）在对教育工作本质理解基础上形成的关于教育的观念和理性信念；（2）融合人文科学基本素养、学科知识和教育学知识，具备多层复合性的专业知识结构；（3）教育能力和研究能力；（4）专业态度和动机；（5）自我专业发展需要和意识。顾明远（2004）在《教师的职业特点与教师专业化》一文中指出，教师的专业化至少包括以下几个方面：经过教师教育专业培训，取得教师资格证书；有较高的职业道德，敬业爱生；有终身学习的意识，不断进修学习。吴一安、王文峰（2007b）在对我国30所大学的213名优秀英语教师进行调查研究的基础上，首次构建了我国高校优秀外语教师专业素质框架及其内涵，提出了四个维度，即外语教师职业观和职业道德、外语教学观、外语学科教学能力以及外语教师学习与发展观。

就教师专业知识的构成而言，Shulman（1986）指出教师知识应该包括7个要素，即学科内容知识、学科教学法知识、课程知识、一般教学法知识、有关学习者的知识、有关教育情境（教育目的）的知识和其他课程的知识。Grossman（1990）则提出了教师知识的6个要素，包括学科内容知识、学习者和学习的知识、一般教学法知识、课程知识、情境知识和有关自我的知识。Calderhead（1996）也提出了6个要素，包括学科知识、行业知识、个人实践知识、个案知识、理论知识以及隐喻和映像。我国学者申继亮、辛涛（1996）指出教师知识应该包括本体性知识（特定学科知识）、实践性知识（教师实践经验的总结与升华）和条件性知识（关于如何教学生的教育学与心理学知识）。陈向明等（2011）提出教师知识可以粗略分为两类——理论性知识和实践性知识，其中理论性知识包括教师的本体性知识（所教学科的内容）、条件性知识（有关教育学、心理学、学科教学法的基本原理）、一般文化知识（如社会科学和自然科学的一般原理）；实践性知识是教师对自己的教育教学经验进行反思和提炼后形成的，并通过自己的行动做出来的对教育教学的认识，包括教师关于自我的知识、关于学科的知识、关于学生的知识和关于情境的知识。

研究者对教师素质的探讨是教师专业发展受到重视的标志，但还需要更多的实证研究予以验证、修订和补充。研究者对教师知识的分类呈现出多样性，并未达成共识。要使教师知识研究更多地贡献于教师教育，还有许多问题需要解决，例如，如何正确认识理论知识和教师实践性知识之间的关系，如何鉴别英语教师的学科教学知识，如何将教师知识的研究成果转化为教师教育的课程内容（吴一安 等，2007a）。

第三，教师教育研究者的教师专业发展观也出现了不同取向，体现了大家对教师专业化内涵的不同理解。胡惠闵、王建军（2014）总结了学界对教师专业发展的三种不同取向，即理智取向、反思取向和生态取向。

理智取向认为教师的教学实践虽然是具体、繁杂、流动的，但是作为一种理性的活动，教师的教学实践背后的知识基础是稳定的、简洁的、结构化的，因此要想改变教师的实践，就应该从改变支撑实践的知识入手。该取向下教师和教师教育的研究多在过程—结果研究范式下展开，试图寻求专家教师、优秀教师的一般特质，并将其作为以后培训教师的依据

（叶澜　等，2001）。

20世纪中期以后教育界学者对于教师以及教师实践的知识基础有了新的理解，例如，波兰尼提出了“缄默知识”的概念，教师专业发展也随之出现了反思取向，更关注个体的、实践的、情景化的知识，认为教师通过个人或者集体的努力，以及写日记、自传、集体自传、实践隐喻分析等各种反思途径，可以使自己的知识得以理解和消化，并获得成长和发展。此取向下的教师和教师教育研究关注教师的实践性知识的生成过程，关注其教育教学的具体情境，关注教师的个人生活史、个人受教育经验及背景以及经验与教育活动之间的复杂关系。

20世纪90年代以后，教师专业发展出现了生态观转向，认为教师的专业发展发生于一个立体的丰富的背景之中，包含着人与人、人与物的多重互动关系，而不是简单的教师与知识之间的学习、内化与实践的过程（顾佩娅　等，2017）。具有生态取向教师发展观的教师教育者强调教师的专业发展是一个综合的、整体的、系统的复杂过程，注重教师专业发展的情境因素，摈弃“头疼医头、脚疼医脚”的“补缺”或者“修理”的思路和做法，着力营造积极的教师“社会”或者“生态环境”。

以上三种不同的取向注重教师专业活动的不同方面。理智取向将教师专业发展视为技能和知识的发展；反思取向则认为教师专业发展不是变革教师的行为，而是要变革教师的观念，要更新其自我理解；生态取向认为教师专业发展要注重情境因素，要注重建立适合教师发展的环境和制度。

在实践中，我们不应该完全按照某一种取向的做法，因为教师专业发展的过程复杂，涉及多个层面的互动。首先，教师专业发展是一个复杂的过程，不仅包含教师本人的知识与技能的变革，如英语教师本人的综合语言运用能力、跨文化交际能力等，也包括教师基本素质的变化，如教师的价值观、内在需要、兴趣等，更包括教师所处情境中的组织架构、教师文化水平的变化等因素的影响，如教研组的专业研讨氛围、学校给予教师的个人发展空间等（胡惠闵　等，2014）。此外，教师专业发展涉及个体和群体两个层面：个体层面指的是教师个体专业发展的历程，这是教师不断提升自己的专业意识、发掘自己已有知识、建构新知识并不断增强专业能力的过程；集体层面指的是教师作为一个社会群体，其社会地位、政治地位、经济地位以及专业功能和专业影响不断提高的过程（陈向明 等，2011）。

如果我们想达到教师专业发展的理想状态，最好能够融合理智取向、反思取向和生态取向，做到以下三点：第一，要有抓手，即重视教师专业发展的知识基础和核心专业能力，通过讲座、展示、分析、讨论、阅读等方式帮助教师丰富和重组专业知识，提升其专业能力，从而改进教师的教育实践；第二，要有深度，即引导教师对自身和实践进行反思，通过日志、自传、故事等形式帮助教师理解先前经验、更新教育教学观念、改进教学实践并且保持应对复杂教育实践活动的信心和勇气；第三，要以人为本，即注重教师的情感体验，重视教师个体与学校环境、社会文化之间的互动，通过校本教研、跨学科研讨、跨校网络读书会、观看并讨论国内外教育电影等方式营造良好的教研氛围，引导教师从更宏观的角度和更高的位置审视自我，激发教师专业发展的动力。

总之，随着教师专业化运动的不断深入，教师专业发展问题得到不断关注。教师教育界关于师资培养的理念发生了很大转变，不再视教师为被培训的对象，而是把教师视为自主发展提升的主体。学界对于教师发展的研究开始触及一些根本性的问题，即教师的素质构成和教师的专业知识基础，但是尚未达成共识，而且相关实证研究还非常有限。此外，教师教育研究者们的教师专业发展观也呈现了不同的取向，各有侧重，但是教师的专业发展过程复杂，涉及多重因素，因此我们不应该厚此薄彼，而是融合各家所长，探究适合我国国情的教师专业发展模式。

第二节　教师专业发展研究的理论视角

教师的专业发展过程，是教师“知”的过程，其核心是教师学习，而教师学习是教师成长的关键（吴一安　等，2007b）。对教师学习的不同理解会产生不同的教师专业发展观，为教师教育领域提供不同的理论指导视角。我国教师教育研究者们对于教师学习的视角已经发生了根本的改变，即从实证主义逐步向建构主义和解释主义转变，认识到教师专业能力的发展应植根于教学实践，需要在实践中学习和向实践学习。

一、行为主义教师学习观

20世纪初，美国行为主义心理学家华生（J.B.Watson）把鼠和猫的动物实验的“刺激”与“反应”运用于人类的学习，认为能从技术上控制人类的学习和发展，他的观点后来在20世纪20年代由桑代克（E.L.Thorndike）加以具体化，到了20世纪60年代又被提倡“程序教学”的斯金纳（B.F.Skinner）继承推广（佐藤学，2003）。受行为主义学习理论的影响，20世纪80年代盛行的是教师学习的习得观（Meirink et al.，2009）。该观点将教师视为知识的被动接受者，不重视个体的能动性，认为教师学习是教师接受相关知识的过程，教师学习的结果是知识和技能发生变化。

基于行为主义学习观的教师教育实践强调外部的输入和强化，认为教学就是可以观察到的课堂行为，是可以被模仿、被简化为一定的程式，经过反复训练而获得的一项技能。教师培训者往往通过填鸭式的大型讲座讲授教学理论，试图改变教师的理念；通过评判式听课、教案检查、作业抽查、统考等手段评价教师执行课程计划的情况，以期改变教师的教学行为。值得指出的是，即使到了今天，尽管已经有了不少变化，但基于行为主义学习观的教师教育观点所造成的影响在我国教师教育领域仍然十分明显（吴欣，2005，2008；陈向明，2020）。

二、认知建构主义教师学习观

20世纪80年代末，随着现代信息技术的发展，以及脑科学有关人的高级认知机制研究成果的呈现，学术界对人的学习本质的认识不断深入，开始反思挑战行为主义的学习观，兴起了建构主义的学习理论（乔纳森，2002）。随着建构主义理论的风行而出现的是教师学习的认知建构观。持有该观点的人们开始重视个体的主体性和学习过程，认为教师学习是教师在已有知识基础上对新信息进行评价、筛选、吸收、消化、调整或者摈弃，从而构建新理解、新知识，并将其融入教师的个人知识系统的过程（Williams et al.，1997）。

认知建构观视角下的教师学习突出了个体的能动性，强调人是自主的行动者和知识的建构者，在实践中重视教师的个人经历、教师对教与学的认知、教师行为背后做决策的过程，采用教学日志、教学反思、教育叙事、教育自传等活动激活教师原有的知识，促进教师反思。

三、社会文化教师学习观

进入21世纪以来，基于维果茨基（Vygotsky，1978）思想的社会文化理论开始影响人们对教师学习的理解。社会文化理论认为教师学习不是知识的线性累加，而是在与环境和他人的交互中不断进行的社会建构过程，体现出了人的行为、认知等主体因素以及环境之间构成动态的交互决定关系。社会文化理论与哲学领域以笛卡儿为代表的二元论世界观不同，突破了单一的认知框架，将学习置于社会、文化、历史等复杂的系统中，具有重要认识论和方法论启示（Johnson，2009）。社会文化理论可以帮助我们更深入地探索教师学习的内在认知过程，更好地认识教师的行为、认知等主体因素与社会文化环境之间的动态关系，这对外语教师发展具有重要的启发意义（Johnson et al.，2003）。社会文化理论视角下的教师学习涉及以下五个关键问题：

第一，学习是个体学会参与某一社会群体的话语和实践活动的过程。在实践共同体中，个体学习者的身份是不断变化的，是沿着旁观者、参与者到核心成员的轨迹前进的，是动态的生成性的概念。

第二，学习是获得活动系统内的知识，并为该系统创造新知识的过程。知识具有社会性，是内含在团队或共同体中的。因此，学习是个体通过与他人的对话协商共享知识、经验和能力，并且共同创造新知的过程。

第三，教师学习是人与社会情境持续互动的过程。教师学习是个体受特定社会环境的影响不断发生变化的过程，也是个体重塑环境的过程。

第四，个体的生活史以及中介工具对教师学习有重要影响。教师学习不是听任别人灌输或者闭门读书的过程，而是在个人已有经验的基础上构建新知识的过程，是在教材、教案、课例等中介工具调节下获取意义的过程。

第五，情境是教师学习研究的重要分析单位。情境与教师的日常生活和实践紧密相连，是步入教师生活空间、探究教师学习的重要出发点。

随着教师学习的社会文化观的出现，教师教育研究者们对教师生活的社会文化环境更为关注，重视实践共同体和教师身份认同，积极寻求以整体、动态和多元的视角透视教师专业发展这一复杂现象，并且亲身参与为教师发展创设环境、与教师一起合作学习和探究，承担起教师学习的中介者角色。在此理论指导下，我国研究者对教师教育的模式和指导原则进行了较为深入的探索。例如，吴欣（2005）基于对我国在职中学英语教师的案例研究，发现在教师知识、信念和行为的形成和发展过程中，教师教学能力和信念的形成或变化并非各种专业知识传输和接受的简单过程，教学场景在教师学习过程中起着至关重要的作用，她指出在提倡教师专业发展的同时，必须改进教师教育的培训模式、培养模式、培养内容和培训手段，进行以学校为基本单位的学校教育管理改革，因为教师教育（包括职前、职后教育）和社会因素（包括学校环境和社会氛围）是教师素质或能力形成过程中两个非常重要的因素。刘学惠、申继亮（2006）基于当时国外语言教师认知和学习的研究文献，梳理和归纳了关于外语教师学习和教师学习促进的若干原则，概括了有利于促进教师学习的要素，包括：（1）置学习于情境中，围绕教学实践问题；（2）基于教师的原有知识，引导概念转变；（3）倡导教师做研究，在实践探究中反思；（4）创设对话与合作机会，促进共享理解；（5）体现研究者对教师学习的协助促进作用；（6）利用工具，特别是利用网络资源促进教师学习。

社会文化理论视角下的教师教育实践活动采用协商和对话的方式，采用集体备课、讨论小组或读书俱乐部的定期活动、基于网络的笔谈或辩论、合作课题研究、教师论坛、大学与中小学合作的行动研究等具体活动，促进教师学习。

随着国内外研究的深入，人们对教师专业发展这一概念的理解不断加深，也对教师专业发展的过程、步骤产生了新的认识，进而影响我国英语教师专业发展在实践中的操作模式。

第三节　教师专业发展研究的主题与方法

随着第二节所述理论视角的变化，研究者们对于教师专业发展的内涵有了更为深入的理解，认识到我们需要更多地了解教师，如教师做了什么，教师是怎样思维的，教师有哪些知识，教师是怎样学习的，教师怎样理解和解释自己的行为。就我国外语教学而言，研究者们意识到需要进一步考虑我国外语教师关于外语学习、外语学习者、外语教学有怎样的理念，教师把怎样的先前经验和个人理念带进了教师教育课程，教师的个人经验与观念在当前的课程教材变革中正在发生怎样的变化，怎样的环境能够促进教师学习与变化（吴一安　等，2007a）。基于此背景，教师专业发展研究的主题与方法均发生了改变，呈现出多样性和丰富性。

一、教师专业发展研究主题

目前关于教师专业发展的研究既包括以教师学习为主题的直接研究，也包括在教师发展或教育变革的框架下进行的间接研究。研究者关注的问题主要包括教师学习的结果、过程以及方式。就学习结果而言，其核心问题为实践性知识的增长。就学习过程而言，其热点问题包括教师学习过程中教学观念的变化、身份认同的构建以及课程改革的情境作用。就学习方式而言，其关键问题涉及合作探究与实践反思。

1. 学习结果研究

研究者对教师学习结果的研究大多集中于教师知识的研究。对于教师知识的研究存在两个不同的视角，即实证主义视角和解释现象学视角。实证主义追求技术理性，以解决社会问题为目标，以高度概括的知识形态为结果，其研究模式忽略了问题存在的情境，以及如何解释复杂的、不确定的、独特的客观存在。受实证主义思潮影响的教师知识研究者认为人类的认知过程是理性的、技术的发现，因此，侧重探究教师应该具备的知识（Shulman，1987；Grossman，1990）。

针对实证主义的弊端而兴起的解释现象学的认识论认为人的思维和

行为受具体情境的影响，而知识是个体在具体情境中对外部世界的思考和理解。因此，基于解释现象学的研究并不着重关注教师应该具备什么知识，而是更关注教师实际具备什么知识，以及这些知识与实践之间的关系。这一类研究最为重要的成果是提出了实践性知识的概念，强调教师知识的情境性、复杂性、个体性和不确定性。1983 年，Schön 在《反思性实践者：专业人士如何在行动中思考》一书中提出了超越理论与实践的二元论的实践认识论，认为实践是改变教师知识的主要途径，指出教师在专业实践中并不主要依赖外来的专业知识，而是依靠在行动中产生的、难以言传的“实践知识”（Schön，1983）。这种实践取向的教师知识观对教师教育领域产生了极大的影响。同年，Elbaz（1983）开创了教师实践性知识研究的先河，通过对一位中学英语教师进行回顾式访谈的案例研究，发现真正指导教师实践的是“通过实践获得的、关于实践”的知识，其中包括学科知识、课程发展知识、教学知识、教学环境知识和自我知识。许多研究者在 Elbaz 研究的基础上进行了大量关于教师实践性知识的研究（Clandinin，1985；Clandinin et al.，1986，1995；陈向明 等，2011；李莉春，2012），而且进一步揭示了教师实践性知识的个体性。例如，陈向明等（2011）指出教师的情境知识是其实践性知识的重要组成要素，主要通过教师的教学机智反映出来，依赖教师对情境的敏感、思维的敏捷、判断的准确、对学生的感知、行为的变通等，是教师直觉、灵感、顿悟和想象力的即兴发挥，同时表达了教师对学生的深切关注，是“有心”与“无意”的巧妙结合。

我国已有研究者进行了关于外语教师实践性知识的探索。例如，李德华（2005）以一位中学外语教师为个案，从教师生活史入手，分析了该教师从一位新手教师成长为专家型教师的轨迹过程和影响因素，指出新手教师是在过去经验、现在情境、将来计划和行动的交织中，在实践与反思的循环往复中，批判、审视自己原有的信念，建构、更新自己的实践性知识，战胜困难与挫折，从而成长为一位专家型教师。许悦婷、刘永灿（2008）探究了一位在职大学英语教师的形成性评估知识，该教师认为形成性评估与终结性评估之间应有相关性，教师应具有独立的评估决策权以及学生应当在形成性评估中学会自我评估，但是工作氛围、学校文化、权力关系等因素影响了其评估性知识的发展，结果表明教师的个人实践知识是在教师的个人成长及学习经历、教师所处的社会关系，以及工作和生活场所三者共同作用下产生和发展的。王艳（2011）探讨了两位优秀高校外语教师的实践性知识的构成与特点、影响因素以及学生在教师实践性知识建构中发挥的作用。该研究采取定性个案研究方法，以课堂观察、深度访谈和问卷调查为主要研究方式，通过对教师行为的呈现以及教师对自己的意义解释，揭示出优秀外语教师实践性知识的内涵可概括为一个由教育教学信念、自我知识、人际知识、情境知识及批判反思性知识构成的综合连贯体。研究还发现，在影响实践性知识的获取与发展的诸多因素中，对外语教师个人影响较大的内部因素包括职业理想与职业动机、教师已有的经验背景、自我反思意识、自觉的理论学习、人际互动交往以及教师培训，外部因素包括学校的组织文化及社会氛围等。张莲（2011）运用个案研究的方法，探究了6位优秀高校英语教师个人理论的形成发展过程，指出教师的个人理论是关于英语教学的理论知识、个人理念和朴素假设的交织聚合体，教师的个人理论会随着时间推移通过与教师个人实践经验的交互作用进行演变。

对教师实践性知识的研究表明，教师学习的结果不只局限于技术层面，还体现在情感和精神层面。教师是“人”，是完整的、有血有肉的人，在其学习教学的过程中，作为“客体”的知识本身是不断变化的，是被参与各方根据当时的社会文化情境以及自己的需要，通过交流和协商而形成的（陈向明，2013）。

我国教师教育领域对教师学习的研究起步较晚，而且更多地关注教师对于外语学科知识和教学法知识的掌握，而对教师心理、教师情感等个人内心发展一直不够重视。我们需要对教师的实践性知识进行更为深入的探索，如教师的实践性知识发展与演化的动态过程，教师实践性知识各部分之间的动态联系，影响教师实践性知识形成的因素及程度，专家型教师与新手教师的实践性知识的异同等（王艳，2011）。

2. 学习过程研究

教师知识研究的实践转向使得研究者们更加关注教师学习的过程。Carter（1990）指出，我们应该更加注意教师学习的实质是什么（内在过程），而不仅是学习了什么和在什么情境下学。笔者对文献的梳理表明，关于外语教师学习过程的研究主要涉及教学观念、身份认同以及课程改革等焦点问题。

关于教师学习过程研究的焦点之一，是通过追踪教师教学观念的变化探究教师学习的过程以及影响因素。Tsui（1996）研究了一位英语教师在尝试“过程式写作”教学中的经历。这位教师经历了从过程法回归传统教法，再走向改良过程法的曲折过程，最终体悟出适应学生的不同需求是成功教学的关键。Childs（2011）跟踪了某大学在职教师培养项目中 3 位第二语言教师学习教学的历程，研究发现 3 位教师都接受了同样的培训，但是却因为个人背景、教学环境以及个人主体性的不同，表现出了极为不同的学习方式和学习结果，也因此形成了不同的第二语言教学观。Zheng（2013）采用生态学视角，通过课堂观察和访谈，探究了一位初中英语教师在课程改革情境下教学观念的变化。研究发现，该教师的教学观念、教学行为、教学环境三者之间呈现出动态复杂的关系。杨鲁新、付晓帆（2014）采用历时个案研究的方法，深入分析两位中学英语教师通过参加为期四个月的自愿研修活动，在语法教学理念及实践上的变化。通过分析教师问卷及访谈、研修活动观察、教师课堂教学观察、学生问卷及访谈等多种数据，发现这两位教师在参加研修活动的过程中逐渐改变了自己的语法教学理念及实践。在这个变化过程中，教师的语法教学理念与实践相互促进、交互演变。

研究的焦点之二是教师在学习过程中的身份认同构建。国外关于外语教师学习过程中身份认同研究的起步较早（Connelly et al.，1999；Pavlenko，2003；Varghese et al.，2005），研究结果表明“我是谁”决定了教师学习的目标和结果。21 世纪以来，我国也出现了相关实证研究，但是还极为稀少。Tsui（2007）以一位中国英语教师所叙述的英语学习和英语教学经历为质性资料，探究了该教师职业认同的构建与重建过程及其影响因素。郝彩虹（2010）调查了 9 位具有职后读博经历的大学英语教师的专业认同变化情况，探究了教师们在职后学习过程中的身份认同变化轨迹，并探究了其深层成因，指出大学英语教师专业认同的形成和重构其实是教师个人标准、工作单位标准、学科共同体标准与一般意义上公认的学术职业标准彼此之间角力的过程。刘熠（2011）以实践共同体理论为理论框架，以6位普通大学公共英语教师关于其英语学习和教学经历的叙事为研究资料，从建构主义的叙事视角论述了其职业认同的建构过程。

研究的焦点之三为课程改革在教师学习过程中的情境作用。吴宗杰（2005）研究了一组高校英语专业教师在自主发起的历时近10年的课程改革中的成长历程。该研究发现近10年的课程改革过程是一个挑战传统课程体系、挑战现有教材权威，把课程决策权交给学生，把人文关怀带进课堂的探索性实践过程，是教师不断进行行动研究的过程，是构筑教师学习群体、促使教师成为思想者的过程。吴欣（2005）则以由教育部组织、地方师范大学具体执行的国家级英语骨干教师培训项目为研究案例，对中学英语教师在职培训课程、培训模式以及培训结果进行了实证研究，对组织在职教师参加脱产培训，继而实现其职业发展的模式提出了改进建议，强调了教师发展课程应以学校为基地，引导并鼓励教师对教学经验与教学问题进行积极的反思性学习。Liu、Fisher（2010）采用访谈和课堂观察的方法，描述了英语课程改革背景下的中国某高校职前英语教师的学习历程，呈现了传统教学法与交际教学法对职前教师教育理念的冲击，揭示了职前教师对交际教学法存在抵制、抗拒心理的深刻文化历史成因。Ahn（2011）通过访谈和课堂观察探究了一位韩国职前英语教师在英语课程改革背景中的实习经历，指出了个人先前经验以及学校社会文化环境的重要影响。

我国近期关于教师学习过程的研究已经体现出注重过程和日常教育实践的趋向，但是目前仍然存在不少局限性。具体体现为理论思辨研究居多，实证研究匮乏；样本不够丰富和多样，关于中小学教师的研究比较少；多数研究关注促进教师专业发展的途径，很少涉及学习过程中教师的情感经历和精神体验。

3. 学习方式研究

教师学习是成人学习，具有其独特性。合作探究与反思性实践是两种促进教师学习的有效方式。合作探究是教师进行专业学习并获得成长和发展的有效模式，因为教师学习是获得共同体身份感的社会化过程

(Lave et al., 1991),离不开与他人的互动、合作和研讨。反思性实践能够促使从业者(包括教师)的专业能力提高,因为从业者会对自己的实践行动以及内隐其中的知识、观念进行有意识的思考,并把这种思考的结果回馈于行动之中,使之得以改善(Schön, 1983)。Wallace(1991)指出,教师在教学实践过程中的反思行为是促进教师发展的根本动力。Shulman 等提出反思是教师学习的重要特征之一,因此教师学习不能忽视反思能力的发展和提高(Shulman et al., 2004)。

关于合作探究模式的有效性,国内外的研究者已经进行了不少实证研究。Little(2002)采用微观人种志和话语分析理论,研究了参加教学改革的一组英语教师为准备 9 年级的课程进行的互动,讨论了教师实践共同体如何为教师学习提供智力、社会与物质资源。Tasker(2011)跟踪了一所私立中学里 3 位英语教师在课例研究的过程中学习教学的经历,指出教师不同理念、不同声音的碰撞是促进教师学习的关键因素。刘学惠(2007b)以社会建构理论为依据,组建了英语教师课堂学习小组,探究在学习共同体干预条件下教师建构性学习发生的过程与机制,以及这种学习方式给教师的知识和行为带来的变化。研究结果表明,课堂研究小组不仅增进了教师的专业知识,而且促进了教师行为的改变。文秋芳、任庆梅(2011)以由 4 位高校外语教育专职研究人员和 5 位大学英语教师组成的教学研究团队为依托,开展了近一年的探索性研究,根据一线教师的实际需求确定了“如何调动学生的学习积极性”作为该研究的关键问题,开展了四类活动,包括增进相互信任与理解的务虚讨论活动、专业知识学习活动(如文献研读、专题讲座、参加研讨会、工作坊等)、观看录像与讨论活动,以及提高教师研究能力的活动(如阅读文献、确定研究方案、学习已经发表的相关教学论文等),以情感互动为基础、以认知互动为重点,循序渐进,建立了一个开放的学习共同体,提升了一线教师的教学和研究能力,也增强了高校研究人员与一线教师的沟通能力。该研究提出了我国高校外语教师互动发展新模式,包含人员、中介、机制、目标四大要素,主张以研究者 - 教师合作为平台,以课堂关键问题为抽象中介,以课堂录像、教师反思日记等为具体中介,通过情感互动与认知互动,实现团队成员共同成长。张洁、周燕(2018)通过对北京外国语大学11位老教师的口述史料的分析，探究了1949年到1978年间北京外国语大学外语教育传统中的教师学习。研究发现，在新中国成立初期的30年间，外语教师主要是在基于共同课程的"学习实践体"中成长的，通过做教案和集体备课、做助教和个体辅导、参加公开课等具体活动学习如何教学，通过与他人的互动以及自我反思得到专业成长。

反思性实践也已经得到了教师教育研究者们的密切关注。课堂是教师教育实践发生最频繁、最集中的场所，是教师专业学习发生的主要场所，因此将教师学习置于教学实践中是促进教师专业发展的有效途径（程文华，2010）。近年来，有学者对教师在实践中理解教学、在实践中发展的学习模式进行了探究。韩刚（2008）对海南师范大学的英语教师教育实践课程进行了个案研究，通过对60名师范生反思文本（如师范生的教学观察报告、教案设计、课堂话语实录、反思会的交谈实录、教学日志、反思报告、行动研究报告等）和课堂行为的内容分析，发现了师范生反思性实践的"技术性"特点。这些师范生在反思特征上体现出极力使自己的教学行为符合既定的外部规则，在反思内容上关注的主要是专家建议的教学技能和技巧。该研究指出教师教育者必须防止师范生思维的偏激性（从概念出发分析问题或对问题非此即彼的判断等）和功利性（追求快速、短暂地解决问题等），强调教学过程与问题的复杂性、模糊性与阶段性，同时创造有利于师范生相互交流的对话策略和相互支持的人文环境。周燕等（2007）的研究通过对某全国重点大学J学院进行为期一年的大学英语课程改革试验，运用集体备课、课堂观察、访谈、教学日记和学生座谈等手段研究英语教师教学成长的发展历程和条件。该研究团队由北京外国语大学中国外语与教育研究中心的专职研究员和5位参与J学院教学改革工作的教师构成，研究特别关注培养教师在教学中进行反思的意识和能力，鼓励教师写教学日记，并通过专题讨论会等形式引导教师讨论、阅读、反思自己的教学理念、语言学习的本质和对语言的认识。该研究发现教师的职业认同、对学生的认识均有了很大变化，教学方法有了改进，个人的自信心也得到了增强，这表明教师有能力通过反思不断发展，教师的交流和互动是帮助教师形成自我反思能力的很好媒介。程文华（2010）以两位高校英语教师为个案，探究了英语教师如何在“课堂教学”这一具体的实践活动中巩固和发展自己的专业知识和专业理念，揭示了教师专业学习的特点和内涵。研究发现两位老师在教学知识和观念方面变化相似，学习的方式和过程相同，都包含行动前思考、行动中思考以及行动后反思三个环节的连续、交互的动态过程。王俊菊（2012）研究了课堂教学环境下的外语教师学习情况，旨在发现教师学习的特点、途径、影响因素和支撑条件，并探讨优化教师学习的方法和措施。其研究结果表明，课堂教学环境下的反思学习是实现教师学习目标的重要途径之一。该研究采用了多例个案研究和叙事探究的方法，参加者为6位高校英语教师，数据来源包括生活史自传（如教师的英语学习史、成为英语教师的原因、职前培训、自我提高和改进教学的渠道、成功的教学案例和经验、失败的教学经历和原因等），教学反思日记（从教学设计、课堂实施、师生交流、课余学习、课后感悟等方面进行的反思），课堂观察，课后访谈，课堂教学录像，小组座谈讨论。研究发现参加该研究的教师大都有意无意地进行了教学反思，包括课前反思、课中反思、课后反思等，不但促进了教学水平的提高，也利于学生学习和“学习大家庭”风气的形成。

合作探究与实践反思是教师学习领域中很值得探讨的话题，因为这是促进教师学习的有效途径。首先，教师学习是获得共同体身份感的社会化过程（Lave et al., 1991），因此教师所处的环境以及参与的实践共同体对其学习进程具有关键作用。其次，实践中的反思促使教师有意识地努力发展其知识与技能，进行经验的建构，帮助教师遴选重要的经验，使经验得到理性升华、价值提升并且对经验或信息进行重新组织（王洁 等，2007）。

合作探究和实践反思对教师专业发展具有巨大促进作用，采用何种具体方式能促进教师的合作探究，促进教师的实践反思，这是亟须关注的问题。我国教师教育者对此已经进行了很有益的探索。例如，王洁、顾泠沅（2007）记录了由高校教师教育研究人员、中小学教研员及一线中小学不同学科的教师在青浦开展的合作研究，该研究历时9个月，以课例为载体，探索了研究者和教师合作的有效方式，教师需要怎样的专业支持和反思，何种反思能支持教师透过经验进行学习等。研究结果表明，课例研究是将理论和实践结合的桥梁，是促进教师学习的重要活动方式，是扎根实践、多方合作、主动探究和不断创新的过程。葛炳芳（2013）以高中英语教学核心的阅读教学为切入点，通过观察与评价 4 个研究团队的学习与专业发展过程，探索“小课题研究”对高中英语教师专业发展的影响。研究基于 4 个子课题组的“小课题研究”，包括教学材料的解读与使用、词汇处理、评判性阅读和读后活动的设计。研究团队每次活动前会提前确定教研内容，每个小分队预先解读文本，交流文本解读的体会，独立进行教学设计，交流教学设计，开展课堂教学，再聚在一起开展教学研究。教学研究过程分为文献交流、文本教学解读与教学设计交流、上课、评课、研究进展交流。活动结束后所有参与人员上交书面教学反思。该研究表明合作研究与学习是一线教师专业成长的重要途径。张莲等（2013）介绍了北京外国语大学英语学院依托“以培养学生思辨能力为导向”的英语专业课程改革，有效推动学院教师专业成长的实践探索，其主要途径是成立包括各学科研究中心、教研室、课型组的代表，院领导、教师发展研究者和资深退休教师为代表的“英语学院教师专业发展与研究委员会”，制订并实施研究型教师成长支持计划，青年教师发展计划和教师发展“行动研究”计划，通过举办专题研讨、座谈会、工作坊、教研探讨、全院教师大会等多种形式解读课程改革和教师发展的理念，从而创建课程、教学改革与教师发展良性互动的机制。该研究表明，教师队伍成长的内在动力得到了激发，其专业发展得到了有效推动。

目前国内关于合作探究与反思性实践的实证研究还比较有限。研究者们可以对这两大研究主题进行更为深入和细化的探究，例如“师徒制”、课例研究等合作探究模式对教师学习的促进与桎梏作用，教师在学习实践共同体中的情感经历，教师在日常教学实践中进行反思的有效途径，教师反思的具体成效等。

二、教师专业发展研究方法

教师专业发展研究的理论视角的变化蕴含着研究范式的变化，直接影响着研究主题和研究重点的变化，也势必带来研究方法的改变。教师教育与发展是教育学科中的一个应用领域，教师教育研究者来自不同的学科领域，因此“借鉴”和“移植”其他学科研究方法是教师教育与发展研究方法发展的主要轨迹（吴一安 等，2007a）。随着对教师专业发展内涵的深入理解，我国教师教育的研究方法也发生了衍变，在原有的探究教师思维机制的问卷、有声思维、刺激回忆等专注教师个体认知方法的基础上，教师教育研究者开始关注民族志、个案研究、叙事探究等贴近个体经验、关注社会情境及其影响的方法。

其中叙事探究注重倾听教师内心的声音，贴近教师的真实体验，非常契合教师学习研究，贴近日常实践和个体经验的转向，因此已经引起了众多教师和教育工作者的重视。Johnson、Golombek（2002）在《作为专业发展的教师叙事探究》（*Teacher's Narrative Inquiry as Professional Development*）一书中指出，应该鼓励外语教师用叙事探究的方式讲述自己的日常体验，因为叙事探究不仅追溯发展，而且本身也蕴含了发展。

叙事探究从20世纪90年代后期被引进我国教育研究领域后，得到了广泛的关注。国内已经有研究者采用叙事探究的方法研究外语教师的专业成长，展示了叙事探究贴近个体经验与教师日常实践的独特魅力。例如，李晓博（2011）对一位日本日语教师的教学生活进行了为期一年的叙事探究，叙述了师生共创“有心流动”的课堂故事，探究了影响课堂教学实践和教师专业知识的社会、文化、心理等因素。该研究中的教师凉子是一位普通的日语代课教师，她放弃了很多日本教师崇尚的任务型学习法，采用了被视为较落后的语法和句型操练法，结果却将屡屡因失败而失去自信的学生们转变成了活泼开朗、踊跃发言的人，将原来死气沉沉的课堂变成了气氛活跃的课堂。目前也有研究者将叙事探究应用于外语教师学习领域。

顾佩娅（2009）对9位优秀外语教师学习教学经历进行了叙事呈现和分析，生动地体现了我国教师成长的复杂心路历程及其环境影响。该研究详细描述了来自不同教学环境、具有不同教学经历的一组中小学优秀外语教师的专业发展历程，通过叙事研究法归纳的20个教师个案故事，从不同侧面反映了他们在各自特定环境中学会观察、适应，最终从新手教师成长为教学能手的过程，也反映了他们所处的不同地理环境（农村或城市)、历史（“文革”前后)、社会或学校文化环境（支持或缺乏支持）及其个性差异（内向或外向)、主要学习模式差异（自学或群学）等对其成长的多方位、多层面影响。

崔琳琳（2014）对4位教育背景与工作环境各异的中学新手英语教师进行了为期2~4年的深入探究，通过大量课堂观察、访谈以及教案、反思日志、个人通信等相关文本资料的收集，步入他们的“生活空间”，生动地分析和呈现了他们学习与发展的历程，探究了影响他们学习发展的社会文化因素。其中一名新手教师冬梅语言素质高、热爱英语教学、反思能力强、适应能力强，她学习教学的动力是内生的，是对专业发展的追求，学习的主要方式是自我反思、自我探究，在短短的时间内得以快速成长，教学效果获得学生的极大认可。按照常理，冬梅最有可能沿着新手教师—经验教师—专家型教师的轨迹走下去，但是在任教两年后她却选择了辞职。该研究深入诠释了冬梅职业抉择背后的深层次原因：她渴望得到专业的指导，能拥有一个相互促进的学习共同体，能在教学工作中找到自己存在的价值，然而其就职中学不能够满足她的专业发展需求，其学习过程缺乏在实践共同体内的意义建构和协商，是一种以自我为导向的非正式学习，很少体会到“对话的学习”的快乐，很少体验到归属感和意义感，这让冬梅最终陷入了心灵的困境和挣扎，以致选择辞职。

陶丽、顾佩娅（2016）采用叙事探究方法，围绕4位高校英语教师的职业发展路径，通过一系列半开放性访谈问题，引导4位教师回顾和反思职业生涯关键事件的过程、结果、影响因素等，尤其注重倾听教师对自我行为的解释和说明，并且通过平时对教师的观察、聊天和针对这项研究的非正式交流，对访谈数据进行验证和补充，从而对4位高校英语教师的职业生活经历进行比较分析，以探讨教师能动性的内涵和践行方式。该研究表明，4位教师能够发挥主观能动性把控职业发展的方向和路径，应对职业生活的多重压力，这为处于发展困境的教师群体寻求自救之路提供了重要启示。

我国明确提出教师专业发展问题并加以介绍和研究是从20世纪90年代开始的，起步较晚，但是教师专业发展很快成为教育学及心理学理论工作者、教育决策者和广大教师关注的焦点（肖丽萍，2002）。不过，张莲、高释然（2019）指出，到目前为止，还有许多重大问题没有达成共识，例如，教师专业发展的途径是什么？教师专业发展应该侧重提高哪些能力？教师专业发展的过程又是怎样的？什么是国内教师的专业知识基础，其构成和要素是什么，与国外普遍应用的框架或结构有什么不同？研究的主题还应该更具体化、更情景化、更集中化；研究的方法，尤其是质性研究的方法，还应该更加深入。

第四节 我国教师专业发展研究的现状与趋势

教师专业发展是教师以自主意识为动力，通过各种与专业发展相关的途径和活动，不断学习、成长的过程，是更新教育观念、完善专业知识、提高专业技能，逐渐提升自身专业素质、发展并完善专业认同的过程（张莲，2013）。教师专业发展的核心是教师学习。随着教师学习领域研究的不断深入，我国教师发展研究的理论视角、研究的侧重点以及研究方法都发生了很大的改变。

一、理论视角和研究方法的转移

第一，研究者们对教师学习的概念性认知发生了实质的改变，因此研究的理论视角发生了变化，从自上而下的实证主义视角转变为贴近教师日常教学实践的解释现象学视角。关于这一转向的明显标志是国内教师专业发展研究者采用的理论框架的变化，例如，近10年我国外语教师教育和发展研究者广泛采纳和应用了社会文化理论、反思实践和实践共同体理论（张莲 等，2019）。

第二，由于研究者们对于教师专业发展的内涵有了更为深入的理解，研究的侧重点出现了转移，从关注教师学习的结果到重视教师学习的方式和过程。研究者们最初的关注点是教师专业发展的结果，即教师获得履行教学功能的知识、能力和品性，逐渐转变为强调教师专业发展的过程，即教师的终身学习，然后再转向注重教师专业发展的目的，即发挥教师的自主意识并鼓励教师参与社会变革（朱旭东 等，2007）。这说明研究者们意识到，教师专业发展贯穿教师的整个职业生涯，是教师的教育信念、职业追求、教育教学能力等不断发展变化的过程，是内在的质的变化，因此相关研究应该更多关注教师的知识、技能、态度、行为是如何逐步形成的，是如何不断发展变化的。

很多学者对国内教师专业发展的实证研究的梳理充分佐证了这一转变。例如，彭伟强、朱晓燕、钟美华（2008）分析统计了1996年至

2007 年国内外外语类刊物发表的外语教师教育与发展研究论文，在研究内容的广度方面，研究者们已经从单一的素质调查研究逐步发展到教师认知、反思教学、行动研究等，而且指出教师的自主学习，自我反思，不同时期（生存期、巩固期、提高发展期、专家期）的专业成长，教师学习实践共同体（同伴互助、教师合作）和教师知识（学科教学法知识、个人知识、实践性知识以及情景知识等）将得到更多重视。张莲、高释然（2019）回顾并总结了中国外语教师教育与发展研究在过去 40 年里的历时性变化和发展脉络，指出近 10 年的研究内容从比较宽泛的主题逐渐聚焦到教师教育和发展方方面面的具体议题，例如教师信念、学科教学知识、教师学习、实践性知识、职业倦怠、学习共同体等，研究逐渐走向深入、具体和多样化。

第三，研究范式和研究方法出现了转型和变化。张莲、高释然（2019）梳理了 1978 年至 2018 年 40 年间我国教师教育研究者发表的 208 篇实证研究文章，发现质性研究在近 10 年明显增多，逐渐成为主流的研究范式。这说明研究者们更注重教师发展的过程、更注重具体教育情境、更注重个体的体验，这为教师教育模式的改革奠定了很好的研究基础。

二、问题与展望

我国的教师专业发展研究已经取得了不少成就，体现了研究者们对于教师专业发展内涵的更为深入和丰富的理解，但是文献梳理和分析表明该领域的研究还有不少共性问题，需要更为深入的研究。

第一，理论思辨研究居多，而历时的、微观的实证研究还比较少。例如，社会文化理论对于教师学习的机制和特点具有很强的解释力，因此社会文化视角下的教师专业发展是特别值得研究的。我国已有研究者（钟亚尼，2009；毛齐明，2011；毛齐明 等，2012；顾佩娅 等，2017）运用社会文化理论探究教师学习，但是其中多为思辨研究，实证研究较少。我们需要更多的教师教育研究者去关注“一个个具体的学校、一个个具体的教师、一个个具体的场景”（叶澜，2009）[314]，倾听教师的心声，而不应仅仅满足于数字化的总结和简单的概括。

第二，样本不够丰富和多样。目前关于高校教师的研究居多，而只有为数不多的研究涉及基础英语教师。但是，随着基础英语教育改革和英语新课程标准的推进，中小学英语教师面临更大的挑战，对于外部环境结构与教师内部专业发展需求之间存在的矛盾感到更为困惑和迷茫。因此，探究中国社会文化环境下基础英语教师的成长历程，并帮助其寻找有效的专业发展途径应该成为中国外语教师教育研究的重点。应该有更多的外语教师教育研究者扎根中小学一线课堂进行研究，从"局内人"的视角探索基础英语教师专业成长的路径。

第三，许多研究关注教师学习对于教师专业发展的促进作用，但是对于教师专业发展的内涵并未达成共识，对中小学英语教师专业发展应该侧重的专业能力缺乏理论构建，少有实证性研究，针对相关的、基础性的问题还缺乏高质量的研究结果，因而对基础教育阶段英语课堂上出现的诸多问题难以有效回应。本书虽然探讨教师专业发展中最基本的教师专业能力内涵与培养途径，但也只是在已有研究的基础上进行综合理解分析，后续还应有更多的相关研究。

第四，多数研究关注教师的专业技能的提升，但是很少涉及学习过程中教师的情感经历和精神体验。我国有尊师重教的文化传统，历来对教师提出的标准和要求都很高，往往以"俯视的姿态对教师身份做出期待和限定"（周燕　等，2014）[30]，而忽视教师的自身角色认同，导致教师的角色混乱，让教师在社会认同与自我认同、职业理想与教育现实中间彷徨、痛苦、挣扎。然而，如果教育改革一直忽略教师是一个"完整的人"，是一个"普通的人"，那么改革就会举步维艰。只有当我们真正关注教师的心灵，真正关注教师的"养成"，教师才有可能得到真正的成长（叶澜，2019）。中国外语教师是一个特殊的职业群体，除了要承载博学为师、身正为范的文化规约外，还要适应全球化时代对教师集教育者、传授者、领导者、研究者、学者、管理者、协调者、对话者、改革者、信息分析者等多重社会角色的要求，更要跟上随着语言学习理论的发展对外语教师角色的多元动态要求，如解释者、需求分析者、语言模范者、行动监督者、任务设计者等（严明，2010）。为了帮助外语教师适应多重角色，与教学环境、学生和自我同时建立联系，保持良好和谐的对话状态，提升其教育幸福感，教师教育者要特别注意倾听来自教师本人的声音，深入探究外语教师作为一个普通的社会人在具体社会文化语境中学习、反思、成长的途径。

第五，关于教师合作学习模式的研究还非常有限。我国的外语教师教育研究者们已经开始关注促进教师有效学习的两条重要途径，即实践反思与合作探究，其中关于前者的研究相对较多，而只有极少数的研究（如：刘学惠，2007b；王蔷 等，2010；杨鲁新，2016b）涉及后者。合作探究的模式如何才能真正惠及教师专业化发展，这是我们亟须思考解决的问题。我们需要做更多探索合作学习模式的有效内部机制的研究，如学校的支持力度、教师与研究者的角色定位、任务分工与形式、资源的分配、合作的密度与强度等。

本章小结

本章追溯了教师专业发展的起源与发展历程，阐述了教师专业发展的内涵，梳理了教师专业发展研究的理论视角、研究主题和研究方法的变化，并在此基础上分析教师专业发展研究的趋势。基于对教师专业发展起源的追溯，本章提出了教师专业化的基础是教师自身的专业化程度，教师专业发展就是教师学习的过程，包含了教师本人的知识、技能与素质的变革与提高，同时也包括教师所处情境中的组织架构、教师文化的变化等因素。通过针对教师专业发展研究理论视角的变化，本章提出了教师专业发展研究主题从只关注教师专业发展的结果到更关注发展的过程与方式，研究方法也日益丰富，包括了民族志、个案研究、叙事探究等贴近个体经验、关注社会情境及其影响的方法。最后，本章结合我国教师专业发展研究的现状与趋势，阐述了教师专业发展研究所忽视的一些问题，指出了教师专业能力研究的基础性与重要性，强调了针对教师专业能力后续研究的必要性，以应对基础教育英语课堂教学中出现的诸多问题。

第三章 英语教师专业能力及其发展趋势

如前所述，教师发展是世界教育发展趋势，教师发展的内涵很丰富，其中关于教师专业能力的理解极为重要，因为教师专业能力是教师从事教学工作的核心竞争力，是教师专业化与教师发展研究中的重要主题之一。1996年，国际21世纪教育委员会向联合国教科文组织提交的报告《教育——财富蕴藏其中》（联合国教科文组织总部中文科，1996）明确提出，教学若被视为一种专业，教师就应该具备基本的专业素养，其中首先要具有专门的知识与能力。1993年10月《中华人民共和国教师法》颁布，对教师的资格和任用、权利和义务、培养和培训等从法律上作了明确规定，之后的《教师资格条例》《中小学教师职业道德规范》《〈教师资格条例〉实施办法》等配套文件陆续出台。约20年后，2011年10月教育部颁布了《教师教育课程标准（试行）》，并于2012年2月印发了《幼儿园教师专业标准（试行）》《小学教师专业标准（试行）》《中学教师专业标准（试行）》，对师范院校开展教师教育提出了具体要求，对教师的专业能力要求有了进一步的细化。2013年8月颁发的《中小学教师资格考试暂行办法》、2017年10月颁发的《普通高等学校师范类专业认证实施办法（暂行）》和2018年1月颁布的《普通高等学校本科专业类教学质量国家标准》则表明我国正努力建设世界水平的现代教师教育体系，而所有这些政策的基点就是从政策上认可、保护并鼓励教师专业能力的发展。同时，为提高新入职教师基本素质，公正公平地筛选合格的新任教师，教育部于2011年启动了教师资格认证全国统一考试改革试点，从首批进入试点的浙江、湖北两省逐渐扩大到全国除内蒙古、西藏、新疆和新疆生产建设兵团以外的所有省（自治区、直辖市）。据报道，2019年下半年的全国中小学教师资格考试，报名人数达590万（教育部新闻办，2019年11月1日），教师资格认证全国统一考试成为我国教育类国家级别的考试，其目的是促使教育行政部门筛选并聘用具有教育教学专业能力的教师，教师的专业能力再一次受到重视。从全国试行教师资格认证统一考试来看，分段分学科测试的出发点是基于学校学科众多，各学科教师应具备的专业能力不同，如数学教师与英语教师所要求的专业能力大相径庭，即使同为语言学科，语文教师与英语教师的专业能力有交叉但更有区别。因此，弄清楚英语教师专业能力的内涵、教师专业能力的结构及其特征，以及这些能力构建特点和未来发展趋势，成为英语教师教育和教师专业发展至关重要的问题。

第一节 英语教师专业能力界定

我国英语教学自1904年正式进入课堂以来已逾百年历史，从事英语教学的专业人员结构从最初来到中国的外国教习、海外留学归国的副教习、师范院校英语专业毕业生，到改革开放后来到中国的少数高校外专和现在活跃在基础教育领域的大量外教，再到如今持有教师资格证的英语教师。这种英语教师来源结构上的变化说明了我国对英语教师专业能力的入门要求在逐步专业化，即从最初的英语为母语、学过英语专业的从业要求，到今天要求受过专业训练、具备从事外语教学资格的相关证书。在这一变化过程中，我们走过了一个漫长而又充满争议的历程。这些争议源于人们对英语教师学科专业与师范专业的不同理解，以及对知识、行为、技能与素养的模糊认识和探索过程。

一、英语专业与师范专业

长期以来，综合大学英语专业与外语学院英语专业毕业生能否自然胜任英语教学工作在业内一直有不同的观点。一部分观点认为，只要能熟练运用英语就能教英语，这个观点与改革开放之初各高校盲目引进以英语为母语的外籍教师是同一个道理，认为只要会说英语，就能教英语。与这类观点相似的观念在海外教师教育领域也曾有过，比如，在20世纪80年代的美国得克萨斯州，有人甚至认为教师只需展现他们具有学科专业知识、良好的品格以及与学生进行沟通的能力即可（格罗斯曼，2012）。但是，另一种观点则认为，会说英语不一定就能教英语，正如优秀运动员不一定能胜任教练工作。这个观点与最近几年要求外籍教师应聘者须持有相应的TESOL证书或具有一定的教学经验相吻合。上述争议实际上体现了国际外语教师研究领域曾经研究的一个课题“teachers are born or teachers are trained”（Duff，1988）。

英语教师教育相对英语学科其他研究方向而言发展较晚，早期的英语教师教育主要因循传统和个体体验，缺乏明晰的理论支撑，加上英语教师教育事关语言教育，所以有着深厚的应用语言学传统，师范院校英语专业从文学与语言范畴出发，受文化与文学、语言测试、心理语言学、语篇分析等的影响较大。直到 20 世纪 80 年代，英语教师教育中与教学相关的核心内容依然是教学方法的传授，向职前准教师传授语言教学的理念、方法和过程，同时穿插听、说、读、写四项技能的教学技巧培养，形成了知识传授为主的语言学习及教学观，在英语专业的学习与师范专业培养的双重任务下，英语学科的专业课程学习稍有侧重。20 世纪 90 年代后期，受普通教师教育理论与实践的影响，尤其是建构主义和社会文化理论的影响，外语教师教育才开始出现了重大转变（Crandall，2000）。

不论争议如何，时至今日，人们已基本形成了一个共识，正如 Shulman（2000）指出的那样，教学已成为一个由心理学家、人类学家、语言学家、社会学家、教育实践者和学科专家共同致力于研究的、活跃而又有系统的领域。具体到英语语言教学，这是一个综合的交叉学科，它涉及英语语言学、教育学、心理学、社会学、管理学，甚至哲学等领域。英语教师如同其他学科教师一样，需要经过专业的训练，且取得相应的职业资格证书才能从事教学工作。

同时，人们认为教师不单是教学理论与知识的实践者，而且还是理论与知识的构建者，师范教育必须注重理论学习与具体课堂的教学实践相结合，在实践的过程中构建教学知识。不仅如此，人们还认为教师已有知识、经验和信念对有效教学观念的形成有着重要的作用，教师进入学校教书前所接受的职前教育自然就十分必要。这些认识是英语专业师范教育与研究近几年越来越受到重视的根本原因。当然，从已有的经验和实际效果看，部分毕业于综合大学或外国语大学的英语语言学习者没有经过专业的师范训练也在从事英语教学，他们在英语教育上花一定的时间通过师傅带徒弟的方式学会教学，甚至有的教学效果还强于师范毕业生。但是，部分非师范专业毕业生的教学工作能力强过师范专业毕业生不能简单归结为师范教育作用不大。

在理解教师专业能力内涵时，区分“学科专业”与“师范专业”，或“学科教育”与“教师教育”，探讨二者相辅相成的作用是界定“教师专业能力”的重要基础。对于英语教师而言，其教师专业能力的独特性更为突出，“英语专业”学习首先要解决教师自身的英语语言能力问题，这是语言教师的基础能力。因为语言既是教师工作的工具，也是教师工作的内容，而“师范专业”培养则解决教师从事英语教学工作的实际核心能力，它解决的是教师引导或指导第三者或他人学会语言的能力。缺少师范专业训练的教师能胜任教学工作的人不少，但就教师队伍整体而言其概率甚小，且教育本身不可回溯的独特性要求进入该行业的从业人员应该在入职之初就受过专业的教师教育训练，具有相应的教学能力，符合教育系统相关的规范，取得相应的入职资格。因此，理解“英语专业”与“师范专业”的不同作用是理解英语教师专业能力的两个方面，二者缺一不可。

二、知识、行为、技能、素养与教师专业化

从古至今，“传道、授业、解惑”是我国对教师职业最基本的认识，“三人行，必有我师”也是教师作为一个职业的作用与功能泛化的体现。近现代以来，人们对教师职业的认识有了突破性的改变，教师职业的专业化于1966年由国际教科文组织首次提出并在1996年《教育——财富蕴藏其中》的报告中加以强化（联合国教科文组织总部中文科，1996），但是，因涉及主体众多、过程阶段繁杂和环境因素多变，教师专业化的形成必须经过一个复杂而艰难的过程。陈永明（1999）提出的教师专业化理论框架直观地呈现了这一复杂过程（见图3-1）。

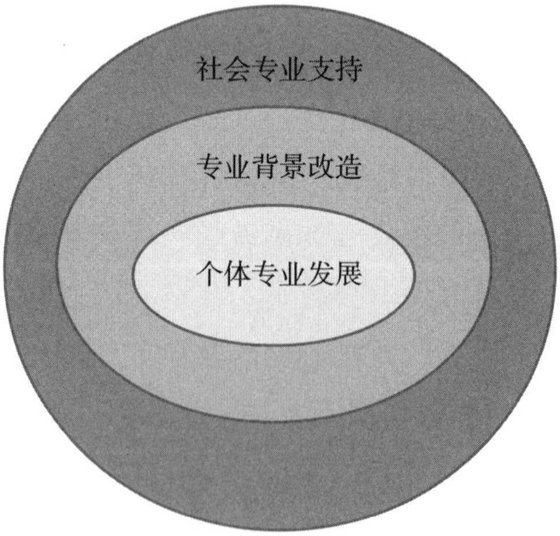

图3-1 教师专业化理论框架图（陈永明，1999）

在陈永明看来，教师个体专业发展是教师专业化的核心，教师终身教育、教师素质内化与教师专业自我形成使一个人成为专业的教师。但这样一个过程离不开国家政府、社会人士、教师个体和组织的共同努力，这有别于传统意义上的“三人行,必有我师”的教师概念。教师终身教育、素质内化与专业形成都离不开教师对其专业活动所持有的知识、观点和价值，以及教师对其所从事的专业活动所拥有的基本能力与基本素养。而这些能力与素养的形成与教师所处的社会环境有着密不可分的联系。

就英语教师专业化的研究而言，教师知识、教师信念、教师行为、教师能力、教师素养，以及教师学习或教师发展等概念在我国近20年频繁出现。这些概念从不同角度研究英语教师专业化的问题，这些研究概念的不同，源于不同研究阶段所秉持的理念、研究基础与重点的不同。对于普通中小学老师来讲，许多研究成果理解起来有困难，因此他们时常将知识、行为、技能与素养等概念混用，也有些研究成果难以与自己的工作相联系，只能将其束之高阁。但不论怎样，对英语教师专业化的理解我们可以归纳为以下四点：

第一，成为英语教师是一项高度的心智活动，有一个复杂的认知过程（Gower，1988）。教师个体知识和教师信念的形成过程以及最终教师个体行为差异决定了英语教师的产生是一个专业化的过程。第二，成为英语教师要求其拥有一套特殊的知识技能体系，这套体系使英语教师有别于其他英语语言使用者，也有别于其他学科教师，如数学教师或历史教师。这套独特的体系需要建立在英语语言学、心理学、教育学、社会学、哲学等研究的基础上（Stern，1983）。第三，英语教师需要经过较长时间的专门职业训练，在这个训练过程中，教师的情感倾向、认知能力、实践活动、反思活动与研究活动决定了该教师的专业水平（Wallace，1991）。从业时间的长短并不能说明“年长的教师”的业务能力一定强于“年轻的教师”。第四，英语教师的专业发展呈动态发展趋势，在这个态势中，环境的改变和外界的介入，如教师培训或教师评价，对教师学习或专业发展有一定的作用，但不是一针见血式的作用，教师的内省、内化、实践、探究是教师发展的内在动力（Richards，1998）。因此，对英语教师专业能力进行界定时，单纯的知识、行为、技能或素养难以描绘教师专业能力的全景。

英语教师应拥有的、特殊的知识技能体系是英语教师有别于其他专业教师的核心内容，这些核心内容的不确定性产生了英语教师研究中容易模糊与混淆的概念，如教师知识、教师行为和教师素养等。此外，核心内容的不确定性也误导人们对英语教师专业性的认识，把教师知识、行为、能力与素养混为一谈，认为有知识即有能力，素养高即为能力强，进而在教师教育课程设计中出现重知识、轻能力，强调基本素养，忽视专业能力培养的现象（祁占勇，2014）。因此，本节在前辈研究的基础上，综合国内外针对英语教师的研究，将英语教师应拥有的特殊的知识、技能与行为体系概括为“英语教师专业能力”。它有别于师范教育中原归属于教育学、心理学的课程内容，也与师范教育中的师德和素养培训有所区别，它专注于英语教师作为语言教师在教学中所需要的特殊的专业能力，这种专业能力也有别于数学教师或语文教师所拥有的专业能力。

第二节 英语教师专业能力特征与结构

要理解英语教师专业能力的内涵，我们首先需要了解教师教育领域关于教师的重要研究过程与成果。作为研究教师专业能力的重大转折点之一，Shulman（1986）提出了“学科教学知识（pedagogical content knowledge，PCK）”的概念。Shulman认为在教师的知识基础中，PCK是将学科（内容）用可理解的方式呈现和表达给他人的方法（知识），教师针对不同学科内容进行筛选、重组和创造，各个学科具有各个学科特有的PCK，是此学科教学与彼学科教学的重要区别。在Shulman之后，许多其他学者，如Carter（1990）、Gudmundsdottir（1990）、Grossman（1990）等做过进一步的研究。总之，关于学科教学知识研究最为重要的观点在于强调内容是教师经过个人思维和理解后产生的，是教师通过整合课本知识和自己的其他知识进而转化而来的，因此教师不是学科知识的传授者，而是知识的创造者。内容是各种相关知识的融合，而非简单相加，是“教师对学科知识的理解与具体教学技能的结合”（Shulman，1987）[16]。

国外外语教师教育研究者也进行了相应的研究。Richards、Nunan把教师培养从“培训”提到了“教育”的高度（Richards et al.，1990）。Richards（1998）超越培训，研究第二语言教师教育的复杂性，对将英语作为第二语言的教师教育的内容、方法、过程和具体做法做了全面的阐述。Borg（2006）探讨了语言教学中的教师认知，在前人对学科教学知识研究的基础上，提出了教师知识的综合性与情境性。这些研究为将英语作为第二语言的教师核心能力研究提供了理论基础。

受上述研究的影响，我国学者也就英语教师的学科教学知识进行了大量的研究（朱晓燕，2004；韩刚，2011）。随着时代的发展，针对英语教师的研究逐渐转向教师发展、教师学习以及教师专业能力发展等方面。纵观这一研究历程，不论是研究英语教师的知识基础或学科教学知识，还是研究教师发展、教师学习或教师能力提高，对于英语教师教育而言，需要明确的问题是，作为英语教师，其专业能力具体包含哪些内容、有何主要特征，进而梳理出英语教师专业能力的基本结构。换言之，在英语教师的培养过程中，需要梳理出最为核心的内容，并在教师教育过程中逐一实现。

一、英语教师专业能力特征

1. 阶段性与过程性

英语教师专业能力的阶段性特征主要与其职业特性有关。与医生或律师职业一样，教师职业随着时代的发展已确认为需要经过较长时间的专门职业训练，在这个训练过程中，教师专业能力的形成通常经过不同的阶段（叶澜 等，2001）（图 3-2）。

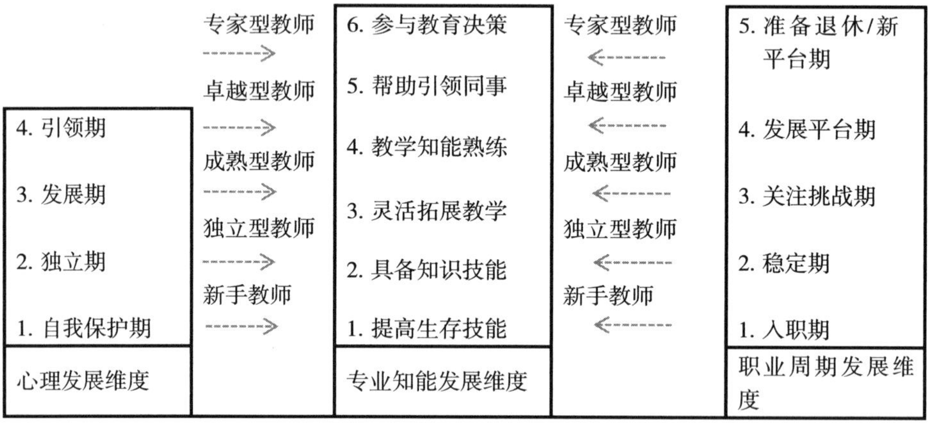

图 3-2　教师多维度发展周期示意图

如图 3-2 所示，教师的职业周期从新入职开始，大概可分为 5 个阶段，即新手教师、独立型教师、成熟型教师、卓越型教师与专家型教师。在这 5 个阶段中，有 3 个维度起着重要的作用。就职业周期维度而言，入职期、稳定期、关注挑战期、发展平台期、准备退休 / 新平台期 5 个阶段基本上按年龄走向来划分，对教师专业能力的形成有一定的影响，但不是绝对的影响，各阶段时长不一，因人而异，各具特点。影响各阶段时长的因素含专业知能发展维度与心理发展维度。

专业知能发展维度通常涉及初入职场时的提高生存技能阶段、具备知识技能阶段、灵活拓展教学阶段、教学知能熟练阶段、帮助引领同事阶段以及参与教育决策阶段。在学校中，提高生存技能阶段常常由老教师带领，形成师傅带徒弟的师徒关系，最高级别阶段则是我们常见的专家型教师，在这个阶段的教师，就职业周期发展维度而言，有的已进入退休准备期，有的却正是职业发展的鼎盛期。

心理发展维度分别由自我保护期、独立期、发展期和引领期组成。这个维度的发展也是因人而异，基本按时间走向发展。

正是因为有三种不同维度的教师成长期，各维度既相对独立，又相互影响，有的时长长，有的时长短，使教师的专业能力出现了各具特色的发展状况，因人而异，因阶段而不同，具有明显的阶段性特征，从一个时期到另一个时期又体现了连续发展的过程性。

此外，上述不同时期的划分与描述反映的是教师职业生涯中以时间为轴线的普通共性，这些描述没有反映出教师专业成长的个性特征，如教师个体的努力程度与工作环境及氛围等影响导致的不同的专业能力，比如，在退出教职期，有的教师因能力问题提前退出，而有的会因为能力突出达到职业的巅峰。此外，新手教师与卓越型教师的差异表现不单单在于知识本身，而在于知识的来源与运用，有经验的教师具备处理各种复杂教学情境的能力，具有更高的灵活性和适应性。

就英语教师而言，他们还面临一种特殊的情况，即运用语言组织教学的能力有可能呈反方向变化。由于时代的变化，我国英语教学质量相比过去而言有了长足发展，但英语教师的语言组织能力与其他能力相比其变化可能有着相反的阶段特征，即新入职英语教师的语言组织能力往往强过工作经验长久的教师，三种维度的第一阶段会有所不同。另外，国内着眼于新教师的专业能力发展研究和优秀教师的专业特征的研究，也反映了不同阶段教师的能力表现与能力形成过程。所以，我们可以认为英语教师专业能力的形成与表现有着极其突出的阶段性，这种阶段性特征是在评价教师专业能力发展状况时必须考虑的。

教师专业能力有着较强的过程性，这是由教师职业的需求所决定的。“专业”本指专门从事某种学业或职业和具有专门的学问，《关于教师地位的建议》也认为教师职业要求“教师经过严格的、持续的学习获得并保持专门的知识和特别的技术”（陈永明，1999）[174]。教师这种专门的知识和能力与普通知识技能的区别在于其具有极强的实践性和理论性特征。通常来讲，即使学习了职前教育中的基础理论课程，教师仍需要经过一个在实际教学中实践、反思、再实践、再反思，反反复复的发展过程（Wallace，1991），即使进入了这个行业，教师为继续从事这样的职业也同样是处于一个不断学习的过程。作为英语教师，其专业能力的获得需要经过较长时期的综合训练，是语言能力训练与语言教学能力训练相结合的一个过程。同时，英语教师的特殊性还在于，一般情况下，如果不是刻意保持，教师在顺利入职以后，其语言能力会随着环境的变化有一定的削弱，教师的语言教学能力则有可能朝更强或更弱的方向发展，具有明显的过程性特征，某一阶段的学习或培训经历，或者某个时段的考试或测评结果难以全面反映教师实际的教学专业能力。

2. 基础性与发展性

在人类不断进化发展的过程中，学习能力是人类有别于其他动物的基本特征。上一代对下一代的言传身教逐渐演化出教师这一特殊的行业。“三人行必有我师”体现了人类发展过程中学习与教学的天然发展。就英语行业而言，英语教学从最初的保姆式教学、母婴传递逐步发展，似乎只要你会一门语言，你就在某种程度上能够教授其他人学习那门语言，这体现了一定的语言教学的基础性。从我国最初的英语师范教育到之后相当长的时间内，师范专业与英语专业课程设计的最大不同只在于增加了心理学或教育学课程，认为只要熟练掌握了一门语言，懂一点心理学或教育学，英语教学就是自然而然的事了，在我国第一个英语师范教育课程设计中就能找到这样的例子（李良佑 等，1988）。因此，掌握基本的语言技能，知道语言学习最基本的心理过程，能指导他人进行语言学习，似乎就能从事语言教学工作，这一点在英语师资严重缺乏的地区尤为突出。

但是，正如人类在历史长河中通过解决所遇到的问题，不断发现新领域，不断壮大自身能力一样，英语教学行业也通过对一个又一个问题的探索与解决不断发现新的理论、新的方法，对教师专业的认识也在不断变化，教师职业特色也要求教师终身学习，不断发展。同时，教师本身在从业过程中也通过对教学问题的探索与反思，逐步发展自身的专业教学能力，成为教学理论与知识的建构者。

多项针对优秀教师的研究发现，教师自入职以后，其专业能力的发展完全因人而异，仅仅拥有入职时的基本能力已远远满足不了英语教学行业对从业者的要求。因此，英语教师专业能力对个体而言，既是基础的、个体化的，也是不断变化发展的，具有动态的和螺旋式发展的趋势（张莲，2007；顾佩娅，2009；崔琳琳，2014）。也正是因为其基础性与发展性的特点，英语教师专业能力的培养基本可以划分为职前教育与职后发展。职前教育更关注准教师的语言学习和体验，学科专业知识和教学能力的初步观察、模仿、融合与基本能力构建。职后教育的重点更多是对教学经验的提炼与反思，产生新的融合和构建，每个阶段都具有该阶段所体现的特点。正是经过了职前与职后不同阶段的发展过程，教师个体发展具有的强烈个体化、情景化的教学专业能力，充分体现了英语教师专业能力具有发展性的特征。有的教师能力发展比较快，有的则比较慢，这是在进行职前或职后教师教育课程设置时必须考虑的重要因素之一，也是教师能力评价必须考虑的重要问题。

3. 显性与隐性

如果用社会心理学者 McClelland（1973）的“冰山模型”将教师比喻为一座冰山，浮在海平面之上的是我们能在课堂上观察到的教师课堂教学行为，如教师的课堂组织、教师与学生的互动等，许多对教师的评价就是对这些行为的判断。但是，海平面以下的硕大冰山体是人们难以观察到的教师职业思想，如教师知识、教师观念和教师态度等，这些教师的职业思想对教师的课堂行为有着重大的影响，犹如海平面以下的冰山体决定着整个冰山的漂浮方向一样（图 3-3）。

图 3-3 教师冰山隐喻结构图

英语教师的专业能力也可以比喻为一座冰山，我们能看见教师在课堂上的语言示范，能观察到教师对学生指导的过程以及教师对课堂教学的推进，但我们看不见教师的教学设计过程及其原理，以及教师为了能实现课堂教学所进行的探索，更看不见教学过程中教师内心持续不断地对临场问题的判断、决策与信念。

尽管针对英语教师专业能力的研究用词或用语不同，但其实质都是从不同角度对英语教师这一职业从专业的角度进行整体描述，而具体到每位教师则会有不一样的行为表现。这是由英语教师专业能力的显性特征与隐性特征所决定的，任何孤立判断教师专业能力的尝试都是局部与片面的。例如，课堂小组活动是英语课堂常见的一种组织形式，表面上看，新入职的教师在接受培训的过程中学习了关于小组活动的意义与组织方式，教学中也能观察到教师实实在在地组织了小组活动。但是，如果对该教师所组织的小组活动进行进一步的研究，多问一个为什么，通常会发现，教师组织课堂小组活动的行为不排除从众心理，“因为大家都这么做了，所以我也要这么做”，为了活动而活动，全然不知小组活动因活动目的的不同，在不同阶段使用会具有不同的操作方式和结果。这种跟风式的课堂活动形式与“因为理解所以设计并实施”显然不同，前者是显性的，而后者从内心深处的理解所带来的产物是隐性的，也是更为重要的。

而社会建构主义观点认为教师在社会实践中建构“个人理论”（personal theories）（William et al.，1997；Roberts，1998），也就是说，教师个人理论的建立不是各种专业知识经过简单的传输与接受而形成的，而是在各种主客观因素相互作用的过程中形成对学习、学生、教学等的教学信念。在最近10年，教学被认为是一种社会实践（social practice），它不只是存在于教师大脑中的认知和心理过程，也不只是一种可以观察、量化的外在行为。教师对语言教学的理解或者所表现的行为均受他们所参与的学校和课堂教学实践的影响（Johnson，2009），这并非简单的专业知识传授，也不单是教师个人的自我发现、自我意识和自我反思，也不是外在的、简单的显性描述，而是社会文化基础与社会共有知识个体内化的过程。

因此，英语教师专业能力不应只是教条式的、脱离教学环境的行为规定，更应有涉及教师个人教学理念、教学原则等通过与环境和他人的互动所形成的深层次的对语言教学的理解与信念。那些表面上的、显性的行为规定与那些看不见的但对每一位教师而言都无处不在的职业认识、职业理念与信念，通过特定环境中的交互、相承、相互影响，共同形成每位英语教师的专业能力。在现实特定的教育环境中，对教师这种专业能力的要求在某个时期、某种情境中有可能是某种规定、某个标准，甚至可能以某次测试的形式出现。但更重要的是，我们必须认识到教师专业能力的形成是在整个职业生涯中不断实践、不断反思、不断改进与不断发展的过程。这个过程难以用某个标准或某次考试表述，因而对教师专业能力的描述和要求具有情景化和过程性特征。

综上所述，英语教师专业能力具有形成过程中的阶段性与过程性、实践过程中的基础性与发展性以及表现方式上的显性与隐性。如果用某个标准或规定去呈现它，最大的挑战是如何在不同的教学情境中描述能力的动态形成过程。但是，英语教师专业能力又是实实在在存在的，这种能力的高低或强弱导致了英语教师教育教学能力与教学效果的不同，这种不同可以是横向的，即同一时期不同教师的不同表现，也可以是纵向的，即同一位教师在职业生涯不同阶段的不同表现。了解并理解英语教师专业能力的特征以及如何形成这样的能力有助于英语教师的培养与成长，最终实现英语教学的显著效果。

二、英语教师专业能力结构

探讨英语教师专业能力结构必须以国内外教师教育研究结果为主要基础。20 世纪 80 年代出现了大量有关教师知识结构的研究，其中最为突出的是斯坦福大学研究者们（Shulman，1986，1987；Wilson et al.，1987）提出的七种教师知识类型：

（1）学科知识（knowledge of content）；

（2）普通教学法知识（knowledge of pedagogy）；

（3）课程知识（knowledge of curriculum）；

（4）学习者和学习知识（knowledge of learners and learning）；

（5）教育环境知识（knowledge of contexts of schooling）；

（6）学科教学知识（pedagogical content knowledge，PCK）；

（7）其他知识（other education related knowledge）（如教育哲学、教育目标知识等）。

上述知识类型在后来持续不断的研究中有分有合，也有新增类别，但学科教学知识（PCK）被认为是最为核心的，使学科教师与学科专家有所区别的专门知识体系，也是教师对学科知识的理解与具体教学技能的结合（Shulman，1987）。之后，其他学者则针对 PCK 做了进一步的研究，奠定了 PCK 在教师教育课程中的重要地位。

在外语教师教育领域，有关教师的研究涉及外语教师教育和外语教师教育研究两个层面，关注的基本问题是教师作为学习者如何学习外语教学、如何构建有效教学的问题（Freeman et al.，1998）。教师教育既包括面向新手的职前教育，也包括面向在职教师的职场培训，而教师专业发展则成为人们使用更多的、包含二者内容的术语。Freeman、Johnson（1998）的研究的重要性在于，他们认为教师教育的知识基础需要重构，这个基础应该试图回答一个看似极简单的问题，即由谁给谁在哪儿教什么。他们提出了教师教育知识基础的三大组成部分：教师作为学习者的知识、教学发生的社会文化环境知识与教学过程知识。

在同样年代，Freeman、Richards（1996）还研究了语言教师的学习过程，Woods（1996）则重点研究了语言教师教学行为与教学决策。他们认为，教师所思、所知、所学都与教师在课堂上的教学行为相关，有着重要的、能决定教师教学行为的作用。当然，其他许多研究也表明，因涉及社会因素、研究标准和研究者与被研究者双方的认识差异，教师的教学信念与教学行为并非完全相互联系，同时普通教师也很难清晰地分辨到底是知识还是信念影响其教学行为。比如，英语教师要求学生每天早上用英语大声朗读30分钟，有的教师解释说这是他们的知识告诉他们这样做，而有的教师则说是他们相信大声朗读对记忆有帮助。

因此，如果简单地把语言教师的学科教学知识结构或内容用于描述英语教师教学能力难以满足英语教师专业能力所拥有的三个特征，即英语教师专业能力具有形成过程中的阶段性与过程性、实践过程中的基础性与发展性以及表现方式上的显性与隐性。

相比而言，我们认为Borg（2011）归纳总结的语言教师教育的主题内容更具有参考意义，Borg认为，语言教师教育应该关注六大主题内容，这六大主题分别是教师认知、教师知识结构、教师语言知识、教学反思、教学实践与教师研究，其涵盖了教师知识、理念和能力在实际教学实践的构建过程与教师的发展过程。此外，美国国家专业教学标准委员会（NBPTS）在"English as a new language standard for teachers of students ages 3-8+（2nd edition）"文件中也提出了4类13种教师专业能力要求，对教师工作所涉及的学习者、环境、知识、理念、技能以能力要求的形式明确了标准（NBPTS，2015）。美国TESOL则从语言知识和社会文化环境中的英语学习、教学计划与实施、测试与评价、专业化与领导力五个方面提出了Pre-K-12教师职前教育的标准要求。

总而言之，结合上述研究以及我们所提炼的英语教师专业能力三大特征，我们认为英语教师专业能力应该涵盖六个方面的内容，即教师的语言能力、教师学科教学能力、教师的学习/认知能力、教师的教育实践能力、教师的教学反思能力及教师的研究能力。这六个方面的能力以动态的形式，在教师职前教育与职后教育中相互影响、相互作用、相互促进，最终形成英语教师特有的、有别于其他学科教师的专业能力。

根据上述六个方面能力的不同特点，英语教师专业能力可以概括为四大维度，即综合语言运用能力、英语语言教学能力、认知与学习能力和专业发展能力，各维度相互独立又相互影响，共同形成一个相互支撑的整体（图 3-4）。

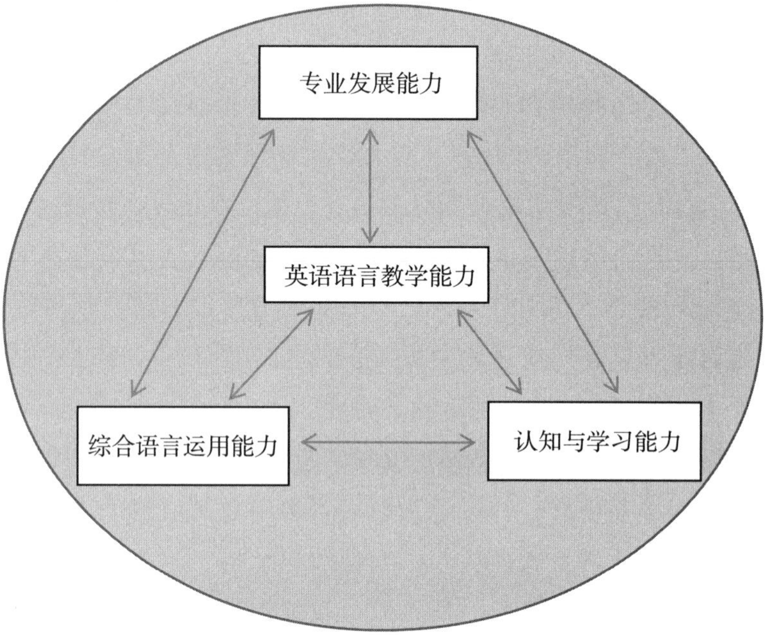

图 3-4　英语教师专业能力结构图（吴欣，2021）[113]

如图 3-4 所示，作为英语教师有别于英语学科专家和其他学科教师较为重要的因素，英语语言教学能力是形成英语教师专业能力的核心要素，它基于教师对语言教学的理念、方法、知识和行为的认识，形成语言教师独有的、引导学生进行有效学习的教学设计、教学实施与教学评价能力。

综合语言运用能力作为英语教师的基础能力，是母语非英语的英语教师首先要获得的能力。

认知与学习能力包含两层意思：一方面是英语教师学习语言的能力，用以掌握并发展英语语言知识与语言技能；另一方面是在自身语言学习的过程中摸索语言学习规律，在观摩、实践过程中体验语言学习过程，探究语言教学的规律和方法，关注语言教学本质，提炼语言学习原理，形成自己的语言学习观和语言教学观。这种能力从英语教师开始学习语言直至实际进行语言教学，贯穿英语教师整个职业生涯，影响并制约着英语教师的发展。

专业发展能力是教师跳出经验和现状，走出自我，融入职业群体，形成学习共同体，共同探究语言教学真谛的能力。专业发展能力重要的一点是教师应明白任何一门课程的建立与实施不论是自上而下还是自下而上，都离不开教育行政部门、教师群体与学生群体。教师可通过参与群体活动，对所见所闻做出反思，以构建的方式看待并理解自己（他人）以及自己（他人）的教学，通过参与构建积极向上的教师群体文化，形成多方参与的教学与研究平台，进而实现教师专业发展。

英语教师专业能力结构包含了教师自身学习语言、学习教学的认知能力，在实践中形成学科教学知识能力、语言运用能力、教学实践与实施能力，以及教学反思与研究能力。其中，教师语言教学能力以语言教学知识为基础，是教师语言教学知识的运用与外化。教师这些能力的建立以教师的语言观、教学观和对职业的发展观为基础，以动态的方式根据不同阶段的情境与需要逐步发展。

第三节　英语教师专业能力内涵

如前所述，英语教师专业能力是教师个体在语言学习、教师职前教育和职后教育与发展的过程中逐渐形成的一种特殊能力。它具有多样化、个性化特征，既有隐性的，又有显性的特征，我们可以用四大维度对其内涵进行概括，也可以将其内涵细化为以下具体的能力。

一、综合语言运用能力

英语教师首先面临的挑战在于，英语既是教师课堂上的教学内容，又是教师组织教学的语言工具。拥有一定的英语综合语言运用能力是英语教师进入职场首先要解决的问题，是教师自我认知，树立教师身份的第一个关口。教师英语综合语言运用能力的形成主要涉及两大组成部分：英语语言能力、英语语言知识与语言意识。

1. 英语语言能力

对于英语作为外语的教师来讲，他们不一定非得拥有近乎英语母语者那样的语言能力，但为了有效实施语言教学，他们必须具有基本的语言能力。因此，英语教师必须掌握英语听、说、读、写等各方面语言微技能，准确理解教学内容，提供正确的语言素材或示范，对语言学习材料进行准确流畅的解释。作为课堂活动组织者和课堂语言输入者，他们还应该能够在课堂上熟练运用英语授课，有效组织英语课堂教学活动，能与学生进行互动交流，提供有效反馈。同时，在专业发展过程中英语教师还需要能够听懂、读懂与专业发展需求相关的资料，并能获取教学资源、终身学习和学术交流等方面的语言能力。此外，英语教师的课堂话语不仅为学生提供语言输入，还有在课堂上与学生交流、指导并评价学生学习的功能。有研究发现，英语不是母语的教师，如果自身的英语能力偏弱，就更依赖教材，教学也更缺乏灵活性（Medgyes，2001）。在教师教育课程设置中，这方面的能力训练主要体现为听、说、读、写基础训练课和综合训练课。

2. 英语语言知识与语言意识

我们将英语语言知识划归为英语教师专业能力的主要原因在于，语言知识与语言能力对英语教师而言就像一枚硬币的两面，在汉语为母语、英语为外语的英语教学环境里，教师语言能力的形成在很大程度上与语言知识理解与掌握有关，而且，与普通语言学习者不同，教师在进行英语教学的过程中需要有较强的语言意识（language awareness），具有扎实的语言知识基础，知道学生学习英语的难点，明白学生学习英语过程中容易出现的问题以及解决问题的方法。更为重要的是教师对英语语言本质的认识，即教师的语言观问题，教师不同的语言观对教师的教学起着重要的作用。比如，具有结构主义语言观的教师更倾向于选择强调语言知识结构学习的教学方法，如语法翻译法或听说法；而持有功能主义语言观的教师更容易选择强调运用语言进行有效交流的教学方法或思潮，如交际法（communicative language teaching）或任务型教学（task-based learning）等。

与普通教师教育研究中所提出的学科专业知识的不同点在于，英语教师必须能够在教学中用通俗易懂的英语正确表达自己的意图，清晰地讲解要点，通过示范、举例说明教学内容所涉及的语言现象和规则，包括常见的英语语音和拼写规则，英语词汇的正确发音、拼写、词义和用法，英语语法的形式、意义和功能用法。在教学过程中，教师还要能够洞察学生学习过程中常犯的错误并知道错误的根源和解决问题的方法。此外，在我国语言环境下学习英语，对教师还有一些特殊的要求，如教师要能了解不同地区学生学习英语语音的困难和特点，能把握方言和少数民族语言对学生学习英语的利弊等。

因此，师范院校英语专业的课程设置必须包括语言知识类学习课程，使准教师能够全面学习并理解语言学研究成果，掌握英语语言知识，了解英语语言的工作机制，知道并洞察语言学习过程中常见的问题以及解决这些问题的办法。而这正是英语师范生有别于普通英语学习者的特殊能力，即比较系统的英语语言知识以及在教学中运用这些知识的能力，比较系统地理解不同语言学流派的研究结果，掌握英语语音、词汇、语法的知识体系，对英语语义、语用特点有一定了解。

二、英语语言教学能力

在教师教育领域，Shulman（1986，1987）关于教师学科教学知识的理论影响深远，近年来的很多研究都基于这一理念，强调学科专业知识与学科教学之间的关系，也就是说，教师不仅需要知道教什么（what），还需要知道怎么教（how）。继 Shulman 之后，针对教师学科教学知识的研究众多，影响较大的有 Grossman（1990）的“核心要素说”（即学科教学目的、学生知识、课程知识和教学策略）和“重要因素说”（即学科知识、一般教学法知识和情境知识），也有 Cochran 等（1993）的建构主义观点，即强调学科内容知识、学生知识、环境情境知识和教学法知识的动态生成观。

但是，教师仅仅拥有知识是远远不够的，知识与能力之间有着一定的联系，但不是必然的联系，有知识无能力的现象并不少见，“知道却做不到”“心有余而力不足”的现象比比皆是。在我国的卓越教师培养中也存在着“将知识与能力等同起来、采用知识的方式来培养能力、能力的内隐性决定了能力没法教等认识上的误区，致使卓越教师专业成长过程中教师专业能力重要性地位的严重缺乏”（祁占勇，2014）[44]。

因此，英语教师有别于普通语言学习者和其他学科教师的核心能力在于，是否能够以语言教学知识为基础，具有其独特的英语语言教学能力，针对不同学生的认知特点和不同的教学状况引导学生进行有效的英语学习，掌握英语知识与技能，提高综合运用语言的能力。

英语教师的语言教学能力包含掌握并运用教学途径与方法的能力，有效识别、捕捉和利用学习过程中学生学习机会的能力，熟悉并开发课程的能力，有效组织教学和评价的能力，熟悉并运用其他相关知识的能力，敏锐把握培养学生认知能力、批判性思维能力和创新能力的能力。这些能力可以细化为以下六个方面。

1. 熟悉外语教学途径与方法，具有创造性地开展教学的能力

从国际视野来看，外语教育领域在过去一百年针对外语教学产生了很多教学方法以及围绕这些方法的争议，吴欣（2005）把这些争议归纳为三个阶段：第一，从方法之争到关注课堂；第二，从关注课堂中的

学生到关注理论与实践之间的鸿沟；第三，从关注课堂研究到关注来自课堂的阻力，进而执教者成为研究重点。与此相似，我国中小学外语教学界也经历了这些争议，不论这些争议是针对途径（approach）、方法（method），还是技巧（techniques），随着时代的变化与研究的深入，人们逐渐形成的共识是"没有最好的方法，只有适合的方法"（Holliday，1994）。

但是，这种方法之辩的末路并不意味着外语教学途径与方法毫无用处。相反，教师应该熟悉并理解外语教学中的基本概念（Stern，1983），熟悉不同方法或思潮的来龙去脉、优劣利弊，因为无论哪种教学理念、途径、方法或教学技巧，其背后的原理离不开各相关领域的发展与变化。针对教学理念和教学途径的研究通常有哲学、心理学、语言学、教育学等方面的研究支持，也源于无数实践探索与反思，如果教师对这些基本概念与研究成果知之甚少，容易造成片面理解，盲目追随，不加分析地采用或批判某种所谓"教学法"。比如，不同教学理念或流派对"语法"的认识是不同的，如果教师不理解其背后的原理，就难免受困于对"语法教学"要求的变化，在教学中对语法究竟是教还是不教，以及如何教等问题迷惑不解。因此，教师要能根据教学对象、环境、内容等客观条件，结合外语学习理论，如第二语言习得、交际语言教学等相关学科研究，在实践的基础上合理选择和运用适当的教学途径和方法，创造性地进行符合我国环境要求的课堂教学。相应地，英语教师教育课程需要包括外语教学论等与外语教学途径和方法相关的基础课程。

2. 了解并熟悉青少年心理认知特征，具有探究外语学习过程的能力

影响语言教学效果的因素很多，其中遵循语言学习规律至关重要。教师应当具备一定的第二语言习得知识，懂得语言的本质特征和外语学习过程涉及的各种因素，具有理论结合实践进行探究的能力。例如，教师需要理解外语使用以及外语能力形成的过程，显性语言知识向自动化能力转化的过程以及它们对外语学习所产生的影响。再如，教师应结合学生外语能力构成的特性，根据学生年龄、学习能力倾向、学习风格、学习策略以及影响学生学习动机、态度的诸多因素，研究关注自己的教学过程，也关注学生掌握外语的学习过程。为了获取这种能力，英语教

师教育课程设置中需要提供心理学、认知心理学、心理语言学、第二语言习得等与语言学习和语言发展研究相关的课程，使教师理解语言发展与学习规律，并遵循规律进行语言教学。

3. 熟悉英语课程，具有开展课堂教学和研究的能力

在我国，英语课堂是学生学习语言的重要场所，教师是影响学生学习效果的关键人物。课程的目标需要通过教师的教学才能实现，课程标准也需要经过教师实践的检验，在实施中不断修订和完善。因此，教师必须系统了解国家开设英语课程的意图，了解国家课程标准的要求并能在实际教学中开展有效的英语教学。

教师需要具备课程与课堂教学的知识，能够根据学生需求和当地环境选择适当的教学材料或设计校本课程。也就是说，教师既要具有课程知识与课程设计的知识，能理解课程目标与教学目标，又要懂得如何选择教学材料。比如，教师如果了解教学材料的目标、内容和缺失，就能对教材进行取舍，使用教材，更能超越教材。同时，教师还需要掌握教学设计的基本知识，能根据教学目标设计教学活动与课堂教学评价，并根据实际课堂情境灵活实施教学。

总之，作为英语教师专业知识与能力的重要组成内容，教师课程方面的能力包括课程设计、教学目的与教学目标、需求分析与校本课程、教学内容的选择与使用、教学设计和教学过程、教学管理与评价等，同时，教师还需要懂得补充教学资源的重要作用，具备选择各种学习资源的能力。从宏观的角度来讲，教师需要了解并熟悉国家课程定位与课程设置计划，熟悉学科课程标准与要求，了解学校与课堂组织形式，了解教材内容并创造性地使用教材。从实际操作来看，教师要熟悉课堂和班级结构，熟悉学校工作程序，掌握学科教学设计与教学实施的能力。为了获取这种能力，英语教师教育课程设置中需要提供关于课程的教学内容，还应该安排特定的且足够的时间和机会，如见习和实习，为师范生提供真正走进学校，走进课堂的机会。

4. 具有有效组织教学测试与教学评价的能力

测试与评价是语言教学的重要环节，其主要作用在于以评促教，促进学生学习。教师测试与评价能力主要表现为能够以不同的考查方式展

现学生的语言能力，使学生的学习兴趣得以保持和提高。测试与评价不仅涉及对学生日常学习过程的监测与诊断，还包括对其整体发展的评估，在日常教学中开展科学的测试与评价工作，以评促教，以评促学。

因此，教师要掌握有关测试与评价的基本知识，不断更新测试与评价理念，掌握测试与评价设计方法，合理开展测试与评价工作。例如，教师必须了解不同类型测试与评价的功能、目的，以及不同类型测试与评价的利弊，选择适合我国学生背景文化知识、教育环境的测试与评价，防止测试与评价内容的片面性，以先进的测试与评价理念引导教学，提高教学效果。此外，教学评价还包括教师能够对自己授课情况的评价以及对他人教学情况的评价，这类评价能力有助于教师在职业生涯中不断学习与发展。为获取教学测试与教学评价的能力，教师教育课程设置必须提供相关的测试与评价课程。

5. 了解并熟悉各种教育技术，具有科学运用现代教育技术的能力

运用教育技术的能力也是教师应具备的能力。教育技术能力从最初的有效运用板书、黑板，制作运用教具等基本能力，发展为现代高科技教育技术，有助于改善英语教学环境，发展学生的语言运用能力，弥补课堂教学的局限。在我国缺乏英语语境的情况下，教师更要提高信息素养，学会有效运用教育技术，扩展教育资源和学生学习途径。英语教师应具有学习和使用现代教育技术的意识与态度，以及用技术辅助课堂教学、教学管理和评价的知识与能力。

6. 在教学中渗透国际视野、思维能力与文化素养的能力

外语教学不仅使学生学会一门外语，还可以使学生增加一种理解和学习本族语言的途径以及各种认知过程的方法，促进学生的心智等发展。因此，教师要能通过语言学习了解学习策略，学习有关思维认知的知识，发展各种认知能力，包括批判性思维与创新能力，进而在教学中发展学生的思维能力。例如，教师应按照学生年龄段、思维特点与知识系统，设计认知和社会文化知识目标，超越语言的范畴去考虑学科知识，并在课程和教材设计中设定分段的综合目标。

此外，传统的外语教学只是要求学生理解目的语国家的文化，而文化似乎就是传统节日、饮食习惯、餐桌礼仪等。近年来，在社会多元化的

趋势下，人们对于跨文化交流的理解有所变化，提倡开拓国际视野，进行多元文化与跨文化交际，使学生学会理解、比较、鉴赏多元文化，发展其对不同文化的包容和理解，弘扬与宣传现代文化，建立正确的价值观与信仰，塑造高尚独立的道德品格，增强文化自信等。所以，为保证英语教师掌握多元社会文化知识，提高文化意识，培养学生对教学内容的批判性思维能力，引导学生树立正确的思想观念，培养多元文化的人，英语教师教育应从课程设置和教学方法等方面提出明确要求。

三、认知与学习能力

认知与学习能力指教师主动关注自身学习过程，形成个体知识、理念与信念的能力，是教师专业能力的重要组成部分之一。教师职业是一种需要理论学习与实践摸索高度结合且贯穿教师终身的职业，鉴于职业的特殊性，教师学习这一概念正在从普通的、日常的学习概念重构为教师教育领域的一个重要概念。

英语教师如果仅靠掌握培训过程中所传授的知识或单纯的模仿和复制他人的教学，最多也就是一个传声筒或模仿者。因此，英语教师需要在学习教学、进行教学这样一个长期过程中，以积极主动的态度探究语言教学的本质，结合自己作为语言学习者、教学者、所在环境与教学对象，以内省、对话、交流的方式研究语言教学，从公共理论中寻找个人意义，形成自己独特的个体知识，构建语言教学知识，形成独有的语言教学理念与信念。认知与学习能力强是优秀教师所拥有的一个最明显的特点。

此外，教师的成长也是一个极为复杂的实践性过程，在这个过程中，教师的认知与学习能力起着极其重要的作用。比如，职前教育只是教师职业成长的一个起点，在职前教育期间，准教师一方面通过体验、回忆自己的语言学习经历形成对语言教学的初步印象，另一方面学习已形成的知识（received knowledge）和他人经验（other's experience）（Wallace，1991），还有在学校通过课堂观察、体验他人经验，即学徒式观察（apprenticeship of observation）（Tsui，2003）和微格教学（microteaching），取得对教学的最初认识，形成初步的教学能力。教师进入职场后，“建构学科教学知识的过程就是教师在实践中认知教学的过程”（韩刚，2011）[34]，教师在这一过程中，通过“所思”“所为”构建学科教学知识，形成具有个体特征的教学能力，同时在学校环境中与他人互动，不断取舍和发展新的能力与新的知识。不论职前还是职后，在整个职业生涯中，教师的认知与学习能力决定了准教师进入教师角色的快慢，也决定了教师教育教学专业能力发展的速度与层次。总之，认知和学习能力是教师对教学观念形成过程的学习与反思能力，是对形成自我意识的认同能力和对真理进行探究的能力，并在职业生涯中进行自我与群体融合的能力。拥有这种能力的教师能积极主动地理解教学内容与教学对象，思考、琢磨教学问题，反思教学过程，最终归纳和升华，形成个体独有的教学思想与较高的专业水平。

教师的认知与学习能力在不同的阶段具有不同的特点。在接受职前教育阶段，教师通过对语言学习的体验，理解语言学习，形成初步的认知与学习能力；在进入职场进行教学的过程中，教师能更深层次地理解教学，继而根据教学经验发展并形成自己的想法、观念、概念和原则（Borg，2006）。

此外，教师认知与学习能力的形成还体现了 Richards（2011）关于理论与实践关系的两种思路：一是教师对已有理论进行的实践（the application of theories），即在实践中运用教师教育过程中所学习的理论；二是对实践进行反思（the theorizing of practice），即通过实践反思对语言教学的理解更为深刻，进而形成自己的理解。就前者而言，最常见的例子是教师学习了某种教学方法，如全身反应法（TPR）或任务型教学法，转而在教学中努力实践所学的方法。就后者而言，教师在实践中积极主动地理解、思考、琢磨、反问、归纳，总结他们自己的理论，例如，Richards（2011）通过研究教师自述和日志，发现教师常常归纳的个人理论有“小孩子学外语快，因为他们比成人大胆，不怕犯错误”，“初学者需要大量模仿，学习一段时间后就该学习语法了”，“学生自己纠错强过依赖教师纠错”等。

教师的认知与学习能力十分重要，但在现实中还未引起足够的重视，比如在谈及教师的专业能力时，人们的认识还停留在研究、罗列或规定教师应该具备何种理念、知识或教学技能上（龚亚夫，2018），忽略了教师自身的认知与学习能力是教师专业能力重要的组成部分。为进一步理解教师的认知与学习能力，我们将这一能力细分为两类。

第一类是理解、归纳与运用能力。这是指教师对自己语言学习经验进行理解与归纳的能力。教师以语言学习者和语言执教者的双重身份思考学习与教学的本质、知识与能力的本质，观察领悟语言学习过程。例如，“自我纠错强于依赖教师纠错”，不论是准教师还是有经验的教师，只要他们善于学习归纳，都有可能对如何对待语言学习过程中的错误形成一定的理解，并在教学中运用，其关键点在于他们要重视理解与归纳能力的培养。这种能力可以用以下简约图来表示（见图 3-5）。

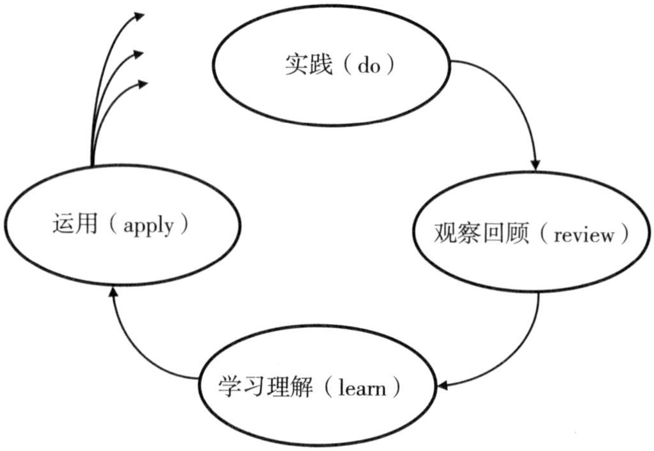

图 3-5 学习认知螺旋图（Dennison et al., 1990）

如图 3-5 所示，理解、归纳与运用能力的第一步是实践（do）。教师是实践性很强的职业，学习语言教学既要有自身的语言学习实践，也要有语言教学实践，这是形成专业能力的第一步。一个教师如果不能执教或执教效果差，是难以形成专业能力的，而执教也只是第一步。第二步观察回顾（review），是对所实践的内容进行观察、回顾或反思，形成对学习或教学的理解，这一点与我国传统的“学而不思则罔”是同样的道理。第三步学习理解（learn），形成概念，进行归纳，是对实践内容的理解、升华与归纳，这是教师理解教学，形成教学能力的重要一步，是认知与学习能力强弱的重要体现。第四步运用（apply），是对所归纳提炼的理解进行运用。教师通过这样的过程，一步一步地掌握理解、归纳与运用的能力，形成对教学本质的理解，成为独立的行动者，逐步脱离人云亦云的状态。例如，语言学习过程中学生犯语言错误是难免的，理解、归纳与运用能力低的教师对学生的错误不能进行正确的引导，而具有理解、归纳与运用能力的教师会对学生的错误进行观察分析，理解出现错误的原因，归纳处理错误的方法，并在教学中运用自己归纳的办法进行处理。

第二类是在实践中提炼理论、发展理论并形成教学观的能力，即通过研究来学习的能力。教师在教学过程中通过与教学环境和他人互动、反思对教学实践的认识、对学生的认识和对已有知识的认识，进而形成个人理论与教学观。这一类能力与第一类能力有相互交叉之处，但比第一类能力需要教师投入更多的精力、智力与情商，比如，教师需要结合并融入环境、与他人互动合作、反复观察、开展课题研究、撰写日志、撰写论文、说课反思、讨论反思等，在过去实践经历和已有理解的基础上建构新观点、新理论，形成个人理论和教学观，为教学理论的发展做出贡献。这种能力可以在上述图示（图 3–5）的基础上进一步演进为下图（图 3–6）。

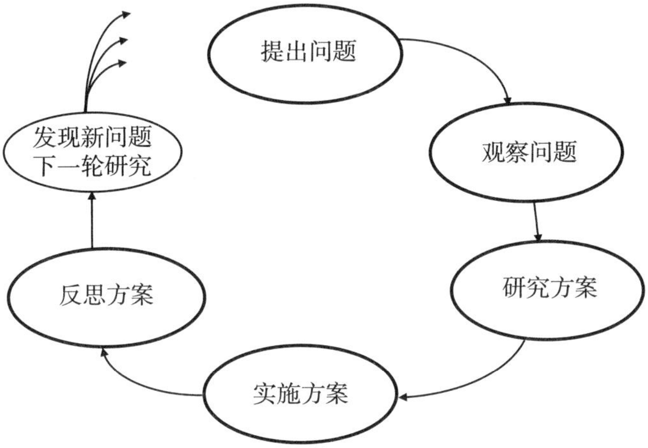

图 3–6　学习认知螺旋演进图

如图 3–6 所示，教师在教学过程中发现某个问题制约了学生的语言发展，经过自己初步的尝试（理解、归纳与运用）和交流研讨，通过教师学习共同体，以课题的方式对这个问题开展进一步的研究，发展新的语言教学理论。比如，针对上述同样的“语言错误”问题，教师有可能在中国特有的语言环境中与他人合作或在他人协助下针对问题开展课题研究，根据课堂现状设计研究项目，通过完成研究项目对“语言错误”问题进行深入研究，探究中国学生常犯的语言错误类型、错误缘由、错误处置方法，提炼中国学生学习规律，形成自己的观点。有机会的教师甚至还能就语言错误问题和以其他语种为母语的英语教师进行交流，共同探讨语言学习过程中的语言错误问题，进而对外语教学理论的发展提出自己独到的见解。这种有意识、有目的、讲方法、能解决问题的能力就是教师认知与学习能力的重要体现，也是自20世纪70年代以来，教育界大力提倡的教师行动研究（action research）（Stenhouse，1975）的结果。行动研究体现的是方法和研究过程，认知与学习能力则是通过实施行动研究所表现出来的能力（Wallace，1998）。除了行动研究，教师在认知与学习的过程中还可采用案例研究（case study）、田野调查（field study）、问卷调查（questionnaire）、叙事研究（narrative research）等多种方法。

教师的认知与学习能力是英语教师专业能力重要的组成部分。具有这一能力的教师在语言学习与语言教学的过程中，会以实际教学环境为基础，勤于思考，善于观察，喜欢阅读，爱刨根问底，乐于互动合作，敢于建树。他们通过及时记录教学日志、反思教学行为，观察并抓住教学闪光点或失误点，结合对大量专业书籍的阅读与思考，以局内人的身份在教师共同的平台中、在职业生涯的不同阶段对语言教学的本质开展学习研究，促使自身以批判的眼光看待教学，看待理论，形成自己独有的教学能力。为培养并发展教师的认知与学习能力，英语教师职前教育应从课程设置和教学方法方面引导教师建立学习与研究的概念和基本方法，职后发展则重在建立教师学习与发展的条件和氛围，引导教师终身学习。

四、专业发展能力

如果说教师的认知与学习能力具有向内的特性，更强调教师自身的个人能力、个人努力与个人品质，教师的专业发展能力则更多地从社会文化理论的角度强调教师在群体中的学习能力。专业发展能力强的教师具有强烈的专业发展意识，能根据所处的社会、文化、历史等情境与所处环境和他人互动，形成独有的专业能力（Johnson，2009），在职业的发展过程中更具有向外的、向上的、向前的、不断进步的职业生涯，最终成为专家型的教师，对学生、学校、学科乃至行业发展产生影响。

教师从事的是一种孤独的职业，他们在课堂里作为一个独立的个体面对学生，面对教学中出现的所有问题。但同时教师从事的也是一个群体性职业，教学工作中出现的许多问题不分国界、不分种族，大家面对的问题有独特性但也有共性，教师需要有走出自我、融入职业群体的能力，形成多模态的学习与研究模式，围绕问题所在，开展独立或团队的研究课题，共同发展。同时，重视自身专业发展能力的教师明白任何一门课程的建立与实施不论是自上而下还是自下而上，都离不开教育行政部门、教师群体与学生群体。教师在团队工作中，通过对所见所闻所做的反思与研讨，以构建的方式看待并理解自己（他人）和自己（他人）的教学，参与构建积极向上的教师群体文化，形成多方参与的教学与研究平台，实现教师专业发展。

教师的专业发展能力在不同的教师身上有不同的表现。如果仔细观察学校教师状况，我们会发现，有的教师可能已经从事教学工作多年，但其教学水平始终处于新入职状态，也就是说，他把入职第一年的教学工作重复进行了多年。而有的教师可能才入职三五年，其教学水平已远远超出有资历的老教师。造成教师之间发展状况差异如此大有多方面的因素，除了深层次的社会因素，如教育社会环境（欧阳护华，2011；Zheng，2015）和教育生态环境（彭剑娥，2016）等外在因素，教师自身的专业发展能力起着重要的作用。根据近年来针对教师学习和教师发展的研究成果，教师的专业发展能力可以细化为以下能力。

1. 意识能力

意识能力指教师对教育这个行业具有自我认同感，认识到教师这个职业不仅要承担传统意义上的教书育人的任务，还要增强自主意识，以文化自觉去推动自身的发展（潘裕民，2013）。具有这种意识能力的教师不只是例行公事，完成规定的或被要求的各种教育教学活动，他们对教育的目的、模式或方式能够产生探究的冲动，进而实现教师作为学习者的道德追求（过伟瑜，2011）。例如，缺乏专业发展意识能力的教师很难主动参与教育教学改革活动，常常满足于按部就班的日常教学活动，而具有专业发展意识能力的教师会认为自己有责任推动教育事业的发展，因而对与教育教学活动相关的所有活动（如教研活动、教育教学研究团体或协会等）具有好奇心，富有探究精神，有很强的学习愿望与学习精神，对自身的专业发展自觉地产生强烈的内动力。

2. 构建能力

构建能力指教师在与教育环境和他人的互动过程中不断进行意义构建，进而实现变化的能力，也可称之为构建学习能力。这里的构建能力与上述认知与学习能力的不同点在于，认知与学习能力更多关注的是个体的主体性，强调教师养成学习习惯，向书本学习，向同行学习，在实践中学习，在已有知识的基础上对新信息进行评价、筛选、吸收、消化、调整，构建新的理解，形成新的知识。

而指向专业发展能力的构建能力是在个人认知与学习的基础上，在教师学习共同体中的互动与探究，它更强调教师在复杂环境中的学习能力。根据近年来针对特定社会文化语境中的教师发展研究、新手教师和综合小组教师研究（欧阳护华，2011；崔琳琳，2014；杨鲁新，2016b）的结果分析，指向专业发展能力的构建能力强调教师与不同环境和他人的互动能力。综合起来，在这个互动过程中，教师的构建学习能力包括以下能力。

第一，教师具有正确看待自己已有经验、知识与信念的能力，对新的理论与知识有很强的分辨过滤能力，他们知道环境对新理论与新知识的制约力，能够克服困境中的阻力，在不利条件下生存并坚持。一旦进入职场，教师常常面临在已有经验 / 知识和新知识、新理论之间进行取舍的两难境地，构建学习能力强的教师无疑更有优势。

第二，具有获取“中介”（如教材、教案、核心概念、同事言行、师生互动等），并掌握、利用这些“中介”的能力，在众多的资源和复杂的人际与社会文化中得以生存发展。同样，构建学习能力强的教师面对多种“中介”更能游刃有余。

第三，了解自己“现有发展水平”和“临近的、未来可能达到的发展水平”的能力，知道自己的所能与所不能，知道如何把握发展过程中的困惑与纠结。具有构建学习能力的教师因为了解自己而更有自信，在困惑与纠结的现实中不至于失去方向或自卑退缩。

第四，具有直面理想与现实、个体与环境矛盾冲突的能力，不论如何艰难，仍有学习的强烈愿望并付诸行动的能力。构建学习能力强的教师具有较强的抗压能力，善于在困境中坚持直至有所突破。

第五，具有内化与转变的能力。内化指将个体概念（如来自自身经历的认识）转化为科学概念（如教育教学研究中所获得的科学原理）。转变指将成熟的概念付诸实践或产生新的实践模式。在教师学习共同体互动中的内化与转变是教师构建学习能力的关键，如果没有内化与转变，表面上的互动难以形成新的知识与能力，专业发展也无从谈起。

总之，指向专业发展的构建能力包含有教师的认知与学习，但将这种认知与学习放入更广阔的社会空间，强调教师与环境、他人的互动，走出教师自身的“小我”，融入教师集体或团队甚至整个教育发展的“大我”。

3. 实践与反思能力

不论是教师的认知与学习能力，还是教师的专业发展能力，教师的实践与反思都是重要的基本能力。正如之前反复强调的那样，教师职业是实践性很强的职业，离开了日常教学实践，教师的能力无从谈起，教师教育教学能力的提高有赖于教师在各种具体教学情境中的历练和丰富的教学实践体验。

张莲和吴一安等集中针对优秀外语教师的研究表明，教学经历 / 体验（experience）是教师形成与发展教学方法过程的一个必要因素（张莲，2007），且外语教师专业发展是个长期、逐渐进步的过程，主要是在教学实践中成就的（吴一安 等，2007c）。英语教师的实践能力体现为英语语言的实际运用能力和语言课堂上的教学实践能力，离开了这两种实践能力就难以在课堂立足。因此，教师的实践自觉应该是每一位教师专业发展必需的能力。

但是，如果教师只是一味地埋头实践，其结果有可能出现“教学 20 年只是将第一年的工作重复了 20 年”的情况。在同一批集中对优秀外语教师进行的研究中，“反思”是被优秀外语教师反复提及的、重要的主题词，研究对象认为反思是他们职业成长与发展过程中非常重要的因素（张莲，2011）。吴一安等（2007c）也归纳了优秀外语教师进行反思的两种视角：一种是以课堂教学为中心，在课后对自己的每一堂课进行认真回顾，找出问题和解决问题的方法，以求在以后的教学中提高与创新；另一种是以整个教学过程为出发点，在重视自我反思的同时关注教学环境中的积极因素对推动个人有效反思的作用，如已有的科学理论或他人的优秀经验等。Wallace（1998）更是将实践与反思紧密联系起来作为外语教师成长和发展的前提条件（图 3-7）。

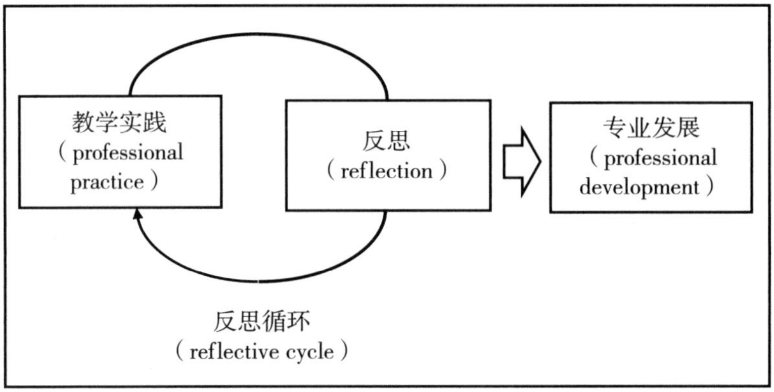

图 3-7　教师实践与反思发展模式（Wallace，1998）

在图 3-7 中，教师的教学实践与反思是一个完整的循环链条，二者缺一不可，共同促成教师成长和发展。教师只有对自己的教学实践开展监测、观摩、探寻、研究等反思活动才有可能得到发展，否则，就是日复一日地盲目重复已有的教学行为。总之，教师专业能力的发展离不开“在实践中反思”并“在反思中实践”，教师对教学进行反思是一种思维自觉，是对传统的“传道、授业、解惑”中“传”“授”“解”观念上的变化，反思性实践是教师教学行为变革的第一步，也是教师发展最重要的专业能力。

总而言之，英语教师专业能力四大维度相互独立又相互影响，共同形成一个相互支撑的整体，其具体内容可归纳如表 3-1。

表3-1 中小学英语教师专业能力内容结构解析（吴欣，2021）[114]

维度	内容	解析举例
综合语言运用能力	语言运用能力	英语听、说、读、写等微技能；准确理解并解释教学内容，正确的语言示范；用英语有效组织课堂教学活动、互动交流与有效反馈；听懂、读懂与专业发展相关的资料；具有获取教学资源和学术交流信息的英语语言能力等
	语言知识与语言意识能力	具有对英语语言本质的基本认识；具有扎实的英语语言知识基础；知道中国学生学习英语的难点、重点与对策；理解教学内容所涉及的语言现象和规则，并在必要时能够通俗易懂地讲解、示范和举例说明；洞察学生学习过程中常犯的语言错误并知道错误的根源和解决问题的方法等
英语语言教学能力	把握外语教学理论的能力	熟悉并理解外语教学的基本概念；熟悉不同教学方法或思潮的来龙去脉与优劣利弊；根据教学对象、环境、内容等客观条件，结合外语学习理论合理选择、运用或创新适当的教学途径和方法，促进学生语言知识学习和语言技能提高等
	知晓学生心理与语言学习过程的能力	懂得语言与语言学习的本质特征和外语能力形成过程特征、影响因素与基本规律；知道学生年龄、学习能力倾向、学习风格、学习策略以及影响学生学习动机、态度的诸多因素对学生外语学习过程的影响，关注自己的教学过程与学生的学习过程等
	理解课程，进行教学设计与实施的能力	具有课程意识，了解英语课程定位、意义与要求；具有课程资源意识以及对教学内容进行选择与运用的能力；能够有效进行课堂教学设计与课堂教学实施等
	组织教学测评与评价的能力	掌握有关测试与评价的基本知识，不断更新测试与评价理念；掌握测试与评价设计方法，合理开展测试与评价工作；能够对自己与他人的授课情况进行评价等
	运用教学用具与现代教育技术的能力	具有有效运用板书、黑板并制作和运用教具等基本能力；具有学习和使用现代教育技术的意识与态度；运用现代教育技术辅助课堂教学、教学管理和评价，改善英语教学环境，扩展教育资源和学生学习途径，弥补课堂教学的局限等

续表

维度	内容	解析举例
英语语言教学能力	培养多文化与思维的能力	根据学生年龄段、思维特点与知识系统，超越语言范畴设计并实施拓展学科目标、多元文化目标与思维能力目标，开拓学生国际视野；引导学生学会理解、比较、鉴赏多元文化，发展其对于不同文化的包容和理解，弘扬与宣传现代文化，建立正确的价值观与信仰，塑造高尚独立的道德品格，增强文化自信等
认知与学习能力	理解、归纳与运用能力	以语言学习者和语言执教者的双重身份思考学习与教学的本质、知识与能力的本质，观察领悟语言学习过程，理解并归纳自己的语言学习经验；在学习语言和学习语言教学的过程中具有很强的实践操作能力；善于对实践进行观察、回顾与反思，实现对实践活动的归纳、理解与升华，形成自己独有的实际教学能力等
	提炼理论，形成个人理论的能力	在教学实践中，有研究意识与明确的研究目的，能采用适当的研究方法探究语言教学问题并解决实际教学问题；在实践经验和已有理解的基础上，通过研究活动或与教学环境和他人互动，形成个人理论与教学观，以批判的眼光看待教学，看待理论，对外语教学理论的发展提出自己独到的见解等
专业发展能力	意识能力	对教师职业具有很强的职业认同感，认同终身学习是教师的道德追求，对教育的目的、模式或方式能够产生探究的冲动，认为自己有责任推动教育事业的发展，因而对与教育教学相关的所有活动（如教研活动、教育教学研究团体活动等）具有好奇心，富有探究精神，有很强的学习愿望，对自身的专业发展自觉地产生强烈的内动力等
	构建能力	在各种语言教育环境和他人的互动过程中不断进行意义构建；正确看待自己已有的语言教学经验、知识与信念，知道自己的所能与所不能，善于把握职业发展过程中的困惑与纠结；对语言教学新的理论与知识有很强的分辨过滤能力，在众多的资源中、在复杂的人际与社会文化层面中得以生存，实现内化、转变与发展等

续表

维度	内容	解析举例
专业发展能力	实践中反思能力	以课堂教学为中心，及时反思教学，找出问题和解决问题的方法，在教学中不断提高与创新；以整个教学过程为出发点，在重视自我反思的同时关注教学环境中的积极因素，如已有的科学理论或他人的优秀经验等；在整个职业生涯中，对自己的教学实践开展监测、观摩、探寻、研究等反思活动，形成一种自觉思维能力，"在实践中反思"并"在反思中实践"等

综上所述，教师的专业发展能力重视内因与外因相结合，强调教师在复杂的教育环境中（即各种外部因素影响下），具有对教育的责任感和教育发展的意识能力，对环境、对他人具有足够的敏感度与互动能力，其强有力的思维能力促使其重视理论，能有效形成个人理论，又明白教育具有很强的实践性，因而具有很强的实践自觉。更为重要的是教师的专业发展能力的形成是一个长期发展的过程，贯穿教师的整个职业生涯，与教师的认知和学习能力相比，它更强调教师在环境和群体中持续不断的互动能力。因此，在教师职前教育中，课程设置与培养模式应该致力于培养教师的职业认同感与身份意识，使准教师充分认识教育教学工作的实践性和环境性特征。在职教育应该建立教师实践共同体，鼓励教师与环境和他人的主动互动，重视培养教师的内化与转变能力，为教师成长与发展建立长期的、常态化的教师学习氛围。

需要特别指出的是，在本书中我们对英语教师专业能力的理解以英语教师的学科教育教学工作为中心，旨在提高教师为学生提供专业的教学指导，是一种相对微观的理解。这种理解与众多针对普通教师的专业要求有所不同，更强调英语学科特点。比如，在我国教育部颁布的《小学教师专业标准（试行）》和《中学教师专业标准（试行）》（中华人民共和国教育部，2012c，2012d）里，教师的标准围绕"师德为先、学生为本、能力为重、终身学习"四大理念，从专业理念与师德、专业知识、专业能力三大维度对教师提出了要求，这些要求不分学科，是针对所有学科教师提出的。而本书中的英语教师专业能力是在普通教师专业标准的基础上，立足于英语课堂教学实践，探究英语教师专业能力的内涵、特征与结构，体现英语学科专业特色。

第四节　英语教师专业能力构建与发展趋势

英语教师专业能力具有的三大特征，即阶段性与过程性、基础性与发展性、显性与隐性，在很大程度上决定了这种能力的构建不可能通过简单的教育或培训一蹴而就，也不仅仅是教师个体对相关知识与教学实践的简单结合与运用。英语教师专业能力的构建从本质上来看是关乎教师这项职业的形成与发展过程，即教师职前教育与职后发展这两个主题。

回顾教师教育的发展历史，世界各国为实现拥有高质量的教师队伍相继进行了教师教育的研究与改革。这些研究与改革有的侧重技术层面，有的侧重统一标准的制定，有的强调内化，有的强调社会基础与组织影响。在外语教师教育研究领域，张莲、高释然（2019）针对20世纪80年代以来的研究归纳了外语教师教育研究领域的三大阶段，指出在经过第一阶段（针对教师行为）和第二阶段（针对教师认知）后，外语教师教育与发展的研究开始关注教师认知和学习的社会本质，社会文化理论成为外语教师教育研究的主流框架。因此，本书在探讨英语教师专业能力构建时，试图从宏观和微观两个层面来进行。就微观而言，第四章和第五章以案例分析的方式探讨英语教师专业能力的构建问题。就宏观而言，本节从奠定社会文化基础、科学设置教师教育课程、遵循教师学习规律和把握研究方向等四个方面探讨英语教师专业能力构建，试图从社会构建和个体认知的不同角度探讨促进教师专业能力构建的可能性。

一、创造条件，完善社会文化基础

许多研究表明，教育不可能独立于社会基础，它必须成为政治、经济和社会的一个部分（Fullan，1993；Hargreaves，1994）。英语教师专业能力的构建看似是教师个体的私事，但实际上教师不可能独立存在，其个体发展不可能离开社会和教育环境的大背景孤立地进行，它必然与社会系统中的多个主体发生联系，如国家与地方教育行政部门、学校管理与教师自身。从发达国家和地区成功的外语教师职业发展来看，教师的发展与国家层面系统的政策制定、实施层面方案的完善、研究领域的早期介入有着密不可分的关联。因此，就社会文化基础这一角度而言，英语教师专业能力的构建实际上需要从三个方面开展，即国家政策的制定（如标准或教师评价体系的建立）、制度的完善（如职前和职后教育衔接、教师和学校管理等）和研究群体的建设，从客观上为教师创造构建能力完整的社会基础，保证针对教师能力构建的评价体现阶段性与过程性、基础性与发展性，以及进行教师评价时尊重教师能力的显性与隐性特征。

1. 国家政策和行业标准

国家政策和行业标准可以为教师专业能力构建奠定基础。从国家层面的政策制定来看，美国和欧盟的外语教师教育政策较为突出。美国在1978年明确优先发展外语教育之后，1994年正式把外语列为核心课程，1996年出台了外语学习标准，继而在2002年颁布了《外语教师准备计划标准》（贾爱武，2006），以及优秀外语教师标准与入职教师许可标准，从政策上为美国的外语教师教育发展奠定了基础。欧盟2004年颁布了《欧洲语言教师教育纲要——参考框架》，这一统一的纲领性文件从课程内容、学习方式、教学实践、语言环境和评价方式等方面对外语教育和外语教师职业发展提出了明确的要求，2005年还颁布了《欧洲教师能力及资格的共同准则》，这些框架要求和共同准则为外语教师的职业发展奠定了基础。

我国重视教师队伍的建设由来已久，由于国家经济发展的紧迫性，教师教育与发展在近20年发生了一些重大变化。2001年5月，“教师教育”的概念首次正式出现在国家教育政策文件《国务院关于基础教育改革与发展的决定》（国务院，2001）中，该文件提出“完善以现有师范院校为主体、其他高等学校共同参与、培养培训相衔接的开放的教师教育体系”。2010年关乎教师入职资格的要求也得到了进一步细化，“完善并严格实施教师准入制度，严把教师入口关。国家制定教师资格标准，提高教师任职学历标准和品行要求。建立教师资格证书定期登记制度。省级教育行政部门统一组织中小学教师资格考试和资格认定”（《国家中长期教育改革和发展规划纲要（2010—2020年）》）。在这种国家政策的统一变化中，与英语教师相关的英语学科教育教学能力考试从2011年开始试行，以改革试点的方式第一次从学科教学专业能力的角度弥补了传统的两课（心理学与教育心理学）考试中学科教学专业知识与能力的缺失。这类考试是教师专业能力构建中某一阶段的能力要求，以入职筛选为目的，具有一定的局限性。它对英语教师入职前的基本要求、阶段性的基础知识与基本能力以及教师专业能力中的显性成分进行了细化，具有基础性与阶段性的重要意义，为英语教师专业能力的发展奠定了一定的基础。

2. 完善教师教育和培训制度

完善的教师教育和培训制度能够为教师专业能力构建保驾护航。英语教师专业能力的构建看起来是教师个体的私事，但从教师的成长来看，其能力的构建离不开社会因素的影响，其中较为重要的是教师入职前的教育和在职教育。就这一点而言，美国和英国的教师教育制度具有较大的借鉴意义。

英国的教师教育体系较为开放，只要想成为教师，任何人都可在获得本科学位后通过参加相应的职前培训进入教师行业。在筛选过程中，对申请新任教师培训人员的学位要求、人际交往能力、基础知识水平有很高的要求。在培训过程中，教师职业的实践性和理论性得以充分的结合，培训课堂讲座与讨论和中小学校园与课堂体验交叉进行，避免受训者知识与能力脱节，理论与实践脱节，充分重视学校在培训过程中的重要意义。就外语教师培养而言，提供了层次分明的培训类型与证书体系，突出了教师专业能力构建的阶段性和过程性、基础性和发展性、显性与隐性特征。美国的外语教师培养则在职前和职后根据阶段特征提供多样化的培训内容和模式。美国和英国在教师培养中都重视能力取向和校本化取向，十分注重教师的实践能力的培养。

在我国，英语教师的培养主要通过职前教育、职后培养和个人与社会相结合的教师发展途径。职前教育有着深厚的应用语言学传统，学科知识的分量偏重（见第四章第一节），学科知识与能力的培养和学科教学知识与能力的培养从课程设计的层面来看还有很大的改进空间，职后培训也会出现理论与实践相脱离的情况（见第五章第二节）。完善的制度与体系建设无疑起着重要的保驾护航的作用。

3. 发展外语教师教育研究群体

教师教育研究群体是构建教师专业能力所必需的社会文化基础。自

20世纪80年代以来，许多国家如美国、英国、法国、澳大利亚、加拿大、日本等，为了确保教师队伍的专业化水平，提升教育质量，建立了一系列教师教育认可制度、多层级的教师资格认证制度。在这样的制度下，学校只能聘任持有有效证书的教师，教师也必须持有有效证书才能任教，否则就要负法律责任。在外语教学领域，针对外语教师的职业资格认证和系统的专业标准的建立似乎要滞后一步，比如，在21世纪之前，英语语言教师具有本科学历并持有普通教师资格证书就可以从事英语作为第二语言教学或英语作为其他语言教学的工作。但是，经过研究群体持续的深入研究，外语教师职业的不可替代性和高度专业化越来越受到人们的重视，独立的外语教师的从业标准在欧美相继出台。这些制度的建立与标准出台的背后是逐渐形成并发展起来的外语教师教育研究群体。

作为英语教师专业能力构建基础性的研究，外语教师教育与发展研究旨在“揭示外语教师教育活动和过程的本质，为外语教师教育实践提供理论指导和帮助”（张莲，2008）[48]。相比国外而言，我国在这个领域的研究相对滞后，但对这个领域感兴趣的个体或研究群体正在逐步发展。

张莲、高释然（2019）的研究表明国外外语教师教育与发展研究经历了三个阶段、两次重大的方向性转折和变化，从20世纪七八十年代开始，针对教师行为的研究转变为针对教师认知的研究，直到最近十年聚焦于外语教师认知与学习的社会本质的研究。这些专业的、群体性的研究为国外外语教师的从业、研究与发展方向奠定了基础。但是，我国的外语教师教育研究到了2004年才开始进入一个快速发展期，即使如此，还仍然存在“外语教师教育与发展研究的学科地位尚不明确”等问题（张莲 等，2019）[9]。更为重要的是，滞后的研究没有为英语教师教育与发展过程中的一系列基础问题提出明确有效的解决方案，如英语教师的专业标准问题、英语教师教育的课程建设问题以及英语教师能力评价问题等。

就中小学英语教师专业能力而言，中小学教师专业发展标准及指导课题组（2012）针对中小学在职英语教师提出了2个维度、4个关键表现领域、20条标准条目和若干结果指标，对新手教师、成熟教师和卓越教师的标准要求进行了细化。近年来，秦杰（2018）和龚亚夫（2018）

也进行了相关研究。秦杰（2018）通过图示对外语教师专业能力进行了初步描述，认为外语语言能力和外语教学能力是外语教师的两种核心能力。龚亚夫（2018）则出于为在职英语教师培训提供指导，以课程模块的形式描述了中小学英语教师应具备的知识与能力体系。这些研究在一定程度上反映了教师专业能力的静态特征，但忽视了教师专业能力在不同的教学情境和个体中的动态特征，就研究范式和研究方法而言也还有可改进之处。此外，研究群体作为“研究者”与“研究对象”在研究过程中的角色转换对研究结果的可参考性有着很大的影响，以结果指标对教师进行评判的方式也值得商榷。

因此，要探讨英语教师专业能力的构建，其基础性的研究和研究群体的建设是至关重要的一步，这是由英语教师专业能力的本质所决定的。教师的教学不仅仅是一种社会实践活动，或许通过研究还能挖掘出存在于教师大脑中的认知和心理过程，但教师知识、教师认知、教师观念与信念均源自他们所参与的社会实践。这些社会实践涉及具体课堂、学校情境与社会情境，完善的课堂、学校与社会环境，以及相关的、基础性的研究将有助于教师专业能力的构建。

二、围绕能力，科学设置教师教育课程

教师教育课程对打造教师专业能力具有决定性的作用。正如之前所提到的，教师教育曾经面临许多争议，如教师教育对个人成为教师究竟有没有用？教师需要什么知识？如何培养新手教师？在职教师如何提高专业能力？等等。这些问题随着 Shulman（1986）所提出的“学科教学知识”以及后来围绕教师学科教学知识的研究似乎逐渐有了答案，特别是 Grossman（1990）通过针对没有经过专业培养的三位英语教师与三位受过良好教师教育培养的英语教师的对比研究，揭示了教师教育中学科教学类课程的作用，学科教学知识似乎成为区别教师和其他职业的重要标志，更是区别优秀教师和新手教师的重要标志。

但是，学科教学知识的来源以及这些知识对学科教学能力形成过程具有更大的影响。虽然有学者赞同 Shulman 和 Grossman 的观点，致力于细化研究教师教育中的教学知识基础（Reynolds，1989），Hoyle、

John（1995）也相信教师具有相同的教学知识并形成相应的教学行为，但Fenstermacher（1994）则通过研究教师行为，认为教师更反感所谓的专供教师的知识。吴欣（2005）通过跟踪研究也发现教师教育某些课程有助于教师知识的提高，但教师的知识、信念与行为并非一一对应的关系，而只是某种程度上的相互作用，更为重要的是教师知识理解上的变化并不一定导致教师课堂行为的变化。

因此，培养英语教师专业能力的课程设置需要注意以下三个方面：

第一，英语学科类课程与英语学科教学类课程力图平衡，既要解决英语教师自身语言知识与语言能力的问题，又要体现"师范性"。英语学科类课程涉及语言知识、语言技能、语言社会与文化、语言学研究类等领域。这些课程解决教师或准教师运用目的语进行理解、沟通、交流和组织教学的问题，打造英语教师的基本语言素养与能力。英语学科教学类课程涉及应用语言学、第二语言习得、心理学、教育学、学科教学论、方法论、哲学、社会学、人类学等基础课程，为教师"理解教学基本问题"打基础，进而尝试解决"如何教"的问题。

第二，完善实践类课程，为教师或准教师提供足够的时间与机会，观察教学、体验教学和反思教学，在动态发展的过程中，通过实践和与他人互动形成个人专业能力。英语教师专业能力具有阶段性与发展性、显性与隐性的特征，大学课堂或在职培训课堂的知识传授可以传达信息、传授知识，但难以形成能力，这是许多人质疑教师教育与教师培训效果的主要原因。知识、信念与能力的形成是相互作用和交叉进行的，在这个形成的过程中，教师所处的环境、与他人的互动以及教师个人的实践体验起着极为重要的作用。毫无疑问，教师的工作场所是学校与课堂，从职前教育开始就应重视学校的作用，加强学校在教师教育中的地位，为师范生提供更多接触学校课堂的机会，增加教学实践课的比重，让他们提早熟悉与未来工作环境相符的教学内容和教学场景。在职培训则应该增强专业培训的针对性，以学校为基地，以课堂教学为中心，鼓励教师自我内化，建立教师共同体，鼓励教师主动探索研究教学问题。

第三，遵循英语教师专业能力的三个特性，即阶段性与过程性、基础性与发展性、显性与隐性，英语教师教育课程设置应具有针对性与灵活性，将理论学习与教学实践相结合。职前教育与职后发展的指向性与目的性有所区别但也有一定的共性，虽然都涉及知识与能力的构建，但是其区别在于职前教育对象更强调基础知识与基本能力，更关注理解与最初体验，而职后发展更关注教师的个别差异、群体建设与反思性。但不论职前教育或职后发展，其共性在于都针对“语言教学”这一核心问题，重视不同阶段的学习经验有助于帮助教师在不同阶段形成各自的专业能力。对不同阶段专业能力的认识与态度在课程设置与活动组织时会有一定的影响，因此，在进行教师教育课程设置时，要对“先入为主”或“想当然”的认识与态度高度警觉，其课程设置才有可能具有针对性与实效性。在组织职后发展活动时应更注重教师意愿、活动地点与活动形式。

三、以人为本，遵循教师学习规律与过程

遵循教师学习规律与过程，关注教师成长环境，突出教师学习的主体能动性是英语教师专业能力形成与发展的基本原则。英语教师专业能力在很大程度上影响着英语教学的效果。虽然教师的专业能力是教师教育与发展研究的重要主题之一，但涉及教师教育的一些基本问题，如教师能力的核心因素、教师能力的形成过程以及影响教师专业能力的因素等基本规律与原则，始终是研究的核心问题。针对这些问题的研究结果，在不同阶段影响着教师教育课程的设置以及对教师发展的理解。

在20世纪80年代，当Shulman及其团队着眼于研究教师学科教学知识时，教师更多地属于教师培训或教师教育的对象，人们关注的是教师应该具备什么样的知识基础。后来，随着研究的深入，人们开始关注教师的学习过程和方式，强调学习过程中教师个体的能动性，强调教师的学习过程是主动构建新认知结构的过程，而非被动接受既定知识的过程。如今，在教师教育领域，关于教师的学习更向前发展了一大步，教师学习成为对教师教育的一种概念重构（陈向明，2013；崔琳琳，2014），也就是说，传统意义上的教师在教师培训、教师教育或教师发展中的学习已逐步发展成为了一种观念，即教师学习观。

教师学习观的形成经过了一个逐步发展的过程。最初的行为主义学习理论认为教师学习就是接受培训，获得知识和技能，教师处于一种被

动地接受知识和技能培训的状态。20 世纪 90 年代后，认知结构主义理论认为教师学习是在已有知识基础上构建新理解、新知识，并融入教师个人知识系统的过程（Williams et al.，1997）。在这个过程中，教师发挥个体能动性，对信息进行筛选、评价、吸收和消化、调整或摒弃，从而构建新知识。进入 21 世纪以来，基于社会文化理论的学习观为教师学习带来全新视角，教师学习不再是知识的线性积累，而是教师与他人和环境在不断交互过程中的社会构建过程。

通过上述教师学习理念的演变过程，我们认同这样一个观点：英语教师专业能力的形成是教师与他人和环境互动逐渐形成的一个动态的学习过程。在这个过程中，有效的教师学习受多种因素的影响，具有以下特征，见图 3–8。

图 3–8　有效教师学习的特征

在这个过程中（图 3–8），学习内容的确定、学习形式的选择、教师主观能动性的激发、教师的心理和情感无不贯穿于整个教师学习的过程，与教师所处的社会环境（如学习环境）一道起着至关重要的作用。大到国家政策制定、课程标准制定、教材与资源情况，小到学校备课小组，乃至同事之间的微妙关系，都在对教师学习起着重要的作用。如果说国外的研究案例离中国实际情况太远，如今国内的研究已经有了许多成果，如欧阳护华、吴宗杰、顾佩娅、崔琳琳等学者的相关研究成果。因此，谈及英语教师专业能力的构建，我们需要在职前教育、在职教育以及教师发展项目的组织工作中遵循这种教师学习的规律与过程，创建有利于教师学习的环境，突出教师的主体能动性与教师终身学习的理念，长期的或有期限的技能培训项目甚至于一次性或一过性的培训或考试，只能是教师专业能力发展动态过程中的某一个时间节点。在这个动态的过程中，教师行为、教师认知、教师反思等与教师所处的环境形成持续不断的交互关系，相互结合，最终实现教师差异性地构建各具特色的专业能力。换句话讲，英语教师专业能力的构建应该是建立在国家政策的制定、各类学习环境的创建和教师个体主观能动性有效交互的基础上的，三者缺一不可。

四、联系实际，以研究引领专业能力构建

作为英语教师专业化的核心要素之一，英语教师专业能力在近年来已受到许多研究者的关注，其称谓也许不同，但研究的最终目的是要解决“由谁向谁在何地高效率地进行语言教学”的问题。从横向来看，欧美发达国家的研究相对完善和深入，其主要表现为已建立全面和牢固的社会文化基础，如国家层面的政策和行业内的标准与行为准则，以及有效的培养培训机制等。从纵向来看，我国在英语教师教育研究与发展领域的研究已从 20 世纪七八十年代的“缺席期”发展到目前的高速发展期，研究成果丰硕，在学术界引起高度关注（张莲 等，2019）。但是，我们必须承认国内的研究还存在研究基础、研究方法与研究应用等方面的问题。为了促成教师专业能力的构建，英语教师专业能力的研究需要重视以下四个方面的问题。

1. 正本清源，回归教学本质

《师说》认为教师的基本职责是“传道”、“授业”与“解惑”，教学

自然就成了“传”、“授”与“解”的代名词，这种认识在潜意识中一直影响着人们对教育的理解。而“教学”二字对于有过学校教育经历的人而言似乎是再平常不过的一个词，不论是受教育者还是施教者，每个人都能对学校情景、课堂情景、教学现象、教或学的体验侃侃而谈，但很长一段时间关于教学本质的问题在研究领域却缺少足够的重视，教学常常只和传授、讲解相联系，进而形成学生即接受者，课堂需严格管理的误导（吴欣，2005；韩刚，2011）。

自20世纪60年代至今，国际上针对教学的研究已有三次大的飞跃，即从教师行为研究、教师认知研究到解释现象学的研究。针对教学的研究也不再独立于环境，而是把教学放在其发生的环境中去观察和理解，把课堂事件与教师的个人经历和对教与学的认识、教学所处的社会文化环境联系在一起去理解和解释，从而不断建构教师个人对教与学的理解力。针对教学知识的研究也因研究者的角度和角色变化而变化，知识的作用仍然重要，但知识已不再是研究目的与研究结果，教师的知识与能力以及知识与能力的构建过程成为教师教育研究的重点。

根据上述趋势，英语教师专业能力研究的方向应该着眼于对教学本身的理解，并形成基于现象、关注理解、重在能力构建过程的研究，跳出经验性归纳总结的圈子。只有对教学的本质有了正确的认识，教师教育才有可能对教师专业能力的构建具有促进作用。

2. 关注研究主体，重新定位教师知识

自20世纪60年代以来，围绕教师知识的研究成果丰硕，但也有研究进入了一个误区，认为只要把教师知识结构罗列出来，以发展框架的形式让教师知晓，或为教师培训这些知识，教师能力即可朝意想的方向自然发展。这一误区或导致研究者视野狭小，或导致研究结果束之高阁，在实践中虽有作用但作用不大。McNicholl、Childs（2010）[48-49]曾指出“许多教师发现只要有适合的工作环境，他们就能够发展相应的知识与能力，包括学科教学能力”，同时，他们也认为“学科教学知识是社会实践交互的产物，只是他们之前并未意识到”。

就目前的研究结果来看，教师知识的来源一方面倾向于靠学科理论知识的传授，另一方面则倾向于从一种认识论角度看待教师知识，鼓励并促进教师在教学实践中形成个体知识。Ellis、Edwards 和 Smagorinsky（2010）通过不同教育背景研究项目传递了这样的信息，他们认为教学不只是一种认知行为，也不单是一种行为表现，而是通过时间、空间、自我与他人、学生与知识、情感与认知相互联系而又和谐共存的结合体。因此，针对英语教师专业能力的研究不应该局限于教师知识体系或框架的描述。我们不否认教师知识的重要性，但那不是结果，而是一种动态发展过程中的一份子，研究教师知识的形成过程以及知识的来源对教师专业能力的形成更为重要。因此，进行教师教育课程设置时，创造准教师或教师接触课堂与学生，了解学校与所处环境的机会和考虑课程知识结构内容同等重要。

3. 转变研究范式，采用科学的研究方法

相比英语类的其他研究（如文学、语言学或翻译学）而言，外语教师教育与发展研究的学科地位尚不明确（张莲 等，2019；周燕，2019），关于英语教师专业能力的研究更处于一种定义模糊的状况，描述英语教师的核心要素究竟是能力说、知识说，还是素养说也没有定论。导致如此现状的原因很多，其中研究范式和研究方法是重要的影响因素之一。我们避开传统的、完全缺少研究方法概念的研究，就哲学意义上的研究方法而言，实证主义的研究与解释现象学的研究就南辕北辙。用通俗的话来讲，前者倾向于先有假设，后去核实和找证据，后者立足于观察和收集现象，置身于研究对象中，基于所发现的现象揭示现象的意义，两种范式的研究过程与所带来的研究结果迥然不同（Cohen et al., 2000）。

近二三十年来，随着研究范式和研究方法的变化，“质性研究在近十年明显增多，逐渐成为主流的研究范式”，但“使用混合法的研究明显多于量化研究，也高于质性研究”（张莲 等，2019）[8]。但是，也出现了原始资料与数据拼凑等问题，有的研究样本的确定是根据研究者的方便而非根据研究需要，有的研究过程令人疑惑，不知研究结果从何而来，因而影响了研究质量，导致研究结果的可信度不高。因此，英语教师专业能力方面的研究应该在研究范式和研究方法上有较大的变化，只有改变了研究范式与研究方法才能改变文字游戏式研究的现状，产生高质量的研究成果，进而对教师教育课程改革产生深刻的影响，有效促成教师专业能力的构建。

关于英语教师专业能力的研究还应该避免简单省事的“拿来主义”，将国外外语教师研究的成果简单搬到国内，这种缺乏基于国内实践的、难以令人信服的研究项目，其基础单薄和过程简单化的研究成果对解决我国面临的问题意义有限。这是因为教师知识、信念和能力的形成过程受教师个体内因影响，更受教师所处社会环境影响，同一批准教师或教师的成长过程与结构都大不一样，更何况社会文化背景存在较大差异的中国和外国不同社会环境中的英语教师。只有根据研究目的，选择适合的研究范式或研究方法，经过严谨而脚踏实地地研究，才有可能取得高质量的研究成果，进而对教师教育课程设置、教师发展起到科学的指导作用。

我国英语教师教育与发展在过去 40 年成果斐然，数以万计的新教师进入教师领域，各种形式的教师在职教育与在职研修使数十万教师受益。反思所获得的成果与不足，我们能看到国际外语教师教育理论的研究已逐步在国内研究领域产生影响（徐浩，2016），但也赞同张莲、高释然（2019）指出的我国的外语教师教育与教师发展理论研究还未形成气候。除起步晚，理论与实践之间的鸿沟是重要的原因之一。

在英语教师职前教育领域，许多研究已经涉及职前教师身份认同、理念、动机、学习原理与学习过程，这类研究正在逐步系统化，但对课程与课程实施的影响体现不够。在实践研究方面，针对职前教育的效果、毕业生进入职场后的适应情况，以及在校期间所接受教育与学校教学的切合度等还有待进一步研究。事实上，英语教师职前教育研究虽然一直以某种形式（如课题或项目）进行，但多数课题或项目成为了一次性行为，缺乏对这些项目或课题进行跟踪研究，忽略了对各项目或课题的可取之处、面临的问题、可能的策略与方法等的反思。在为本书进行案例资料收集、整理与分析过程中发现，能收集到的职前教育研究项目不少，但对这些研究项目进行深刻反思、提炼与升华的研究不多。此外，实践性课程研究在职前教育中的重要性虽然已逐步引起人们的注意，但实习环节困难重重又是公认的，针对这类实践性问题的研究还远远不够。总之，职前教育质量的提高可以为教师在职发展奠定良好的基础，是职前教育与职后培养形成良性循环的重要开端，而针对职前教育的研究应结合问题，扎根实践，加强理论研究的深度，注重理论研究对实践的指导性。

英语教师职后教育与教师发展研究近几年在我国方兴未艾，各种行业协会规模逐步扩大，研究议题范围广泛，一批批青年学者形成了规模化的研究团队和研究共同体，理论研究成果丰硕。关于职后教育与教师发展研究的重点我们赞同张莲、高释然（2019）所指出的研究范式的建立、研究问题的指导意义与研究的创新问题，但在实践研究方面也还有很多主题值得研究，比如，“国培计划”项目设计、项目实施以及项目评估还需要进一步的实证性研究，其研究结果对国家政策的制定与调整有着重要的意义。

4. 结合中国实际，强调研究结果的本土化

不可否认，与发达国家教师教育的发展程度相比，我国在教师教育实践层面的改革与政策引领还存在不少差距。究其原因，我国教师教育领域，特别是基础阶段英语教师教育领域，结合中国实际研究结果的本土化还远没有到位。

在西方教育环境中，每个时期教师教育的课程设置、培养途径与模式，甚至其组织方式的变化后面都有扎实的研究背景和理念支撑，理论研究结果与具体实施实践相互支持。针对教师教育理论研究的出发点源于研究与实践中出现的问题，根据问题进行一次又一次的研究尝试，然后再根据新出现的问题进行下一轮的转折（张莲 等，2019）。在我国，张莲、高释然（2019）[9] 所指出的“国内过去40年的外语教师教育与发展研究的历时性阶段特征并不明显，较难看出研究主题、理论应用的显性更迭和转向”令人担忧，我们起步晚，紧跟西方潮流，为转折而转折，反而漏掉了针对中国英语教师本质的研究，忽视了在中国环境下人们对教育教学基本概念的理解，进而在教师教育领域，特别是职前教育领域，投入虽大，但收效不甚如意。

研究结果的本土化还有待进一步加强。杨鲁新（2016b）基于顾泠沅中国本土化的“课例研究”（顾泠沅 等，2003a，2003b），在英语基础教育领域开展了以“课例研究”为中介的，涉及高校教师、教研员与一

线教师合作参与的教师学习与发展，使“课例研究”与我国原有的在职短期培训、常规教研活动、集体备课和日常课例研讨相结合，体现了“课例研究”在我国基础教育阶段英语教师教育与发展中的本土化过程。但是，这类本土化的研究还远远不够，诸如“教师知识”“教师合作”“职前教育”“在职教育”“教师教育者”等要素在西方与我国本土教育体系中有着不同的理解，所以尽管基于国际背景的理论研究成果不少（徐浩，2016），基础英语教师教育顶层设计仍未达到理想状态。例如，国内高等院校师范专业认证正在进行，就英语学科而言，供参照或指导的《中学教育专业认证标准》虽然提供了一个框架性的文件，但具体涉及英语教师专业知识、专业能力以及相关课程设置与实施的要求较模糊，在实际评估过程中主要依赖评估者个人的专业背景与职业道德，已有的英语教师教育研究成果在标准中鲜有体现，形成了如张莲、高释然（2019）[10] 所描述的“过去 40 年的研究尚未就国内外语教师教育与发展实践中的一些重大问题给出解决方案，没有形成基本共识和理论体系，以指导实践规划和活动”。因此，有必要针对性地对英语教师教育和发展的关键问题开展基于中国实际情况的研究，将英语教师教育研究的国际化与本土化相结合，使英语教师专业能力的构建基于中国实际情况，进而培养适应性强、素质高的英语教师队伍，满足我国英语教学改革的需要。

总之，自改革开放以来，研究人员针对英语教师的研究已有新的发展，但对核心概念的理解和研究结果的应用与发达国家相比还存在一定的差距。回归教学本质、把握研究重点、改进研究范式与方法并加强研究与实践的沟通将会促进人们对英语教师及其专业能力的理解，进而改进英语教师教育，促进教师专业能力的构建，为教师专业发展打下坚固的基础。

本章小结

本章首先通过对国内外教师教育和英语教师教育领域核心概念的研究，对本书关键概念“英语教师专业能力”进行了界定，强调英语教师教育必须是“学科专业能力”与“师范专业能力”两个概念并重的观点，提出了英语教师专业能力是区别英语学科教师专业能力和其他学科教师专业能力的关键概念。随后，本章阐述了英语教师专业能力的三大特征，指出英语教师教育应关注教师专业能力在形成过程中的阶段性与过程性、实践过程中的基础性与发展性以及表现方式上的显性与隐性，强调了教师专业能力构建的动态特征。在此基础上，本章提出了英语教师专业能力基本结构的四大维度，即综合语言运用能力、英语语言教学能力、认知与学习能力和专业发展能力，并在此基础上对英语教师专业能力内涵进行了进一步的阐述。此外，本章根据英语教师专业能力特征与内涵，从社会文化基础、社会共有知识个体内化和能力构建的阶段特征探讨英语教师专业能力的构建问题，分别从社会文化基础、教师教育课程、教师学习规律和研究的重要性四个角度探讨英语教师专业能力构建，试图从社会构建和个体认知的不同角度探讨促进教师专业构建的可能性。

第四章　英语教师专业能力发展途径——职前教育

如第三章所述，英语教师专业能力是区别英语学科教师专业能力和其他学科教师专业能力的关键概念。这个关键概念具有在形成过程中的阶段性与过程性、实践过程中的基础性与发展性以及表现方式上的显性与隐性三大特征。这三大特征决定了英语教师专业能力的构建是一个通过职前教育、入职培训和在职研修多种途径形成的动态发展的全过程，这个过程的最终目的是促成英语教师专业发展。因此，当我们谈论英语教师专业能力的构建时，如何培养并发展教师综合语言运用能力、英语语言教学能力、认知与学习能力和专业发展能力的教师教育成为本书探讨的中心问题之一。在第三章第四节从宏观的角度探讨英语教师专业能力构建的基础上，本章重点探讨作为英语教师专业能力发展重要途径之一的职前教育。我们知道，师范院校课程内容与课程设置必须依据国家所颁布的政策、所规定的大纲和管理要求，因而本章只从英语教师职前教育的专业定位、专业课程结构现状和课程改革典型案例分析探讨教师职前教育专业建设有可能进行改革的内容。

第一节 职前教育定位、意义及问题分析

英语教师专业发展或英语教师专业能力构建的途径，从宏观上讲，就是在终身学习思想指导下，根据教师能力构建特点，在教师专业发展的不同阶段，引导教师在职前教育、入职培训和在职研修等连续的、动态的、一体化的学习过程中实现专业发展。从我国第一个“师范馆”（郑师渠，2004）“师范教育”概念的提出到“教师教育体系”概念的正式形成，并不是简单的概念替换，而是标志着我国教师培养进入到一个新的历史阶段，旨在“完善以现有师范院校为主体、其他高等学校共同参与、培养培训相衔接的开放的教师教育体系”（国务院，2001），是教育发展的内在要求。师范教育与教师教育在本质上有所区别，教师教育较于师范教育的内涵更为丰富，将职前教育、职后发展连为一体，更适应当今世界科技知识的更新速度和教育普及的程度，体现了教师专业发展的进程。由师范教育向教师教育的转变直接关系到我国基础教育师资培养的制度、模式、方法、标准、课程设置和权利责任，反映了我国基础教育的发展水平，是一项复杂而又意义重大的系统工程。作为教师职业生涯第一步的职前教育，旨在建立职业认同，建立教师的职业精神，为国家培养更加敬业的专业教师。

一、职前教育定位

教师教育的基本任务是为基础教育培养合格的教师，所谓“教师职前教育”就是教师正式步入职场之前在师范类院校或综合性大学教育学院接受的教育，主要的教育对象是三年或四年后将走上学校课堂的在校学生（本书简称为“准教师”）。在我国，从事教师职前培养的机构从“师范馆”到如今不断在变化，从事英语教师职前教育的机构在综合性大学与师范类院校之间不断调整，其中，师范类院校曾独占教师教育四十多年，但如今一些综合性大学也增加了教师教育类专业（见表4–1）。

表4-1　英语教师职前教育机构变化表（Wu et al., 2015）[267]

年份	英语教师职前培训机构
1902	京师大学堂师范馆
1906	优级师范学堂（英语教师教育课程）
1912—1913	高等师范教育（英语系）
1922	部分综合性大学（教育学院，英语系） （北京）师范大学（英语系）
1932—1951	师范类大学（英语系） 部分综合性大学（教育学院，英语系）
1951—1999	师范类大学（英语系） 教育学院（英语系） 师范学院（英语系） 师范学校（英语专业）
1999—至今	1.师范类大学（英语系） 教育学院（英语专业） 师范学校（英语专业） 2.部分综合性大学（教育学院，外语学院英语系）

正如第三章所述，职前英语教师教育面临“专业学习”与“师范教育”双重任务，其目的是在教师入职前的教师培养过程中，发展综合语言运用能力、英语语言教学能力、认知和学习语言与语言教学能力以奠定专业发展的基础，其主要内容包括语言知识与语言能力、职前认知自我与身份认同，树立新教育信念，构建教育知识体系和技能结构，建立教师发展终身意识。

在教师的职业生涯中，职前教育、入职培训和职后发展各有主题与侧重点，共同形成教师发展的全过程。首先，职前教育定位为学校培养未来的师资，重点是引入门，而入职培训和职后发展则着眼于教师的专业成长，一方面弥补和完善教师职前教育的不足，另一方面也是教师学习教学的一个重要过程，即教师在实践中进行能力的自我构建，帮助教师增强专业决策能力、拓展从事专业活动的知识来源。其次，教师的职后发展可采用校本培训、集中培训（含在职进修）、远程培训、在职研修等方式，通过教师学习实现教师发展。教师职前教育则由师范类院校或综合性大学完成招生和培养过程，学生（准教师）经过三年或四年的学习获得从事基础教育所需具备的、基本的能力，能够承担学校的教育教学工作。在职前教育结束、学校教学工作正式开始前，准教师一般还要进行入职培训，为即将开始的教师生涯做简要的准备。简言之，教师教育从组织形式上看是职前教育（也叫职前培养）、入职培训和职后教育（也叫职后发展）的统一体，是教师发展过程的三个阶段，也是教师专业能力发展的重要途径。

此外，就英语教师专业能力发展而言，职前教育的另一个重要目的是发展教师综合语言运用能力。程晓堂、栗娜（2016）指出，外语教师对自己的信心很大程度上取决于自己的外语水平，因此在对 NNES（Non-Native English Speaker，非英语母语者）教师的职前教育中，语言能力的培养十分关键。为实现这一目的，我国英语职前教育课程设置在很大程度上体现出了其独特的“以语言为本”的特点。

二、职前教育的重要性

职前教师教育作为教师正式步入教学工作岗位之前的关键阶段，是教师教育的重要组成部分，也是教师成长的重要阶段，对帮助教师构建教育知识体系和技能结构、树立教育理念、形成学习教学与发展的基本能力具有重要意义。

从教师入职后必须担当的职责与义务以及未来职业发展来看，高质量的职前教育对教师终身的职业发展具有六个方面的意义，也必须完成与这六个方面相关的以下六项任务（见图 4-1）。

图 4-1　英语教师职前教育的任务

第一，高质量的职前教育应该为准教师迅速进入教师角色打下良好的基础。这个基础的建立基于职前教育所创造的学校情境、学校课堂环境与日常工作程序，即环境建设，为准教师提供学校情境（situated）。这种职前教育环境能使准教师不仅通过创建适合语言学习的环境发展语言能力，培养认知与学习能力，建立终身发展的意识，更为重要的是，使准教师在毕业前熟悉未来的工作环境，了解教师工作流程，将高等学校课堂与未来工作课堂联系起来，给予准教师建立职业认知与职业认同创造物理意义上的时间与空间，避免从高校环境到学校环境所带来的巨大落差。恰当的环境是教师学习构建知识、培养能力以及为终身发展奠定基础最为重要的因素之一。

第二，高质量的职前教育应该为准教师的学习提供社会构建（constructed）过程，帮助准教师构建学科知识与学科教学知识。基于社会文化理论的学习观认为，教师学习不是知识的线性积累，而是教师与他人和环境在不断交互过程中的社会构建过程。因此，准教师关于学科和学科教学的知识难以依靠独立的一门门相关课程的传授来构建，他们需要通过与同伴、高校教师和学校教师在特定的学校环境中体会、讨论、内化、提炼来构建知识，形成能力。

第三，高质量的职前教育应该促成准教师知识与技能的融合（integrated）。教师是一项集多学科融合的、实践性很强的职业。“知道该怎么做”并不一定在课堂上就能“做得到”，知识丰富也不一定代表能力强。因此，准教师在职前教育期间，需要有机会进行知识与技能的融合，将理论与实际联系起来，尽量缩小理论学习与课堂实践之间的鸿沟，形成能从事教育教学工作的能力。

第四，高质量的职前教育应该鼓励准教师形成个性化的（personalised）教学知识，形成各自独有的学习能力，并善于在教学中不断学习与发展。教学具有群体特征，但更具有个体差异，教师主要依靠个人学习、个人体验与内化，在不同的环境中形成具有个体鲜明特征的教学能力，而这种能力需要在职前教育中完成体验、内化、提炼的整个过程，形成个体教育知识、教育理念与教育能力。准教师的个体特征在职前教育中受到鼓励时将会激发其自身的创造性，并在不同环境中得以发扬光大。

第五，高质量的职前教育应该帮助准教师在复杂的教与学情境中自如地转换（transferred）。教学面对的是一个个独立的学生，即使是在同一所学校、同一个年级或同一个班级，每个学生都是千差万别的。高质量的职前教育通过鼓励准教师在自身的学习过程中不断体验、反思、内化、讨论，构建各自独有的知识结构与能力，通过对这种学习过程的体验，形成构建性的学习观。同时，通过不同学校环境的实践活动（见习、实习、微格教学等）和多项案例的体验，形成自信、灵活的教学能力，适应各种复杂的教学情境。

第六，对于语言类的准教师而言，高质量的职前教育本身就应该成为一个良好的语言学习案例。更为重要的是，准教师有机会将自己的语言学习经历与学校课堂实践经历（experienced）相结合。英语专业的职前教育承担着语言学习和语言教学学习的双重任务，准教师有机会体验语言学习的过程，并反思这个学习过程，从自己的语言发展过程中摸索语言学习规律，再在学校实践环境中体验、内化、提炼，形成自己的教学知识与能力。教师在教学的过程中最容易复制自己的语言学习过程。因此，高质量的职前教育应该充分地为准教师提供优质的语言学习经历，使准教师个人的学习经历转化为一个学习语言教学的案例。

总之，职前教育对于准教师形成职业教学思想、教育理念、教学知识与教学能力有着及其重要的作用。就英语教师而言，职前教育对英语教师专业能力的形成起着至关重要的作用，教师可通过职前教育初步形成综合语言运用能力、英语语言教学能力、认知与学习能力和专业发展能力，成为合格的语言使用者与语言教学者。

三、英语教师职前教育存在的问题

在过去20年间，人们对于教师职前教育的重要性已有了认识，但是对照英语教师职前教育应完成的主要任务，实际效果仍未令人满意，主要问题体现在课程设置与职前教育目的存在差异、对实践重要性的认识存在偏差等。

1. 课程设置存在争议，教育目的与内涵有待澄清

高等师范院校的英语教育专业对于培养和造就合格的基础教育英语教师具有重要的作用，但是研究者们对其课程设置的合理性却有着不同的判断，课程设置存在争议，职前教育的目的与内涵有待澄清。

王蔷等（2007）通过问卷调查、访谈和会议座谈的方法对我国之前的英语师范教育进行了调查，其研究结果表明“外语师范教育的课程设置基本合理，理论教育方面比较系统。能及时地为学生提供一定的岗前的理论和时间的指导，尤其是有关英语专业的课程设置比较合理”。但其分析结果同时也指出“师范院校外语教师教育课程设置整体上缺乏时代性”，“本科师范性不明显”，“教师教育类课程偏少”（王蔷　等，2007）[415]。

邹为诚（2009）也对中国基础教育阶段外语教师的职前教育进行了深入的研究。研究发现，外语师范课程设置不合理。邹为诚（2010a）还发现外语教师职前教育课程设置存在问题的主要原因在于外语师范教育对职前教育阶段的核心任务不是很明确，将外语师范专业简单地理解为外语专业加上教育学、心理学知识。

总的来讲，上述问题从根本上反映的是本书第三章所讨论的英语教师专业能力的内涵问题。如何理解“英语语言专业”与“英语师范专业”以及“英语语言训练”与“英语教师教育”的内涵和它们之间的联系与区别，是进行英语教师职前教育课程设置需要首先考虑并澄清的问题。

2. 对教育实践的重要性认识不够

我国英语教师职前教育存在的另一个问题是对教师能力构建的规律

认识不足，对教师能力构建的实质与内涵的理解存在偏差，因而忽视了学校与教育实践在整个职前教育中的重要地位。王蔷等（2007）调查发现学生（准教师）实践机会少，毕业前实习时间太短，经验太少，刚毕业难以胜任教学工作。邹为诚（2010a）也指出师范院校一般都在四年的教学中安排六周的实习，期望学生通过六周的实习就成为一名“上手快”的外语教师，这显然是对外语教师知识本质和外语教师专业化的误解。此外，师范院校从事教师教育工作的教师对教育实践的认识也存在偏差（王蔷 等，2007；邹为诚，2010a），使得准教师对他们未来的工作环境缺少足够的了解。

实际上，在英语教师职前教育过程中对教师教育能力构建的偏差由来已久，韩刚、王蓉（2005）早已指出我国英语师范生教育课程从课程结构与内容、教学与学习方式到课程资源开发等方面存在专业化不足，重学科课、轻实践课的倾向明显。吴欣（2005）明确指出，理论与学科导向的师范教育理念导致学生在四年的职前教育中只有很短的时间接触学校教学，这种有限的学校教学（实践）经验使学生有可能提起理论头头是道，但就是不知道到底怎么上课，导致学生在职业生涯之初困难重重。

对教育实践的忽视不仅使准教师失去熟悉工作环境与了解工作性质的机会，还使准教师失去了在与他人和环境的互动中构建教学知识与教学能力的可能性。因此，英语教师职前教育当务之急是形成以学校为基地的教师培养模式，强调教育教学实践，建立与学校的长期联系，加强师范院校或综合性大学教育学院与中小学校深度合作。这已在近两年开展的普通高等学校师范类专业认证工作中有明确要求。但是，如果没有认识到教学实践在教师职前教育中的重要意义，认证过程中难免出现敷衍和走形式的情况，教育实践基地的现场评估和后续的跟踪评估十分必要。

第二节　英语教师职前教育课程结构现状分析

英语教师职前教育需要面对的第一个问题是学什么。在我国，源于“要给学生一杯水，教师必须有一桶水”的认识，知识曾长期被看作是教师教育的重要内容。但是，怎么定义知识以及谁来定义知识在教育哲学领域早就存在不一样的认识，关于教师知识或语言教师知识的研究更是层出不穷。随着时代的发展，人们对教师知识在教师教育与发展过程中的认识不断变化，最终使知识与信念、职业认同、能力、研究等共同成为塑造教师这一项职业的元素之一。在职前教育中，形成教师职业的各元素成为教学目标，而课程设置则成为不可回避的研究对象。为了了解我国英语教师职前教育现状，本节从课程结构的角度收集并分析了我国英语教师职前教育课程内容及相关研究成果，从内容结构的角度探讨职前教育所存在的问题，提出了我国英语教师职前教育所面临的挑战。

一、课程内容组成特点

武尊民（Wu, 2002）对部分师范院校英语教师教育课程进行了调查，发现英语师范生课程中的专业技能课程（包括教学法、教师口语、课堂技能训练和教育实习等）仅占全部课程的 8.24%。也就是说，外语教师教育课程与其他外语院校课程的主要区别是：除普通教育学、心理学外，师范教育课程中只增加了训练师范生英语教学知识和技能的课程，与职前教育需要完成的六大任务相去甚远。

邹为诚（2010a）对 11 所师范大学的课程体系进行量化分析后，对师范院校外语课程设置的结构状况做了如下概括（见表 4-2）。

表4-2 师范院校外语课程设置的结构概况（邹为诚，2010a）[66]

单位：学分

指标	知识与技能			
	人文和一般教育学	英语专业	以英语学科为基础的教学（PCK）	实习时间
最大值	74	154	13	平均值：6周
最小值	34	80	0	
平均值	51.5	107.1	6.13	
标准差	14	24.45	3.74	
占总课程比例	31%	65%	4%	

在邹为诚（2010a）所调查的院校中，课程大体上可以分为四类：

（1）人文和一般教育学知识，包括文化、历史、教育学、心理学和课程理论类的课程。其目的是人文熏陶，加强学生作为“人”的素养，教师的教育素养方面的培养一般不涉及具体的专业教学知识。

（2）英语专业知识，主要以教育部公布的大学英语专业教学大纲为基础。这类课程的目的是训练英语语言方面的知识、技能和修养。

（3）以英语学科为基础的教学（PCK）知识，指具体训练师范生如何发展基础阶段学生的听、说、读、写能力和英语语言知识的课程。根据Shulman（1987）的思想，这类知识是“英语职业教师”和“非英语（外语）教师”的重要区别。

（4）教学实习。学生有两种实习方式：学校安排的定点实习和学生自己寻找的实习。

邹为诚（2010a）强调，在11所师范院校中，人文和一般教育学的学分最大值为74，最小值为34，平均值为51.5，标准差为14，占总课程的31%。英语专业的课程最大值为154，最小值为80，平均值为107.1，标准差为24.45，占总课程的65%。在第三个知识领域，即以英语学科为基础的教学（PCK），最大值为13，最小值为0，平均值为6.13，标准差为3.74，占总课程的4%。该数据表明，PCK在11所师范院校内的差异比较大，有的学校甚至在本科阶段不再进行师范学科教学技能训练（最小值为 0）。

根据多位研究者的调查，目前我国外语师范专业教育课程设计有如下特点：

（1）普遍重视英语知识和技能的训练。

英语师范生四年内有接近三分之二的时间接受英语语言、文化方面的训练，这个比例带有一定的强制性因素，因为英语师范专业属于英语语言文学专业。在 2006 年开始的高校英语专业的教学评估中，所有师范院校必须严格按照国家的英语语言文学专业大纲组织和实施教学（邹为诚，2010a）。另一方面，我们也认为，这个比例还与我国英语师范专业培养对象为非英语母语者（NNES）的特性有关，语言学习是职前教育的首要目标，英语教师自身的语言能力关系到教师自信心的建立（程晓堂 等，2016）。

（2）普遍重视人文和一般教育学。

邹为诚（2010a）指出人文和一般教育学课程占总课程的 31%，这一比例与语言教学趋势有关。文化教育不再被看成仅仅是为了语言学习的需要，而是培养外语人才的人文精神，培养一个具有独立的人格、批判性、创造性及丰富人文精神的人。同时，课程设计保留了传统的师范教育类课程，如教育学、心理学等。

（3）对外语教师的职业知识和能力的培养不够重视。

邹为诚（2010a）的调查数据显示，外语师范教育课程设置中涉及外语教师的职业知识与能力的课程只占 4%。在武尊民（Wu，2002）的访谈中，许多外语院系的领导反映，他们不仅要严格遵守国家大纲对英语专业的要求，还受学校各种教师教育平台课程的制约，大量的课时被公共课、一般教育学 / 心理学课、英语大纲规定的专业课占用，这三部分的课时占总课程的 96%，因此造成了目前师范专业训练不足的现状。韩刚（2008）的调查也显示，学校定位与课程设置存在不同程度的“学术性”与“师范性”的矛盾，对准教师进行语言教学知识与教学技能的训练不够重视。

二、教师教育类课程设置问题建议

针对师范院校职前教育课程设置问题，吴一安等（2007a）指出，师范外语教育体制和模式已经滞后，尤其是在教育理念、课程设置、教学内容与方法、教材等方面急需改革与提高，提出了调整和更新教师教育的课程体系和教学内容的建议。吴一安等（2007a）所主持的课题研究还根据调查提出了以下建议：

（1）适当压缩语言技能课程门类和时数，增加教师教育类课程，充实内容，突出师范特色。

（2）增加选修课程，有些课程可采用小模块方式，为学生提供不同学科分支的精华，拓宽学生知识面和跨学科视野。

（3）本科阶段增加研究方法选修课，培养学生科研创新意识。

（4）课程设置改革完成后，重视课程的实施环节。

洪磊（2013）收集了我国六所师范大学外国语学院的课程设置，对比分析并讨论了这六所师范院校课程设置的优缺点。这六所院校英语教育专业课程设置面临的主要问题是没有统一的英语师范专业的教学大纲，各校英语教师职前教育课程内容差异较大，难以满足培养目标中对师范生所提出的要求，课程结构也各不相同，所安排的教育实践不能对师范生的教学方法和教学技能进行充分训练，限制了师范生的自我发展。此外，田贵森（2013）对师范院校英语专业的课程改革也提出了自己的思考，认为优化课程设置是英语专业教学改革的关键所在。因此，提高和完善我国高等师范院校英语教育专业课程设置迫在眉睫。

三、英语教师职前教育面临的挑战

第一，来自基础教育外语教育改革的挑战。英语教师职前教育旨在为基础教育培养合格的英语教师，但是正如田贵森（2013）所指出的，我国师范英语教育正面临来自基础教育一线的长足发展和变化所带来的挑战。2000年以来，我国基础教育英语课程标准已进行过两轮改革，学校课堂教学发生了很大的变化，中小学生英语学习水平大幅提升，高中毕业生进入大学时的英语水平比过去大大提高，英语专业学生的听说读写水平已明显超过英语专业原有教学计划设定的起点，学生的英语学习理念也与以往的学生有很大不同。基础教育领域的改革进程已给出了明确提示，英语教师职前教育课程体系、教学内容改革和调整势在必行。

第二，来自外语教师教育与研究领域的挑战。近四十年来，围绕我国外语教师教育与发展的研究和围绕教师学习与专业成长的研究表明，我们习以为常的、传统的教师教育观念已到了需要重新审视并改进的关头。同时，程晓堂、孙晓慧（2010）还对英语师范生职前教育的培养力度不够以及师范院校“去师范化”提出了质疑。职前教师教育的改革面临多个基础问题，如语言教学的定义、教师学习教学的过程以及教师教育课程设置等，这些问题都对职前教师教育形成了挑战。

第三，来自信息技术发展的挑战。进入21世纪后，现代信息技术的发展为基础英语教育提供了新的机遇和多种选择。英语教师所面临的竞争更加激烈，“互联网＋”对英语教学的冲击尤为突出，也对英语教师职前教育理念、课程设置、教学模式和教学方法等带来了挑战，必须与时俱进地进行调整和改革。

综上所述，来自社会、科技等各方面的发展与挑战迫使师范院校英语教育专业进行改革，职前教育更需要与时俱进，应围绕职前教育的六大任务，在教学理念、课程设置、培养模式、内容结构、教学方法等方面进行思考，突出教师教育特色，提高职前教育水平，以促进师范院校英语专业的可持续发展。

第三节 英语教师职前教育课程改革典型案例与分析

根据研究，我国第一个英语教师培训项目开始于1906年的京师大学堂，第一个英语教师培训课程也相应产生（李良佑 等，1988）。100多年过去了，今天的课程设置仍然能看到当年课程的影子，但得益于语言学、心理学、教育学和社会学研究的不断发展，特别是改革开放40多年来的发展，如今我国师范教育的课程设置不论是科目名称还是科目数目都有了很大的变化，教师教育的理念和模式也出现了一些值得进一步研究的改革项目。本节将以两个典型项目为例，就我国英语教师职前教育领域改革的可能性、面临的问题以及未来趋势进行分析，以探究职前教育改革过程中课程设计者或一线教师在力所能及的范围内可能实现的目标。这两个项目分别是浙江师范大学外国语学院的“RICH课程与教师发展”项目（简称“RICH项目”）和海南师范大学外国语学院的“‘3DR’英语师范生教师教育课程改革实验研究”项目（简称“3DR项目”）。RICH项目起源于针对职前教育综合语言能力培养体系的改革，后来逐步将其改革思想与具体方式扩大到综合语言教学以外的教师教育课程，是对英语教师职前教育从思想理念、课程设置到方式方法进行的综合性改革。3DR项目针对的是职前教育教学能力培养模式的改革，它关注的是英语教师职前教育中准教师语言教学能力的发展，更为具体的是，3DR项目主要针对的是英语教师职前教育中对教学理论与实践课程的探索。尽管改革的着力点不同，两个项目都从不同角度涉及了准教师认知、学习能力和专业发展能力的培养。

2000年以来，我国尝试对英语教师职前教育进行改革的项目不少，但这两个项目各自鲜明独特的思想理念、风格与操作方式及其在过去长达20多年的坚持中所反映出来的变与不变，值得让更多的同行了解。此外，这两个项目对于很多从事教师教育研究的同行来讲并不陌生，但对广大职前教师教育课程设计者或一线教师教育者而言了解或理解的不一定很多。出于以上原因，我们在本节更多的是介绍并理解这两个项目，在介绍过程中对重要环节进行评述，以期对读者有所启示。文中所有与项目相关的信息来源于项目人员公开发表的研究成果和两所学校相关人员提供的资料，所有资料来源都列在各项目介绍之后，以便读者查阅。

一、RICH项目案例：基于教师发展，超越课程

1. 背景介绍

浙江师范大学外国语学院自 1994 年起开展了一项延续至今、历时 20 多年、不断深化的师范院校英语专业教学探索活动。与今天常见的课题研究项目不同，该项目在正式成为一项开放式的学习群体（learning community）前，是以教研室活动的形式开展的。用吴宗杰等（2005）的话来讲，RICH 的未来是没有 RICH，希望 RICH 的理念与实践能融入整个课程体系，而不是以研究项目的形式独立存在。RICH 项目从思想理念、思维方式、运行机制乃至话语行为都与 20 世纪 90 年代常见的研究项目不同。

2. RICH 的涵义

RICH 最初并非项目名称，只是教研室群体建设的探索活动。在这个活动中，教师们在常见的课程框架里探索问题，研究教学方法，尝试试验改进教学方法，试图解决教学中出现的问题。活动开展近两年后，教师们开始走出现成的课程框架体系，对自身课程实践展开批评、探索与革新，通过教师在“语言基本技能综合训练课程”中以行动研究的方式，把人文主义思想带入外语课堂。经过教师们从实践到理论，再从理论到实践的长期努力，1998 年在一位教育哲学家的参与和启发下，对开展已久的课程实践的核心理念进行提炼，最终将其命名为 RICH。RICH 包含了以下含义：

R 代表的是研究性学习（research-based learning）

I 代表的是综合性课程（integrated curriculum）

C 代表的是合作学习（cooperative learning）

H 指的是人文素质全面发展（humanistic outcomes）

这四个字母代表了四种课程改革元素，集课程理念、学习范式、环境建设和最终目标为一体，起源于教研室的探索活动，从综合语言技能

训练课程开始，扩大到教师语言教学能力课程，最终逐步发展为融课程发展和教师发展为一体的、持续性的、探索型的实践活动（见图 4-2）。

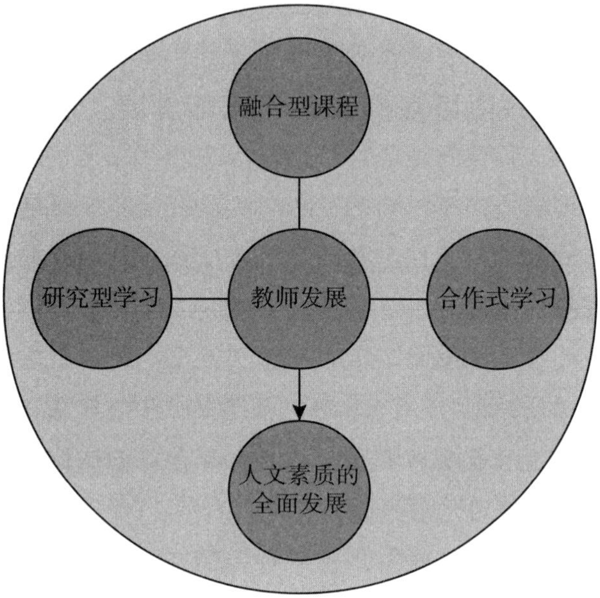

图 4-2 RICH 模块示意图（黄爱凤 等，2007）[183]

如图 4-2 所示，RICH 课程由五个部分组成，即“研究型学习”、“融合型课程”、“合作式学习”、“教师发展”和“人文素质的全面发展”。在课题组看来，“研究型学习”、“融合型课程”、“合作式学习”和“人文素质的全面发展”是课程的实践方式和教学特征，教师发展是 RICH 课程的核心课程，带动课程建设，使课程成为教师和学生共同学习进步的实践共同体，最终实现人文素质的全面提高（黄爱凤 等，2007）。

评述：

英语教师职前教育在我国已有近百年的历史，其间有过多次课程设置调整与改革，但基本没有跳出现有的课程框架体系。把教育分解为目标、大纲、教材、教法和评价等一系列课程要素，由不同的群体和机构去执行，比如，教师群体的任务就是把课程、大纲、教材中规定的内容按要求传授给学生，即教师是课程的传送者。RICH 项目的独特性在于，其最初确实是在现有的职前外语教师教育课程框架体系里研究问题，如研究教学方法、试验新的方法等。后来在探索的过程中教师们逐渐跳出了这个体系，对自身的课程实践展开批判、探索等行动研究，先后带入了人文主义思想内容、教材内容、课程整合等，进而为我国教师教育课程体系改革和教师发展机制开创了新的实践方式、理论视角和学科研究方向。RICH 的发展历程对普通教师教育工作者有以下三点启示：

（1）该项目改革源自教师自身，从研究教学中的问题与疑惑入手，最终使看起来普通而常见的教研活动形成一股强大的力量，这不仅使所有高校教研室和教师群体倍感鼓舞，也再次验证了 Fullan（1993）[Ⅷ]提到的“哪怕看起来只是一小点变化，最终也会带来巨大的变革”。

（2）项目研究从最初局限于传统的框架体系到后来挑战传统体系，没有把自己局限于现存的、固定的框架，整个过程得益于从某一点着手，如反思教学或通过教师行动研究把人文主义思想带入外语课堂，在探索的过程中逐步发现值得研究的问题。因此，从现实问题入手，一步步逐渐深入并扩大，是教育研究项目通常要走的过程，正如 Elliott（1991）[11]提出的“成功的课程改革有赖于教师的自我批判与反思能力”。脚踏实地，立足于课堂实践，是 RICH 传递的一个重要信息。

（3）RICH 成为项目名称，反映了项目最核心的理念与思想。任何项目如果只是针对问题，研究问题，解决问题，缺乏深层次的理论研究，疏于对研究中发现的问题或解决方案进行综合提炼和理论升华，那么这样的研究将是简单的、重复性的工作。深刻理解研究范式，及时提炼升华理论，完成整个研究过程，对项目工作的开展具有决定性的作用。

3. RICH 的理念

具体来讲，RICH 项目基于以下理念（吴宗杰 等，2005）：

（1）把人文愿景带入课堂，把学生（准教师）的语言发展、学术发展、教育能力和人文精神发展融为一体，让课堂呈现出心灵沟通的人文愿景。

（2）引入探究式教学及其理念，让学生通过知识面的拓宽和研究能力的发展，以一种探究的方式观察世界，不断激发出新的学习热情，达到对世界和生活的理解。

（3）融合围绕社会生活的一切课程资源成为整合性课程，这个课程包含教育过程中的一切语言现象，跳出了大纲、教材、考试以及各种科目所安排的常规内容。

（4）通过上述活动，或在上述探索过程中，探索教育中人文思想的发展途径、教师的人文思想的发展途径和学生人文思想的培育途径。

4. RICH 的实践探索

具体到实践层面，RICH 最初主要在大学一、二年级的综合英语课程开展，逐步拓展到其他年级和其他语言能力课程，如阅读、听力、口语、语法、写作、英美概况、美国文学、外语教学与研究方法等。最近几年，RICH 理念已逐步拓展至学院教师教育课程体系。不论是语言综合能力培养，还是教师教育教学能力培养，教师通过组织研究性学习、鼓励融合型课程、开展合作学习和人文素养培养对准教师的语言学习和语言教学能力培养途径与方法进行了一系列的尝试。具体来讲，RICH 项目的实践活动可以分为两大部分，即语言能力培养与语言教学能力培养。

（1）第一部分：语言能力培养。

①话题教学。话题教学在 RICH 项目里也称“学生合作进行小组课题研究”，它建立在研究性学习理念基础上，鼓励学生主动学习，在教师的引导和帮助下，以小组或个人为单位，对自己感兴趣的话题或课题进行探索和研究。

话题学习包含以下步骤：确定话题、查阅资料、准备报告、课堂演示和反思总结。每一个步骤都需要师生双方合作构建。

RICH 项目通过学生自选话题来学习，发展了学生的批判性思维、学术研究能力、教学能力、合作能力、人文思想和教师人格，这正是英语教师职前语言教育的目标，即学生作为“人”的综合素质的提高。此外，学生在自己的语言学习过程中经历了话题教学所带来的综合素质的提高，这种亲身体验为他们在未来自己的职业生涯中开展话题教学在思想上和方法上做好了充分的准备。

②构建学习材料。RICH 项目的课程内容不是固定的，它包括学生学习过程中所能利用的全部学习资源，如课本材料、课外阅读材料、个人经历以及网络资源等，其构建主要通过固定教材、针对课文的拓展教材、小组课题材料、个人课题材料和开放性学习材料等渠道来完成。

在构建资源的过程中，RICH 项目除了遵循国家教材编写要求的发展性、科学性、思想性、开放性、趣味性、拓展深化等原则，还提出了综合性原则、阶段性原则和师生主体原则。课程内容的安排顺序和时间由教师根据教学目标和学生实际情况合理安排。

在RICH项目里，教师作为学习材料和课程内容的直接实施者，在遵循必要原则的基础上，结合不断发展的社会需要和专业教学目标，对课程内容进行创造性的建构，学生作为师生主体的一方成为课程内容构建的另一能动主体，参与课程内容建设。学生的这种经历为将来在教学工作中使用教材并超越教材奠定了良好的心理基础和方法指导。

③鼓励自主学习与合作学习。RICH项目改变了传统的教学方法，通过自主学习和小组讨论，鼓励学生在学习过程中对自己的学习负责，培养学生高度的学习自主性，在讨论中向同伴学习，在合作学习的过程中形成独立的观点、见解与新的知识。这种自主学习与合作学习贯穿整个学习过程，或在课外进行，或在课内进行。

在培养学生自主学习能力方面，教师鼓励学生撰写学习日志，增强学习意识，并及时提供反馈。在合作学习中，学生自愿组成学习小组，每组3～5人，在话题教学、课题研究或资源建构中根据需要在课外进行资料收集、研究讨论并形成报告，在课内再度进行讨论汇报。

RICH所实施的自主学习与合作学习方式既培养了学生的自主学习能力，又为学生提供了真实的交际情景，使学生的听、说、读、写、译语言运用能力得到全面的锻炼与提高。通过改变方法，促进实现职前教育必须完成提高学生综合语言运用能力的目标，为学生提供反思传统教学方式，尝试理解并实施自主学习与合作学习的可能性，使学生在未来的语言教学课堂上能够根据具体情况，灵活运用多种教学方式，提高课堂教学效率。

④融学习与评价为一体。RICH项目的重要改革之一是改变了评价方式，发展了融学习与评价为一体的学习档案评价模式。在该评价模式中，学生的学习档案包括作业、随笔、研究报告、反思等内容，在整个学习过程中逐步积累而成，占学期总分的60%~70%，期末考试只占30%~40%。其中，学生作业按“语言知识学习类”、“语言知识运用类”和“反思性学习类”划分，采取师生评价或生生评价的方式进行。

RICH融合型的课程结构涉及课程融合（如听、说、读、写、译）、学科融合（如话题教学中必然涉及的社会、文化、历史、自然、人文、哲学等)、学习与生活经历融合等，传统的评价方式难以全面反映学生的学习活动与学习效果，因此学生平时学习成绩（学习档案）与期末考试相结合的方式关注了学生学习的全过程，使学习过程与评价过程相结合，成为项目推进的助推器。

RICH 融评价与学习为一体的评价方式对准教师的影响是巨大的。它引导学生关注自己的学习过程，在关注的过程中不断反思并改进自己的学习方式，更为重要的是这种亲身经历的评价过程为学生在未来的教学工作中怎么看待评价、采用何种评价方式起到了潜移默化的作用。

（2）第二部分：语言教学能力培养。

①优化课程体系，突出“英语＋师范”特色。RICH 超越传统课程的理念在课程设置中得到了充分体现，为实现英语教师职前教育的主要目标设置了五大类课程：通识课程、教师教育课程、学科专业课程、实践教学课程及个性化课程。

通识课程和个性化课程重点培养学生的道德与思想素养、人文与社会素养、科学与技术素养这三方面的教师基本素养。

教师教育课程重在培养学生“德育为先、以生为本”的教育理念，使学生具备教育教学的基本知识、技能、方法，掌握班级指导的技能和方法，掌握学生身心发展和养成教育的规律，使其具备综合育人的基本素养。

学科专业课程和实践教学课程强调英语专业教育和师范教育融通、学科知识与教学能力并重，重在培养学生扎实的英语语言基本功、英语学科教学的理论知识及实践能力。设置专业基础课程（如基础英语、英语语音、英语写作等），着重培养学生语言综合能力；设置专业知识类课程（如英语国家概况、中国文化概论、英文授课等），着重培养学生的语言与文化素养、社会与文化研究能力；设置专业方向学术类课程（如英语修辞学、英汉语言对比、外国文学解读方法等），着重培养学生学术研究能力与创新能力；设置专业方向实践类课程（如中小学英语教学与研究、英语优质课案例赏析等），着重培养学生教育实践能力。这些课程模块的设置使学生能有效融合英语专业知识、专业能力与英语教育教学理论与能力，实现英语专业教育与师范教育的有效融通，突出“英语＋师范”特色。

②创新实践模式，融合学校课堂。在 RICH 核心理念的引导下，对

教师教学能力的培养，特别是实践能力的培养，形成了一个更为合理的模式。该项目联合地方教育管理部门，进一步拓展实践基地，推进与中小学校的深度合作，促进大中学校教研—育人共同体可持续发展，为实践教学提供机制保障。在这个模式里，大、中学校师资融合，优化实践指导队伍，专业教师、实践导师、就业导师与准教师良性互动，在真实的学校课堂里探索语言教学，对准教师的基本技能、教学技能与综合素质的发展起到了极为重要的作用。

基于教研—育人共同体的大中学校协同培养职前教师模式为高师英语专业和用人单位提供了交流平台，使其能及时了解基础外语教育改革的前沿动态，准确把握高师英语人才培养的目标定位，推动师范生培养和中小学英语教学改革之间的良性互动。该项目多次组织师生深入浙大附中、宁波外国语学校等知名中学，举办人才培养方案论证会，并邀请中学领导和名师走进专业，参与培养方案修订讨论，形成用人单位参与专业人才培养目标制订的常态化机制。建立了包括中学英语名师在内的专业教学质量评价工作组，两年一轮对每门课程的大纲制定、教学实施、目标达成度进行评价反馈，在具体课程实施等环节发挥共同体的协同育人作用。在实践教学改革上，以情景实训、科研训练、学科竞赛和社会实践为主线，优化见习—实习—研习机制，实施大中学校合作计划，全程对接基础教育，实现大中学校教育理念和教育实践之间的良性互动。

③ RICH 项目起初源于对语言学习课程的教学改革，但是在教师教育课程的过程中 RICH 教育理念无处不在。研究性学习和反思性实践贯穿教师教育类课堂教学和学校实践，在培养学生的思辨能力、创新能力、师范素质和人文情怀上与语言教学类课程同步，在学业评价改革上，根据课程类别和能力目标，设计相关评价标准，构建“师生互动、以评促学”的多元发展性学业评价体系。通过教师评价、学生互评和学生自我反思评价，综合评估学生的知识与能力发展，达到以评促教、以评促学的目的，实现学生语言教学能力的同步发展。

此外，外语学院教师教育专业课程设置围绕以人为本、能力为重的思想进行了重新设计，由专业核心课程、专业方向课程、实践教学课程以及教育学院的教师教育课程组成，形成了全方位的、集理论与实践为一体的职前教育专业课程体系（见表4-3）。

表4-3 英语教师职前教育专业课程体系

课程类别		课程名称
专业核心课程（必修）		外语类专业导论、基础英语B（2）、基础英语B（3）、高级英语C（1）、高级英语C（2）、英国文学、学术英语与论文写作、美国文学
专业方向课程（教师教育方向选修）		时事英语阅读、英语演讲、中小学英语教学与研究、中国外语教育史、批判性阅读与英语教学、英语教学设计与说课、中小学英语课型课例设计、英语教学与统计分析
实践教学课程	基础性实践课（必修）	军事训练、英语教学微技能、思想政治理论课社会实践、专业技能达标（一）、英语优质课案例赏析、专业技能达标（二）、英美经典文学研读、专业见习、英语教师课堂互动研究工作坊
	提高性实践（必修）	专业实习、毕业论文
	创造性实践（选修）	科研训练项目、创新创业教育、社团活动课程
教师教育课程（教育学院开设）（选修）	教育基本理论	教育学、班级经营、特殊教育概论、师德养成、课程论、教学论、教育哲学、教育经济学、中外教育史、教育社会学、教师职业道德、师魂、教师专业成长理论、教育人类学、基础教育改革专题、教育政策与法规
	教育心理能力	发展与教育心理学、中学生心理辅导、心理学基础、学习诊断与评估、心理学实验体验、儿童问题与辅导、语言认知与发展
	教育技术能力	现代教育技术理论及应用、学科教学理论与实践、学科课标研究与教材研究、微格教学诊断、高效课堂的组织与实施、三笔字技能、高级课件制作、案例教学理论与方法、选修课程开发技术、电子白板的交互式教学应用、信息化教学模式、智慧教育、移动学习、微课设计与开发、课堂观察与诊断
	教育研究能力	教育科学研究方法、质的研究方法、SPSS应用、教育影像与教育叙事研究
	教育实践能力	教师面试技巧、教育见习（同前“专业见习”）、教育实习（同前“专业实习”）、教育研习

如表 4-3 所示，专业核心课程共 8 门必修课，教师教育方向课程 8 门选修课，实践教学课程则分为基础性实践课、提高性实践课和创造性实践课，包含了 14 门课程与活动，加强了对准教师实践能力的训练。教育学院的教师教育课程分教育基本理论、教育心理能力、教育技术能力、教育研究能力和教育实践能力 5 个模块，共 46 门课程与活动。其中，教育实习为外语学院和教育学院共享学分。此外，外语学院的课程开设不确定，每年会根据教学反馈所发现的问题做必要的微调，对课程进行补充、删改，力求使课程体系越来越合理。

评述：

RICH 项目的理念和实践探索超越传统的教师教育课程范式，其成熟的理论体系、具有说服力的实践经验在 RICH 项目的反思中有详细介绍（吴宗杰 等，2005；骆传伟 等，2019；俞燕明 等，2019；张亚萍 等，2019）。对普通教师教育工作者而言，我们可以借鉴以下五条经验：

（1）英语教师职前教育应紧紧围绕职前教育目标，完成职前教育任务，为准教师提供鲜活、深刻的语言学习体验和语言教学体验，使准教师在自己的语言学习过程中体验语言学习过程，内化个人知能，进而形成准教师对“语言教学”的认识，建构个人理论。教师的教育价值观主要来源于教师的人生经历和作为学生时的学习经历。在语言教学能力培养方面，职前教育应为准教师提供深入学校课堂的机会，了解并理解学校工作，在见习—实习—研习的过程中形成对语言教学的理解，体验教学过程，为学生创造构建教学知识与迁移的机会，形成迁移能力，实现大中学校教育理念和教育实践之间的良性互动。

（2）全面彻底地对现行英语教师职前教育课程设置进行改革难度较大，因为其关乎国家政策、课程大纲和管理方式的全面改革。但是，如果从教师本身的教学观念开始，通过教师发展，改变教师，进而影响课程，最终影响学生是很有可能的。课程改革从从事教学工作的人（即教师）开始，从教师本身的教学观念开始，RICH 项目提供了一个可以借鉴的范例，通过教师自身的发展，实现课程改革的目的。更为重要的是，在 RICH 理念的指导下，课程设置出现了可以改进的空间，而课程设置改进的实践与实施最终要依赖于管理者与教师教育者对教师教育观念的认识。

（3）RICH 项目的实践首先大大改进了语言类课程的教学质量，进而在涉及教师教育的课程设置上有了增强课程分量的空间，使教师教育类课程和教学实践类课程融入学生四年的学习过程，实现了语言学习与语言教学的融合，知识与技能的融合，理论联系实践。其实践结果表明，从课程设置和课程实施的角度来安排语言学习与语言教学，是可以相互协调的，不会厚此薄彼。

（4）高质量的教师职前教育需要在适合准教师发展的教学情境中进行，提供准教师与他人和环境互动的构建机会以及将理论与实践相结合的机会。在 RICH 思想影响下的教师教学能力培养通过改进培养模式，联合地方教育管理部门，进一步拓展了实践基地，推进与中小学校的深度合作，促进大中学校教研—育人共同体可持续发展，为实践教学提供机制保障。相比而言，这一部分的实践活动是目前师范院校遇到困难较多的环节，实习基地的建设、指导团队的构建和活动的开展对学院管理提出了挑战。

（5）英语教师职前教育改革中学生（即准教师）的作用至关重要。准教师在过去的学习经历中已经熟悉并习惯了传统的课程体系，形成了一定的教学理念。如要通过改变课程名称、教材或考试来打破学生已经习惯了的理念，并形成新的教育观念和行为，是难以实现的。RICH 项目自始至终围绕学生，使学生以主动的方式参与教学过程，使熟悉了传统课程体系的学生发生改变成为可能。

5. RICH 项目小结

RICH 项目与众不同的是它立足于后现代课程教育思想，提出了“课程就是教师作为思想者的人”的课程理念，集课程发展和教师发展为一体，超越课程结构的范畴，挑战传统的课程体系，挑战“在工具理性支配下的、以学科为界限的一切课程要素”（吴宗杰 等，2005）[15]，从课程发展走向教师发展，形成了“教师群体学习文化”、“促进机构学习文化的建构”和“文化转型”，最终带来的是浙江师范大学外国语学院成为具有浓郁教师教育特色、立足金华、影响力辐射全国的教师教育基地。

RICH 项目传递了以下信息：

（1）我国沿袭了几十年的英语教师职前教育课程体系可以有完全不同的选择，关键是有没有尝试改革并如何组织改革。RICH 项目 20 多年的努力是一个非常难得的案例，更是我国英语教师教育与发展研究中值得不断回顾与学习的典型范例。

（2）我国的教育改革大部分以自上而下的方式进行，如由教育行政部门牵头进行的基础教育课程改革和高等教育课程改革等。这些改革逐渐推动我国教育发展与教育教学进程，但效果还不够理想。教师是直接接触学生、在课堂上直接操作的执行人，从教师开始的改革，如 RICH 项目那样自下而上的主动尝试，其效果更直接，如果能实现自上而下的改革与自下而上的改革相结合，其效果会更明显。

（3）RICH 项目起初针对的是“语言基本技能综合训练课程”的改革，属于职前教育中综合语言运用能力的培养。随着项目的开展与坚持，学院教师团队得到了极大的发展，进而 RICH 理念扩大到学院其他课程改革，其课程理念与范式给学生语言教学能力培养类课程带来了重要变化，更为重要的是，RICH 项目在课程改革的探索性时间中孕育了学院的学习文化（浙江师范大学 RICH 团队，2011），这种滚雪球式的课程改革结果充分说明教师团队的建设是教学改革的核心。

当然，从另一个角度来讲，RICH 项目也带来了一定的挑战：

（1）RICH 提出的课程理念以国际现代课程教育思想为基础，与我们已经熟悉和习惯了的工具理性支配下的课程观截然不同，对把教育分解为目标、大纲、教材、教法和评价等一系列可控的课程要素提出了挑战。因此，在现有的课程体系下，RICH 课程里的教材观、工作方式、管理方式和评价方式都会给管理者、教师和学生带来挑战。

（2）RICH 项目实践过程中对课程资源的整合跨课程、跨学科、跨领域，对教师的能力提出了很高的要求，不仅需要教师再次反思并理解教育的意义，还要求教师加大时间与精力的投入。

（3）RICH 项目不仅在教学理念与方法上有改变，同时也改变了传统意义上教师的角色与作用，教师与学生处于平等关系，且教师的责任更重，与学生建立和谐融洽的关系成了关键因素之一，这一点对教师而言将是极大的挑战，浙江师范大学外国语学院在初期和中期阶段并非所有教师都参与 RICH 项目就是一个例子。

（4）RICH 理念带来的挑战就地域而言不仅仅只是面对大学校园，除此以外的地方如教育行政部门与地方学校，就所需要涉及的人员而言，大学管理者、教师和学生以及地方教育管理人员、学校管理者、教师、学生甚至家长在观念、思想、能力和行动上都面临极大的挑战。

6. 资料来源

文中所涉及 RICH 项目的信息来源于以下公开发表的研究成果以及相关人员提供的资料：

吴宗杰，1997. 英语师资教育课程发展：师范院校本科英语教育专业课改革思考［J］. 外语界（2）：2–6.

黄爱凤，郑志恋，胡美馨，2000. RICH 教学模式：师范英语专业综合英语课改革探索［J］. 国外外语教学（2）：7–13.

黄爱凤，胡美馨，2003. 探讨大学专业英语学生综合素质培养模式：RICH 教学介绍和研究［J］. 山东外语教学（5）：63–67.

郑志恋，2004. RICH 教改中教师观念转变内容探析［J］. 浙江师范大学学报（社会科学版）（1）：84–86.

胡美馨，2004. 创造性地构建基础英语课程内容：对 RICH 教学改革课程内容创新的分析［J］. 浙江师范大学学报（社会科学版）（1）：87–91.

黄爱凤，2004. RICH 教学学生学习档案评估模式研究［J］. 浙江师范大学学报（社会科学版）（1）：79–83.

吴宗杰，2005. 教师知识与课程话语［M］. 北京：外语教学与研究出版社.

吴宗杰，黄爱凤，郑志恋，等，2005. 外语课程与教师发展：RICH 教育视野［M］. 合肥：安徽教育出版社.

吴宗杰，黄爱凤，2007. 探索型外语课程：RICH 教师发展［M］// 吴一安，等. 中国高校英语教师教育与发展研究. 北京：外语教学与研究出版社：242–266.

黄爱凤，吴宗杰，2007. 探索型外语课程：RICH 课程实践［M］// 吴一安，等. 中国高校英语教师教育与发展研究. 北京：外语教学与研究出版社：182–241.

YING D，2007. Teacher educators' collaborative inquiry in a context of educational innovation in China：a case study of RICH as a learning community［M］// TOWNSEND T，BATES R. Handbook of teacher education：globalization，standards and professionalist in times of change. Dordrecht, the Netherlands : Springer : 539–554.

浙江师范大学 RICH 团队，2011. 重温 RICH 教育故事：在课程改革的探索型实践中孕育学习文化［M］// 吴一安，张莲 . 外语教师文化建构与教师发展：第三届全国外语教师教育与发展研讨会论文集 . 北京：外语教学与研究出版社：117–148.

骆传伟，胡伟杰，裘晨晖，2019. 新时代卓越英语教师培养的继承与革新［N］. 中国社会科学报，2019–05–16（5）.

俞燕明，闻琴华，2019. RICH 理念引领下的英语（师范）专业课程改革［N］. 中国社会科学报，2019–08–16（5）.

张亚萍，竺金飞，2019. 基于教研—育人共同体的大中学校协同培养职前教师模式探索［N］. 中国社会科学报，2019–08–16（5）.

二、3DR项目案例：重构培养模式，促进教师专业化

1. 背景介绍

海南师范学院外语系（现海南师范大学外国语学院）英语教学法课程教师团队从 1994 年开始自发对英语教学法课程进行从课程目标、课程内容、学习活动到评价体系的一系列教学反思与改进尝试。2001 年，该团队完成了新课程的设计并开始对本校英语师范生实施新课程实验。2004 年，课题组对所实施的教学改革进行了项目反思，参评了海南省级教学成果奖申报，并在外语教师教育研究领域逐渐被更多的教师教育研究者所知晓。时至今日，该研究项目所倡导的专业化教师教育目标、学科教学理论与教学实践的综合运用、基于社会建构主义的教学方法仍深刻影响着目前该学院的教师教育课程，是对传统的英语学科教学论课程改革的一次极具成效的尝试。

2. 3DR 的涵义

3DR 全称为"'3DR'英语师范生教师教育课程改革实验研究"。该方案旨在通过职前教师自身的专业实践活动，建构对英语教学和自我专业成长的认识，获得进行英语教学实践与反思所需要的基础专业知识、专业技能以及从事教师工作的兴趣、自主性、信念和信心。

3DR 所代表的是改革后课程模式的四种训练策略，即描述课堂观察

（description）、设计课堂任务（design）、演示教学思想（demonstration）与反思教学实践（reflection）。

该项目基于上述四种训练策略，对教师教育课程从课程目标、课程内容、教学模式与评估方式进行了改革，由原来传统的英语教学法课程发展成为职前外语教师教育系列课程，形成了由四门综合实践课程模块［即建立英语教学理论、英语教学心理训练、英语教学技能训练（微格）和反思性教学实践］和一系列辅助课程组成的课程大纲体系（见表4-4）。

表4-4 职前外语教师教育新课程一览表（韩刚 等，2007a）[502]

	课程名称	学分	周学时	开课学期
1	建立英语教学理论 building TEFL theories	2	2	第五学期
2	英语教学心理训练 pedagogic-psycho training	2	2	第五学期
3	英语教学技能训练（微格） pedagogic-skill training	3	3	第六学期
4	英语课程与教学 TEFL curriculum and teaching	2	2	第六学期
5	英语教师口语 English teacher talk	1	2	第七学期
6	英语教学语法 pedagogical grammar	1	2	第七学期
7	（反思性教学实践） （reflective practicum）	（8）	（9周）	（第六至第八学期）
7-1	课堂观察与描述 classroom observation and description	2	2周	第六学期
7-2	教学实践与反思 practice teaching and reflection	4	4x	第七学期
7-3	反思性教学与行动研究 reflective teaching and action research	2	3x	第八学期

四门综合实践课程模块分别为建立英语教学理论（building TEFL theories）、英语教学心理训练（pedagogic-psycho training）、英语教学技能训练（微格）（pedagogic-skill training）、反思性教学实践（reflective practicum）。其中，反思性教学实践模块分为三个阶段，即课堂观察与描述（classroom observation and description）、教学实践与反思（practice teaching and reflection）、反思性教学与行动研究（reflective teaching and action research）。

与课程模块相辅的三门基础课程为英语课程与教学（TEFL curriculum and teaching）、英语教师口语（English teacher talk）和英语教学语法（pedagogical grammar）。

近年来，受学校整体课程的调整，最新课程的具体名称有所改变，但每个核心课程的目标及其核心内容不变，并根据英语师范生教育教学能力发展的需要，选择性开设一系列辅助课程，包括《英语教师口语训练》《中学英语语法教学》《英语教师课堂话语分析》等。（见图 4-3）

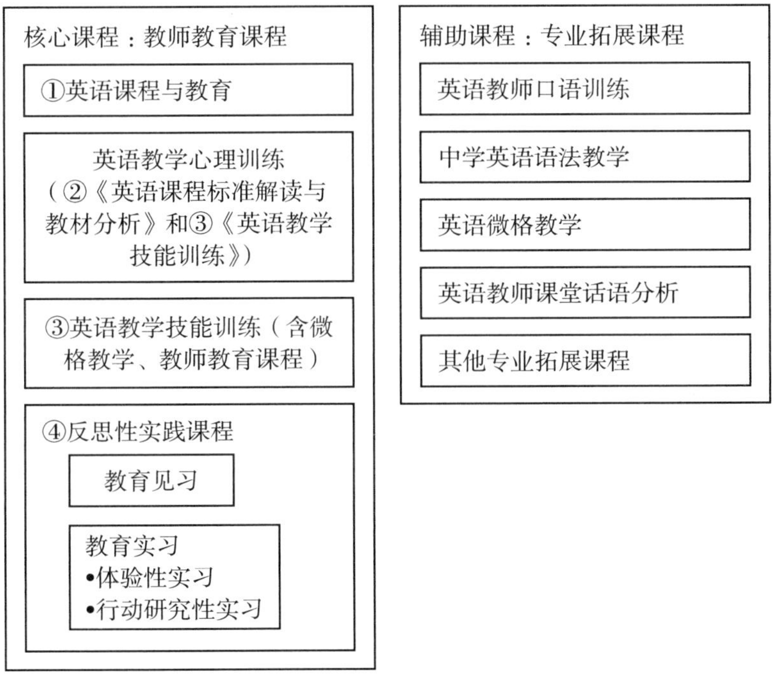

图 4-3 调整后的 3DR 课程设置

注：①②③④为 3DR 核心课程

评述：

英语教师职前教育课程内容在新教师培养中起着重要的作用，课程内容本身也存在一定的争议。在海南师范学院进行教师教育课程改革的同时，其他相关的研究与改革尝试也一直没有中断过。3DR 项目在这些研究中的突出特点在于其选择了英语教学法课程作为研究的切入口。

3DR 课程方案通过选择现有课程体系中以知识为基础的英语教学法课程作为改革内容，通过一系列课程的开发与组合，使传统单一的课程成为由理论与实践相结合、大学课堂与中学课堂相融合、学习教学与学习研究相结合的全新课程体系。该课程的改革历程对普通教师教育工作者有以下四点启示：

（1）课程改革始于教师的反思意识。英语教学法课程是我国师范院校传统的教师教育课程，正因为是传统的，大家习以为常，特别是担任该课程的教师，很难对课程实质提出质疑，对课程效果也失去了评判的能力和兴趣。3DR 项目最早开始于 20 世纪 90 年代中期，源于授课教师自发的、对教学的反思，一直持续到现在，教师自发的反思起到了很大的作用。

（2）教师要有对自己的课程进行改革的勇气。随着对教师教育研究的深入与发展，对过去已经习以为常的课程的确会有人提出怀疑或质疑。但是，提出疑问容易，研究问题、提出解决方案和实施方案不易，有无正视问题和着手研究解决问题的方法并在实践中实施需要教师具有一定的勇气与定力。3DR 项目不仅提出了解决方案，更在课程改革中逐一实施，并且还将职前教育中课程的实践意识、反思意识与知识建构意识在在职教师教育中得到了进一步拓展与加强（韩刚 等，2011）。

（3）教师要既能突破现状，又能脚踏实地。英语教师职前教育在我国教育领域已有较长的历史，针对它的研究成果颇丰，但大多局限于理论阐述或问题分析。3DR 项目早在 20 世纪 90 年代就启动了突破现状的教改行动，从课时划分、学校联系、实习指导到学生评价，无一不需要课题组成员的全力以赴，比如就《反思性教学实践》这门课程而言，对每个学生分三个阶段的实践活动的评价，如果没有教师脚踏实地地全程跟踪，很难达到预期效果。

（4）教师的研究意识与能力是造就 3DR 课程的重要因素之一，这种研究意识与能力保证了3DR项目与时俱进。随着时代的发展，国家教师教育政策发生了变化，对英语教师职前教育的要求也发生了变化。3DR项目在保持最初课程体系中每个核心课程的目标及其核心内容不变的情况下，根据英语教师教育教学能力发展的需要，选择性开设一系列辅助课程，在课程体系中融合原有课程与新课程，既保证了3DR项目的持续性，又满足了新课程的要求。

3. 3DR的理念与实践探索

从3DR项目成果（韩刚 等，2007a，2007b）来看，其改革针对的是职前英语教师教育的课程体系，旨在从以下四个方面构建英语教师专业素质：（1）提高师范生对英语教学的基本认识，形成教师专业意识与专业态度。（2）帮助师范生建构从事英语教学的专业基础知识，即英语学科教学知识与英语实用教学知识。（3）形成教师基本专业技能，即英语教学行动技能和英语教学思维技能。（4）培养师范生的教师专业发展自主性，形成未来持续发展的可能性与内在动力。

基于以上目标，3DR项目课程超越传统的教学法课程，成为了一门基于师范生个人体验，涉及其教师信念、个人专业态度、专业知识/技能和专业发展自主性等各方面的，旨在帮助师范生最终获得个人对外语“教”与“学”理解的课程（韩刚 等，2007a）。从表4-4来看，改革后的课程由四门综合实践课程（核心课程）和数门辅助课程组成。

（1）《英语教学基本理论》。

这门课程改进了原有课程《英语教学法》，从强调学科系统性转为从学生个人对英语教学的理解出发，使学生通过综合利用英语学科理论知识和个人英语学习的体验，初步建立自己的英语学习与教学的概念性框架，使学生学会“描述教学过程”，并在描述过程中将理论概念与英语学习或教学过程联系起来。考核以笔试或教学分析报告为主。

（2）《英语教学心理训练》。

这门新开发的课程旨在在《英语教学基本理论》课程的基础上，帮助准教师在大脑中建立英语教学的完整过程，即根据教学需要设计适合学生的活动或任务。在这门课程里，师范生以小组活动的形式进行各种教学设计训练活动，通过“课堂设计任务”使学生获得对英语教学的个人理解。考核以实际教学技能为主，如观察报告、调查报告、教学设计等。由于学校对本科课程的整体调整以及对本科毕业生毕业学分要求的调整，后续该课程与《英语课程标准解读与教材分析》整合在一起。

（3）《英语教学技能训练》。

该门课程旨在与微格教学结合，对准教师教学行动技能和教学思维技能进行双重训练。微格教学是现代教育信息技术运用于师范生教学技能训练的体现，通过准教师模拟课堂教学形式，演示教学思想，以理解教学的交互性质。这门课程实践性很强，准教师在模拟教学中必须演示自己的教学，明细自己的思想，为进行教学实践和反思做好准备。考核为开卷形式，教学设计占 30%，教学演示占 30%，教学论评占 40%。

（4）《反思性教学实践》。

该门课程源于传统的教育实习，但改革后的课程将传统的实习分为三个阶段：第一阶段是课堂观察与描述，共两周，在完成《英语教学基本理论》和《英语教学心理训练》课程后进行。第二阶段是体验式实习，共四至五周，在完成《英语教学技能训练》课程后进行。第三阶段是行动研究性实习，共三至四周，是综合性的课堂教学活动时间。这门课程的时间安排与其他三门综合实践课程交叉进行，通过完成理解、描述、观察、体验、反思全过程使学生在学校情境中理解教学、实施教学并反思教学，通过反思性实践明确专业自主发展的方向。

除上述四门综合实践课程，改革后的职前外语教师教育课程还包括数门辅助课程，以帮助师范生了解基本课程概念、了解英语课堂话语本质与特点，能得体运用英语教师课堂语言、分析并理解中国学生语言认知特点。

《英语课程与教学》根据我国基础教育英语课程改革需要，帮助师范生了解基本课程知识，如课程目标、课程结构、课程资源、课程标准、课程评价等概念，讨论课程改革中的各种新理念、新思路，帮助师范生从课程的角度理解英语教学的意义及教师自身的责任。该课程考核以笔试为主，辅以社会调查、文献检索和阅读工作等。

《英语教师课堂话语分析》立足于实际英语课堂教学实录案例，引导英语师范生关注和理解英语课堂中教师话语的功能和使用。通过对真实英语课堂教学课堂交流笔录案例的分析和讨论，帮助英语师范生掌握基本的课堂话语分析技能，为他们未来的专业发展做好必要的技能准备。该课程考核为平时话语训练作业占 40%，课程结课报告占 60%。

《英语教师口语训练》旨在帮助师范生了解英语课堂话语的本质与特点，学习在课堂上得体而有效地用英语与学生交流。它一方面帮助师范生纠正英语语音语调问题，熟悉课堂交际常用语；另一方面帮助学生掌握英语课堂交际技能，以有效组织课堂教学。该课程考核为平时口语、书面作业占 40%，教师话语实践占 60%。

《中学英语语法教学》旨在帮助师范生修正不正确的语法习惯和对语法及语法教学的错误认识，掌握英语语法教学的基本原则、过程、方法和技巧。根据中国学生的认知特点，以英语课堂常用语法为基础，通过语法教学演习、语法教学评价和语法教学模式，设计开发语法学习任务。该课程考核为平时口语、书面作业占 30%，教师语法实践考查占 30%，语法测试占 40%。

总之，3DR 项目基于四个基本要素，即描述教学过程、设计课堂教学任务、演示教学思想和反思教学活动，对传统的英语教学法课程进行了系列改革，形成了系统的、针对性强的职前教师教育课程体系。

评述：

3DR 项目的实践探索使一门传统的教师培训课程以一种全新的课程体系出现，其项目研究过程与实施过程为英语教师职前教育提供了新的思路。归纳起来，我们可以借鉴以下五条经验：

（1）课程改革以研究为基础，针对现有课程问题的根源。传统的英语教学法课程教学效果不是很理想，但只有找到原因才有可能从根本上解决问题。3DR 项目正是找到了原课程教学效果不理想的缘由，即对于教师专业化的本质缺乏清晰、统一的认识，造成师范生英语学科知识与教育学科知识之间、学科理论知识与综合实践知识之间的分离，使他们的课堂知识学习与实际教学生活发生断裂（韩刚 等，2005）。找准了问题产生的原因，才能为下一步改革找准方向。

（2）3DR 项目改革后的课程体系关注教师专业认知过程，各课程之间环环相扣，相互支撑，描述教学过程、设计课堂教学任务、演示教学思想和反思教学实践形成教师认知的全过程，帮助准教师促进知识与技能的结合，形成个性化的认知理念，构建个体教学理论。

（3）改革后的教学过程均在不同阶段运用了反思、讨论、设计、描述、调查、报告、日志等形式，为学生提供了在过程中体验研究，在体验中学习研究，形成语言教学的良好学习体验，评价工作也需基于实践，注重过程。

（4）新的课程体系改革了实习方式，遵循教师专业能力的认知过程，将原有的一次性实习分阶段、分目标多次进行，为准教师创造学习环境。每次带着不同的目标进入课堂，从时间上延长了师范生接触课堂的机会，从空间上为师范生增加了深入了解学校课堂的可能性。与其他课程有机结合，分阶段地使师范生逐步形成对学校和教学的理解，强调了实践性，形成了典型的中国特色的师范教育模式。

（5）3DR 项目对职前教师教育教学能力发展需求的密切关注，通过增设和调整辅助课程的方式，满足了英语师范生的多种发展需求。

4. 3DR 项目小结

3DR 项目改革基于现行的师范院校教师教育课程体系，对现有体系中问题较为突出的课程尝试进行了内容改革。这种改革促进了“各种学科教学知识与使用教学知识的结合”，“注重了各种教学行动技能与教学思维训练的结合”，“在加强综合实践课程建设、注重师范生专业知识和技能发展的同时，也注重其专业自主性的发展”（韩刚 等，2007a）[485]。该项目的尝试弥补了我国职前英语教师教育重理论、轻实践，所培养的教师缺乏对基础教育课堂教学的了解与理解等主要问题，引导师范生完成了理解教学、描述教学、观察教学、体验教学和反思教学的全过程，形成了师范生基本的英语教学能力，为师范生走上教师岗位打下了良好的基础。

3DR 项目面临的挑战：

（1）对认识的挑战。改革后的 3DR 系列课程回答了高质量职前教师教育中的五大基本问题，即准教师学习的场所问题、准教师学习的过程性问题、准教师知识与技能的融合问题、准教师个人意识问题和准教师迁移能力问题。该项目虽然主要针对的是教师教育专业课程（即英语教学法课程）改革，但准教师进入学校观察教学并进行反思性教学实践的经历与缺少这一经历的准教师有着不一样的学习体验。尽管如此，并不是所有教师和管理者对这些问题都有深刻认识与理解，教师和管理者能否接受 3DR 式的课程是一大挑战。

（2）对教师的挑战。3DR 项目由一门课程发展为系列课程，进入中学课堂的实践时间拉长了，进入基层学校的频率也提高了，对师范生的评价也产生了巨大的变化，从事这些课程教学的教师需要比传统课程教学付出更大的努力、更多的精力与时间，教师们是否愿意付出是一个挑战，管理者如何看待教师们的付出也是一大挑战。

（3）3DR 课程加强了课堂实践，与实习基地的联系、对实习学校指导教师的需求大大增加，师范院校能否找到这样的合作伙伴是一大挑战。

5. 资料来源

文中所涉及 3DR 项目的信息来源于以下公开发表的研究成果以及相关人员提供的资料：

韩刚，李庆，2005. 英语师范生教师教育课程改革："3DR" 课程方案［J］. 海南师范学院学报（社会科学版）（1）：126–131.

韩刚，王蓉，2005. 英语师范生教师教育课程的专业化目标［J］. 教师教育研究（3）：25–30.

王蓉，韩刚，2005. 英语师范生的专业成长：3DR 课程实验总结［J］. 海南师范学院学报（社会科学版）（1）：132–137.

韩刚，王蓉，李庆，2007a. 职前外语教师教育课程的探索性改革［M］// 吴一安，等. 中国高校英语教师教育与发展研究. 北京：外语教学与研究出版社：471–503.

韩刚，王蓉，李庆，2007b. 探索性新课程的实证性研究与反思［M］// 吴一安，等. 中国高校英语教师教育与发展研究. 北京：外语教学与研究出版社：504–551.

韩刚，王蓉，2008. 理解职前外语教师的"反思性实践"［J］. 外语教学理论与实践（3）：82–87.

韩刚，2008. 课程与人：职前英语教师的成长［M］. 北京：外语教学与研究出版社.

韩刚，2011. 英语教师学科教学知识的建构［M］. 上海：上海外语教育出版社 .

韩刚，王蓉，李庆，等，2011. 促进外语教师的互动性专业发展：农村外语教师 TTR 周末培训的理论与实践［M］//吴一安，张莲 . 外语教师文化建构与教师发展：第三届全国外语教师教育与发展研讨会论文集 . 北京：外语教学与研究出版社：149–178.

三、典型案例总结

RICH 项目和 3DR 项目分别从不同的角度探讨了英语教师职前教育可能实施的改革方向。RICH 项目全方位地改变了看待职前教育的角度和思路，将职前教育中准教师自身的语言学习与未来从事语言教学的需求相结合，RICH 理念渗透到各课程教学，学生语言学习体验与学生语言教学学习体验相互融合。3DR 项目对教师教育课程中的传统基础课程进行了改革，针对传统教学法课程的缺陷进行了基于本质、强化实践、注重过程的系列改造，形成了符合教学本质与教学能力发展规律的系列课程。这两个项目都强化了与基础教育的联系，实习基地的建立弥补了基础教育与教师教育之间的鸿沟，学校的重要性正如 Sarason（1990）指出的那样，学校毫无疑问是为了学生而存在的，但是如果学校不是为了教师而存在，要想为学生创造有效的学习条件也就不可能存在。同样的道理，师范院校的存在是为了培养合格的准教师，建立完善教育教学实习基地是师范院校必须的任务。这一点在近年来教育部组织的普通高等学校师范类专业认证的要求中已有明确规定，如师范院校必须建立教育教学实习基地，每 20 个实习生不少于一个教育实践基地，师范生参加教育实践的时间不少于 18 周。

这两个项目 20 多年的发展历程最值得引起注意的一点是教师团队的建立与学校管理层的支持，师德素养好、业务能力强、爱岗敬业的教师队伍是实现课程改革的基础和关键，但如果没有学校管理者长期的理解与支持，教师自发的课程改革将是十分艰难的（Hargreaves et al., 1992；Fullan，2001）。而建立适合教师团队建设、促进教师发展的环境尤其重要，正如 Joyce 等指出的那样，教师能够成为优秀的学习者，只要提供适当的环境，他们就能掌握不同的教学策略或实施不同类型的课程（Joyce et al.，1992）。当然，“非知之艰，行之惟艰”，从事教师教育工作、研究并改进原有教师教育模式需要决心和信心，方能走出“象牙塔”，落地学校，扎根课堂，持之以恒，而教育行政管理部门的支持与良好的工作环境则是树立决心与信心的强有力保证。

第四节　英语教师职前教育评价与教师资格认证

按我国长期以来的传统，学生完成职前师范教育，获得学士学位证书或毕业证书，顺利毕业，便意味着学生具有从事学校教育教学工作的能力，能够进入教育行业开始教书育人。但是，经多次调查研究表明，就英语教学而言，由教师素质或能力造成的低质量的教学效果并不少见，且各个学段都存在相应的问题，只是程度表现各异。教师教育评价和教师资格认证不可避免地成为教师教育和教育管理的一个重要环节。在此，本节将简要阐述我国教师教育评价和教师资格认证最新的发展状况。

一、教师职前教育评价

本节提及的教师职前教育评价是指狭义上的评价，即对教师职前教育效果的评价。近两年我国针对教师职前教育的评价正以普通高等学校师范类专业认证的形式在高等院校开展，认证工作所参考的《中学教育专业认证标准》按基本要求、合格要求和卓越要求三级标准提出了国家对中学教育专业办学的基本要求（中华人民共和国教育部，2017a），以改革高等学校师范教育，提升师范生教育教学能力水平，提高师范教育质量。鉴于认证工作还处于试验阶段，教育类研究生和公费师范生免试认定中小学教师资格的改革也正在进行中，本书在此不便赘述。

本节涉及的狭义上的教师职前教育评价简单来讲就是对职前教师教育效果进行评价，也就是说，当一个准教师完成了三到四年的职前教育时，我们需要对他能否胜任基础教育的教育教学工作进行评判。那么，如何判断一个人是否具有教育教学能力呢？关于这个问题的答案因人们对“知识”的不同理解而不同。本节无意深究关于知识的复杂讨论，但是粗略了解有关知识争议的一些基本概况有助于我们理解本节所讨论的教师职前教育评价问题。

简要地讲，有关知识的理解在哲学界可以粗略地分为两类，一类是古典主义观点，另一类是建构主义观点。古典主义观点本身还分为理性传统、经验传统和实用传统（Scheffler，1973），这种观点运用于教育领域时，教育被看作“基础教义”（Siegel，1998），教育的目的是要让学生获取知识，理性追寻知识并赞赏这种追寻，最终使他们根据所学知识判断并做出相应的行为。这样一来，知识被划分为不同的形式，以不同的学科形式成为学校的课程。这种对知识的认识也被称为工具理性（instrumental rationality）观点。另一种观点，即建构主义观点，认为我们生活在一个真实的世界里，对世界的认识和理解取决于我们，而非独立于我们的另一个世界（Berger et al.，1967），社会建构主义代表人物 Vygotsky（1978）认为知识有文化知识（cultural knowledge）和个体知识（individual knowledge）之分，知识通过围绕有意义的活动合作、交互构建而成。这两种完全不同的观点对教育的影响深远，特别是古典主义观点影响下的学校课程观，教育被分解为目标、大纲、教材、教法和评价等一系列课程要素。随着社会建构主义观点在我国开始逐步被人们理解并接受，上述课程要素开始被质疑。而针对教师教育的评价问题逐渐凸显出来，例如如何定义并评价教师知识、教师知识的来源等。如果再具体一点，则是必须回答一系列的问题，例如“教师需要什么知识？”“有知识就一定有能力成为合格的教师吗？”“教师的教育教学知识与能力能否通过考试进行评价？”“如果不进行考试，还能采取什么相对可靠又易操作的办法？”等。无论对这些问题的回答是怎样的，教育行政部门究竟如何筛选合格的教师是一个现实又迫切需要解决的问题。

另一方面，对教师教育进行的评价，最终会体现在对教师专业能力的评价，而教师专业能力又具有形成过程中的阶段性与过程性、实践过程中的基础性与发展性以及表现方式上的显性与隐性等特点，对这种一直处于动态状况的能力进行评价是难以用一次性的考试来进行的，因为教师的专业能力具有实践性、过程性以及处于不断发展变化的特点。

在实践中，提高教师水平，筛选有专业能力的教师进入教师行业，指导教师职前教育对准教师进行有效的训练，把好教师入职关又是一种现实需要，筛选有能力的教师成为现代教育管理必需的行为，对教师专业能力的评价成为教师教育研究的一项重要工作。从世界各国的教育历史和现状来看，实施教师职业标准及资格证书制度成为各国教育行政部门门政策制定内容之一。在英语教师行业，美国、加拿大、澳大利亚、日本、欧盟等发达国家和地区都早已颁布了外语教师职业标准和资格证书制度。

我国 1993 年 10 月颁布了《中华人民共和国教师法》，从法律上对教师的资格和任用、权利和义务、培养和培训等做了明确规定。1995 年颁布的《教师资格条例》，进一步细化了教师法的实践与实施。2011 年 10 月教育部颁布了《教师教育课程标准（试行）》，并于 2012 年 2 月印发了《幼儿园教师专业标准（试行）》《小学教师专业标准（试行）》《中学教师专业标准（试行）》（中华人民共和国教育部，2012b，2012c，2012d），对高等院校开展教师教育提出了具体要求。2013 年 8 月颁发的《中小学教师资格考试暂行办法》（中华人民共和国教育部，2013）、2017 年 10 月颁发的《普通高等学校师范类专业认证实施办法（暂行）》（中华人民共和国教育部，2017a）和 2018 年 1 月颁布的《普通高等学校本科专业类教学质量国家标准》（教育部高等学校教学指导委员会，2018）则表明我国教师教育正在教育质量与评价方面进行引导。

在我国，加强教师教育质量管理的另一种尝试是教育部于 2011 年启动了教师资格认证全国统一考试改革试点，浙江和湖北首先成为试点省份，至 2019 年已扩大到全国除内蒙古、西藏、新疆和新疆生产建设兵团以外的所有省（自治区、直辖市）。该考试是教师职业资格准入考试，参考者为申请认定幼儿园、小学和中学教师资格证书人员，其目的是在教师招聘入职的过程中，筛选具有基本教育知识与能力者进入教师行业，以提高入职要求为起点，逐步建设高水平、专业化的教师队伍。

我国教师职前教育的评价工作除进行普通高等学校师范类专业认证工作、推进高等院校师范教育改革以外，教师资格认证工作对教师职前教育评价起着十分重要的作用。相对 21 世纪初比较宽松的教师资格认证，即师范生毕业时直接认证和非师范生参加教育学、教育心理学考试后认证，目前的认证制度与过去相比有了进一步的改进。教育部在已颁发的中小学教师专业标准、教师教育课程标准的基础上公布了中小学教师资格考试标准，包括《幼儿园教师资格考试标准》《小学教师资格考试标准》《初级中学教师资格考试标准》《高级中学教师资格考试标准》。这些标准是“教师职业准入的国家标准，是从事中小学教师职业的最基本要求，是进行中小学教师资格考试的基本依据”（冯加根，2016）[108]。这些标准对申请人的学科知识和教学能力有了明确的要求，使想要进入教师行业却还没有相应的教师资格证的人员至少要接受最为基础的职前教育或教师培训。这种统一考试内容的资格认证制度虽然难以全面描述应聘者的实际专业能力，但在目前有限的人力与教育环境中，不失为一种有效把控教师队伍入口关的、相对具有操作性和有效性的办法，因而也成为对教师职前教育进行评价的方法之一。

二、英语教师资格认证改革

为建立国家教师资格考试制度，严格教师职业准入，保障教师队伍质量，教育部于 2011 年研制公布了中小学教师资格考试标准，并在浙江省和湖北省开展中小学教师资格考试改革试点，至今已扩大到除西藏、内蒙古、新疆和新疆生产建设兵团以外的所有省（自治区、直辖市）（冯加根，2016）。正是在这一次教师资格认证改革中，开始了分学科的教师资格认证考试，获取英语教师资格证书成为从事基础教育英语教学工作的必要条件。

需要明确的是，根据《中小学教师资格考试暂行办法》（中华人民共和国教育部，2013），中小学教师资格考试标准是教师职业准入的国家标准，是从事中小学和幼儿园教师职业的最基本要求，也是进行中小学教师资格考试的基本依据。具体命题则依据中小学教师资格考试标准和各学科考试大纲，分为笔试和面试两部分，笔试各科考试成绩合格才能报名参加面试。教师资格考试笔试和面试成绩合格只是取得教师资格的必备条件之一，同时还需具备教师资格的其他条件，如身体条件和相应学历等。

根据《中小学教师资格考试暂行办法》，教师资格认证考试内容以模块化的形式呈现，突破了师范院校教师教育的课程结业考试内容，注重教师职业的实践性、综合化和教育教学能力导向。小学教师资格考试笔试分为 2 个科目，分别为《综合素质》和《教育教学知识与能力》，初级中学和普通高级中学教师资格考试笔试为 3 个科目，分别为《综合素质》、《教育知识与能力》和《学科知识与教学能力》。中小学教师资格考试面试主要考查申请者的职业认知、心理素质、仪表仪态、言语表达、思维品质等教师基本素养和学科教学设计、教学实施、教学评价等教学基本技能。

中学英语教师资格认证考试分为初中英语和高中英语。和其他学科一样，申请者需要参加模块化的考试，笔试考《综合素质》（中学）、《教育知识与能力》（中学）和《英语学科知识与教学能力》三科，通过笔试申请者可参加面试考试。面试采取结构化面试、情境模拟等方式，通过抽题、备课（活动设计）、回答规定问题、试讲（演示）、答辩（陈述）、评分等环节进行（教育部考试中心，2020b，2020d，2020e）。其中，突出英语学科特点的是《英语学科知识与教学能力》和面试，二者均突出英语学科教学特点，对有意进入英语教师行业的申请者进行最基本的英语教师专业知识与专业能力测评。根据当前小学教师培养和小学教育教学知识与能力考试的具体情况，小学英语教师申请者参加两个模块的考试，即《综合素质》（小学）和《教育知识与能力》，英语学科的内容主要体现在《教育教学知识与能力》中，由申请者自行在材料分析题和教学设计题中选择英语学科的选考内容，并在笔试通过后参加英语类面试，体现英语学科的特性。

根据笔试大纲《英语学科知识与教学能力》（初级中学）和《英语学科知识与教学能力》（高级中学）（教育部考试中心，2020d，2020e），笔试旨在检测申请者作为新教师入门阶段英语教学最基本的知识与能力，即英语语言知识与能力、英语学科教学知识与能力、英语教学设计能力、英语教学实施与评价能力，尽可能反映英语教师专业能力的静态特征，体现教师专业能力的阶段性与基础性。不论小学英语、初中英语，还是高中英语，笔试或面试命题均坚持能力导向、专业导向与实践导向，以满足基础教育英语教学基本需要，符合英语教师专业发展基本要求，把好英语教师队伍建设第一关，为英语教师专业发展打下良好基础。

能力导向：笔试和面试命题体现了教学知识与教学能力并重，更突出英语教师教学基本能力。其中，笔试试题中的情境分析题型主要考查考生运用相关知识说明、解释、评析所给材料的综合能力。该类题型要求考生能够准确处理和解决材料（案例）与问题间的关系，检测申请者对英语语言教学的综合理解与分析能力。材料（案例）包括教学实录、教学活动方案、学生作业、教学反思记录、教学内容节录等，材料（案例）以文字、图表、图示等多种形式呈现，试题答案比较开放，是英语学科笔试必考的题型。面试试题通过英文朗读、活动设计、回答规定问题、试讲（演示）、答辩（陈述）重点检测申请者的英语语言运用能力和施教能力。笔试和面试均综合检测申请者英语教学领域的基本知识和基本能力，检测英语课堂教学设计、实施和评价能力，以及运用所学知识分析和解决教学实际问题的能力。

专业导向：笔试和面试命题突出了英语学科的专业性和师范教育特征。通过笔试的基础知识判断、阅读理解测试和面试交谈，检测申请者的英语语言基础知识和语言能力，确保新入职的教师具备从事初中、高中英语教学所需要的英语语言知识和能力。通过简答、论述活动设计方案以及对所给材料（案例 / 活动）进行诊断、辨析，检测申请者对英语语言教学的基本理解与基本能力，确保新入职的教师具有基本的语言观、学生观、语言教学观和反思能力，确保英语学科专业知识与语言教学专业能力并重，尽可能体现英语教师职前培养目标。

实践导向：笔试与面试试题均突出英语教师职业的实践性。笔试的教学设计题提供了教学设计需要的相关信息，如背景材料、课标要求、教学内容、学生概况、教材内容节录等，要求申请者进行教学方案片段设计，或者撰写教学活动基本框架、主要步骤等，通过教学设计题考查申请者英语课堂教学方案设计能力和水平。面试试题也通过问答、英文朗读、教学片段设计与展示检测申请者的英语语言和教学实施能力。这种注重实践能力的导向体现了教师职业的实践性，督促教师教育走出大学课堂，加强与中小学校的合作，促进职前教育中学校见习和实习工作的进一步落实。

教师专业能力具有形成过程中的阶段性与过程性、实践过程中的基础性与发展性以及表现方式上的显性与隐性。如果我们仅仅用某个标准或规定去呈现它，难以全面反映教师专业能力的全貌，且与教师专业能力与发展的本质不符。而针对英语教师能力的评价面临的挑战更大，因为英语教师专业能力由教师综合语言运用能力、英语语言教学能力、认知与学习能力和专业发展能力组成，具有阶段性与过程性、基础性与发展性和显性与隐性特征。对这些能力的评价应该是在一定情境（如学校、课堂）当中持续观察教师行为，以过程性的方式对教师的教学理念、思想和建构能力进行评价。尽管英语教师的资格认证考试坚持了教师教育专业导向、能力导向与实践导向，尽可能解决当前迫切的现实需要，即筛选具备基本英语语言教学知识与教学能力的教师，把好新教师入口关，尽可能体现教师专业化的本质，但因为考试自身的局限性，教师资格认证的方法在未来还有进一步发展的空间，在具备实际操作条件后，学校与课堂将成为教师资格认证、评价教师教育教学能力的重要场所。总之，尽管目前的英语教师资格认证还存在一定的局限性，专业导向、能力导向和实践导向的教师能力检测仍具有很强的现实意义，能够在一定程度上促进职前英语教师教育的教育目标、课程设置、教学内容、教学方式等的改革，提高英语教师职前教育质量。

本章小结

本章探讨了作为英语教师职前教育的专业定位、专业课程结构现状和课程设置存在的一些问题和面临的挑战。本章重点介绍并分析了两个典型案例，指出我国师范院校课程内容与课程设置必须依据国家政策、教学大纲和管理要求，但作为具体执行者的管理者和教师，在教学理念、学科课程设计、学科教学设计和教学方法方面仍可尝试改革。RICH 项目针对的是职前教育综合语言能力培养和外语教师教育能力培养课程，是对英语教师职前教育从理念思想、课程设置到方式方法进行的综合性改革。3DR 项目针对的是职前教育教学能力培养模式的改革，旨在培养英语教师职前教育中准教师的语言教学能力。两个项目都从不同角度探索了准教师认知与学习能力和专业发展能力的培养，对于改革英语教师职前教育具有很好的借鉴意义。最后，本章简要阐述了教师教育评价和教师资格认证的发展状况，分析了教师教育评价与教师资格认证对提高英语教师专业能力所起到的基础性与阶段性的促进作用，指出了现阶段教师教育评价与教师资格认证存在的不足以及未来的发展趋势。

第五章 英语教师专业能力发展途径——职后教育与发展

本章重点探讨英语教师职后教育中教师专业能力的构建与发展。我们知道，教师在完成职前教育后，经过短暂的入职教育，便进入充满挑战的职业生涯，开启心理发展、专业能力提升和职业周期发展的多维度发展阶段（见第三章图3-2）。在这个阶段，教师面临的压力来自教师个人、所在群体或社会组织。在教育全球化、开放化、信息化的时代，终身学习和持续的专业发展成为教师的必然选择。但是，在职教师的专业发展是一个漫长的、艰难的过程，需要良好的外部条件和环境，更需要教师的自主发展意识和内在动力，这些是教师职后教育要面临的挑战。我们需要了解职后教师的学习特点，并探索出有效的模式，增强培训针对性，确保按需施训；转变培训方式，注重教师参与；营造良好学习环境，推动教师终身学习；关注教师情感，激发教师内在学习动力。

改革开放以来，我国的英语教师职后教育取得了长足的进展。国家鼓励教师通过高等学校、教师进修院校、函授或高等教育自学考试等途径接受在职培训或提高学历，英语教师的数量和质量都有了显著的提高。20世纪90年代政府制定了各种教育法律、法规和条例，如1993年的《中华人民共和国教师法》以及1995年的

《教师资格条例》等，促进了教育管理法制化，提高了教师的工作积极性。教师职后教育形式趋于多样化，逐渐从单一封闭走向多元开放的培养模式，如有长期与短期、脱产与在职、正规与非正规，函授与远程网络教学等形式，使教师教育管理体系趋于科学化（刘道义，2011）。但是，职后教育依然存在针对性不强、内容泛化、方式单一、质量监控薄弱等问题，还需要继续深化培训模式改革，全面提升培训质量。

我国教师教育者和研究者一直在探索在职外语教师教育的有效途径，已经通过实践和研究证明了几种行之有效的、值得借鉴和推广的在职教师教育或发展模式，包括基于反思的课例研修、学习共同体视域下的校本教研、高校研究者与基础教育教师合作的行动教育和基于信息技术的教师在线专业发展等。对英语教师职后发展模式和案例的梳理表明，英语教师的专业发展呈现出螺旋式递进的特点，是在实践中反思、在反思中实践的循环过程。

第一节 教师学习特征与教师职后教育定位

职后教育是教师专业发展的枢纽阶段，是造就卓越教师的决定性阶段，是教师教育改革的发力点与聚焦点（龙宝新，2017）。在这个阶段里，教师学习是根本，而在职教师的进修学习与普通学习者不同，具有明显的成人学习者特征。因此，职后教育在很多研究中被称为职后发展，我们只有充分了解成人学习者的特点，准确定位教师职后教育，才能设计出有效的职后教师专业发展模式。

一、教师学习的特征

教师学习不仅仅是一种观念、一种态度，更是一种职业需求、一种生存格调、一种生活方式（潘裕民，2013）。更为重要的一点是，教师学习属于成人类学习。美国成人教育学者 Mezirow（1990）指出，成人学习是在已有经验的基础上，通过一系列困境、反思、对话和实践等过程发生观点转变，从而实现真正学习的过程。也就是说，成人学习不仅是学习者的知识习得和经验积累，也是学习者意识、认知、观念等的提升或拓展性改变。Mezirow 认为，经验、批判性反思和理性对话是教师培训是否有效的决定性因素。经验是成人学习的条件和基础，要重视教师已经具备的经验和理论基础。批判性反思是成人转化学习的决定性因素和必要条件，应该鼓励教师独立思考、主动质疑的精神，将先前的经验或认知进行重新架构和分析，从而得出新的理解和认识。以自由对话、平等交流、互信共享为基础的理性对话能推动教师重新审视已有经验，使学习者对新观点或认知的理解得到拓展和提升，达到既定学习目标。

赵永勤（2013）将我国中小学教师与接受普通教育的学生进行了列表比较，很清晰地说明了教师作为成人学习者的特点（见表 5-1）。

表5-1　在职教师与普通学生学习特点比较

比较点		中小学教师	青少年学生
起点和基础	身份	身份的双重性——有教育者和学习者双重身份的成人	身份的单一性——受教育的未成年人
	身心状态	身心发育成熟，具有丰富的教育教学和社会经验，以及较强的自主性，机械识记能力较弱，其他能力较强	身心发育未成熟，社会经验较少，自主性较弱，机械识记能力较强
	复杂性	群体内部差异性较大	群体内部差异性较小
	学习动机	解决实际困惑，促进专业发展	身心发展、社会要求促使其完成学业
学习过程	学习内容	学习情境与生活情境紧密关联，以实际问题为中心的理论学习	以学习和掌握书本上的间接经验为主
	学习主体性	自我认知和学习能力相对较强	自我认知和学习能力相对较弱
目的和期望	学习取向	即时，实用，“缺什么，补什么”，“需要什么学什么”	为现在尤其是未来生活做准备
	学习目的	学习目的明确、实际、具体，以学习成果指导实践创造	近期是为了通过考试，远期是为了在未来实践中应用和创造

可见，与青少年以知识系统建构和能力形成为主的学习方式不同，成人学习的目的是基于先前经验和实际需求，着眼于解决问题，并且其学习的有效性建立在内在动力驱动下的终身学习过程中（武和平，2012）。

二、教师职后教育定位

针对成人学习者的特点，教师职后教育应该符合以下要求，才能保证其有效性。

（1）增强职后教育针对性，确保按需进行。职后教育要以满足教师专业发展及个性化需求为工作目标，引领教师专业成长。比如，就中小学教师的培训而言，应该建立与中小学校共同确定培训项目的新机制，实行教师培训需求调研分析制度，根据新任教师岗前培训、在职教师提高培训和骨干教师高级研修等教师发展不同阶段的实际需求，开展针对性培训。

（2）转变职后教育方式，注重教师参与。陈向明（2003）指出，应该提倡参与式培训，注重合作和协作学习的方式，以学习者为中心，尽可能创设一个轻松愉快的学习环境，结合教师已有的经验，利用视觉、听觉、触觉、表达等多种手段提供一系列情境性活动，引导其在活动、表现和体验中反思自己的经验与观念，在交流和分享中学习他人的长处，产生新的思想和新的认识。培训者从讲授者转变为学习的激励者、活动的组织者、平等的参与者。参加者则从被动的听讲者，变为讨论者、体验者、合作者和知识的积极建构者。

（3）营造线上线下相结合的学习环境，推动教师终身学习。在职教师普遍工作负荷重、研修时间有限，因此职后教师教育应该积极推进教师网络研修社区建设，推动教师线上和线下研修结合、虚拟学习和教学实践结合的混合学习模式；开展区域间教师线上协同研修，促进教师同行交流；培养网络研修骨干队伍，打造教师学习共同体，实现教师培训常态化；推动网络研修与校本研修整合，引进优质培训资源，建立校本研修良性运行机制。

（4）关注教师情感，激发教师内在学习动力。教师是“人”，是完整的、有血有肉的人，其情感和精神层面的需求在其专业发展中发挥着重要作用，因此教师专业发展问题归根到底还是教师的自我意识问题。如果只有外力驱动而缺乏内心的深度觉醒，教师就不可能实现专业上的自主发展。因此，教师职后教育不应只关注技术层面，还应该重视教师心理、情感等个人内心需求，真正激发其专业发展的内在动力。

第二节 教师职后教育历史与英语教师职后教育现状

随着社会的发展和改革，我国对教师在职教育问题越来越关注，也进行了不断的探索和改革，取得了很多成绩，但是在制度层面和实践层面均存在不少问题和矛盾。

一、教师职后教育的历史

从 1978 年至今，我国的教师职后教育经历了补偿性培训、探索性继续教育、普及性继续教育和国家级培训四个阶段，每个阶段都有其需求、目标和特点（陈向明 等，2013）。李瑾瑜、杨帆（2018）指出补偿性培训的标志是 1977 年底出台的《教育部关于加强中小学在职教师培训工作的意见》，是应对教师培训工作停顿长达 10 年的历史遗留问题的举措，该意见提出要力争在三五年内，经过有计划的培训，使现有文化业务水平较低的初中教师在所教学科方面大多数达到师专毕业程度，高中教师在所教学科方面大多数达到师院毕业程度。这一阶段的培训遵循"缺什么，补什么"的原则，建立了省、市、县、社区和学校的师资培训网，通过函授教育、业余大学、巡回辅导、专题讲座、培训班、以老带新的学校自培等形式开展中小学在职教师培训，帮助教师过好教材教法关。此外，教育部还出台了带薪进修、报销进修差旅费等鼓励教师进修的若干政策，以多种形式支持和帮助教师参与学历补偿的培训。

探索性继续教育的历程也是教师培训作为教师权利逐步确立的过程，其背景是当教师教材教法"过关"和学历补偿"达标"之后，需要重新激发其学习的欲望，也需要重新激发教师培训部门的热情。在此过程中，我国相继颁布了标志性的文件。1986 年颁布的《中华人民共和国义务教育法》，明确指出建设一支"数量足够、质量合格、结构合理"的教师队伍的重要性。1993 年中共中央国务院印发的《中国教育改革和发展纲要》，进一步要求必须建设一支"人员精干、素质优良、待遇较高"的教师队伍，并特别提出国家将着手建立"中小学教师资格制度"。1993 年 10 月出台的《中华人民共和国教师法》，明确提出“参加进修或者其他方式的培训”是教师应该享有的六项基本权利之一。1995 年 3 月，国家又颁布了《中华人民共和国教育法》，其中第四章专门对教师的权利和义务、教师聘任制度、教师培养和培训等方面做了详细的阐述和规定。1995 年 12 月，我国第一个《教师资格条例》出台，随后颁布的《教师资格认定的过渡办法》则对教师资格的分类与使用、教师资格条件、教师资格考试、教师资格认定等做出详细规定。学科教师资格认证从 2011 年起开始进行全国试点。这一系列的法律法规，明确了教师职业的专业性，也明确了教师应该享有在职教育的权利。除上述相对宏观的政策文件外，国家针对中小学教师职后教育也先后出台了一系列具体制度和方案，例如 1986 年国家教育委员会颁布的《关于加强在职中小学教师培训工作的意见》，1993 年全国人大常委会颁布的《中华人民共和国教师法》，1999 年教育部颁发的《中小学教师继续教育规定》，2000 年教育部颁发的《关于做好中小学骨干教师国家级培训工作的通知》，等等，比较清晰地规定了中小学教师继续教育的内容与类别、组织管理、条件保障、考核与奖惩等（李芳 等，2014）。

全员教师培训是改革开放进一步深入，我国政治、经济、文化以及教育各方面事业进入新时期的产物。这一时期我国开始转向大力推动骨干教师的培训，旨在发挥骨干教师的示范、带动、辐射和引领作用，构筑基础教育发展的“核心力量”。1998 年，教育部颁布《面向 21 世纪教育振兴行动计划》，该计划提出要实施“跨世纪园丁工程”，大力提高教师队伍素质，开启了普及性继续教育的新历史时期，提出 1999 年、2000 年要在全国选培 10 万名中小学及职业学校骨干教师（其中 1 万名由教育部组织重点培训）进行各种形式的培训，以发挥骨干教师在教育教学改革中的带动和辐射作用。1999 年，全国中小学教师继续教育和校长培训工作会议决定实施“中小学教师继续教育工程”。会议提出要在 5 年内，对 1000 万名中小学教师基本轮训一遍。同年颁布的《中小学教师继续教育规定》进一步明确了参加继续教育是中小学教师的权利和义务，特别提出了“中小学教师继续教育原则上每五年为一个培训周期”，要求“大多数地区的中小学教师普遍完成不少于 240 学时的培训”。自此，我国中小学教师全员常态的培训就有了专项法规，各地也开始建立与完善中小学教师培训与研究指导机构，为教师培训的连续性、整体性和建立教师培训的制度性框架奠定了坚实的基础。2001 年 6 月，教育部颁布《基础教育课程改革纲要（试行）》，决定推进新一轮基础教育课程改革，并特别强调"地方教育行政部门应制定有效、持续的师资培训计划，教师进修培训机构要以实施新课程所必需的培训为主要任务，确保培训工作与新一轮课程改革的推进同步进行"。2004 年 3 月，国务院批转教育部《2003—2007 年教育振兴行动计划》，要求以"新理念、新课程、新技术和师德教育"为重点对中小学教师进行全员培训。之后，2011 年的《教育部关于大力加强中小学教师培训工作的意见》和 2012 年的《国务院关于加强教师队伍建设的意见》等文件，反复明确提出要实行五年一个周期不少于 360 学时的教师全员培训制度。至此，"五年一个周期"的全员培训制度得以完全确立。

随着普及性教师培训持续推进，国家在制定国家级培训计划时，开始探索教师培训的可持续发展路径，并创新教师教育的模式。国家级培训计划的酝酿始于 2007 至 2009 年教育部组织实施的"中小学教师国家级培训项目"，该项目支持全国尤其是中西部省份的近百万名中小学教师参加培训。在总结此项目成功经验的基础上，教育部、财政部于 2010 年 6 月联合颁布了《关于实施"中小学教师国家级培训计划"的通知》，正式启动了"中小学教师国家级培训计划"（简称"国培计划"），本着"示范引领、雪中送炭、促进改革"的宗旨，创新培训模式和机制，有效提高教师专业水平和教学能力，推动教师培训的创新，促进教师教育的改革。李瑾瑜、杨帆（2018）指出"国培计划"有自己独特的运行机制和路径，是一个包含了从国家到地方、从政策到实践、从理念到行动、从项目到管理、从设计到实施、从内容到方式、从过程到绩效等在内的多类型多层级多因素所构成的教师培训体系，是发生在中国大地上富有中国特色的广泛而伟大的教育实践，其投入力度之大、实施范围之广、模式探索之新、影响波及之广，在我国教师培训领域都是史无前例的，也为世界贡献了具有普遍意义的实践模式。"国培计划"提倡的研修方式主要包括：（1）集中面授与网络研修相结合；（2）线上学习与线下实践相结合；

（3）主题研修与自主选学相结合；（4）专家引领与团队协作相结合；（5）问题解决与案例研讨相结合；（6）行动研究与成果评价相结合。“国培计划”大大推动了我国教师在职教育模式的创新。

以上对教师职后教育历史的梳理表明了我国对教师职后教育的投入与成就。然而，我们也不应该忽视教师培训制度和实践中的各种矛盾与问题。为了更加准确、深入地了解当前我国教师培训制度和实际运作情况，陈向明、王志明（2013）在全国范围内（东、中、西部）开展了调研，样本覆盖11个省（自治区、直辖市），并兼顾了城乡以及不同层次学校的教师、培训者、管理者和政策制定者。研究共回收教师问卷9197份、培训者问卷298份，访谈300余人，观察了各类培训课堂及中小学课堂，并收集了大量实物及政策文本。研究发现，义务教育阶段教师培训的主要问题为：（1）培训的内容理论太多，而且仍采用大班讲授的方式，很难满足教师对教学实际操作的需求；（2）中西部农村贫困地区教师的培训机会明显少于城市教师，用于培训的经济支出负担过重，而且出现了“中部低洼”现象；（3）培训者培训严重不足，自身的专业发展难以保证。李运福、杨晓宏（2016）在对西部某省2013至2016年间“国培计划”的实施情况进行实践反思的基础上，归纳分析了现有教师培训模式中存在的问题，指出现有教师培训模式中教师发展的主体意识缺失、培训需求分析手段较传统、项目管理信息化建设相对孤立、项目评估方式单一等问题。余新、王婷（2018）则指出我国教师在职教育发展中出现的主要问题是：（1）教师自主学习的内在动力不强，一直处于“要我学”而不是“我要学”的状态；（2）教师在职教育的专业化水平不高，教师培训处在业余性、半专业性、非专业性的危机中，体现在入职标准缺失、知识体系有待完善、专业自主性不够等方面。从专业组织来看，我国综合大学、师范院校、教育学院、教师进修学校、中小学校在教师在职教育方面的功能是异质化的，面对教师在职教育的多元需要，各自本应发挥的独特作用并不突出。从专业产品来看，培训课程与方式陈旧，与教师学习需求和工作要求存在差距。从专业评价来看，我国教师职后教育的评价体系尚未建立，评价目标、内容和方法比较单一。

二、英语教师职后教育现状

自改革开放以来，我国英语教师的数量不断增加，英语教师的整体专业水平也在不断提高。从21世纪初开始的基础教育英语课程改革提出了一系列新的英语教育教学理念，为英语课程确立了更多、更高的课程目标。同时，课程改革也对英语教师提出了更多、更高的要求。自从课程改革实施以来，各级教育行政部门、高等院校和学术机构开展了各种各样的英语教师培训项目，旨在帮助英语教师尽快更新教育教学理念，改进教育教学方法，提高教学效果。随着“国培计划”的实施和引领，我国的英语教师职后教育取得了很大的进展，教师教育者们重新定位了培训者和参训者的角色，更注重激发教师的内生动力，更明确培训的目标、过程和方法，更注重培训过程中的观察和培训后的反思，更专注教师的可持续发展。

但是我国的英语教师职后教育依然存在针对性不强、内容泛化、方式单一、质量监控薄弱等突出问题，还需要继续深化培训模式改革，全面提升教育质量。

吴欣、杨晓青（2008）通过一次全国大规模调查发现，我国英语教师职后教育较之前的在职教育有了很大的不同，参与抽样调查的11个省（自治区、直辖市）除传统的抽调教师走进大学，提升学历之外，在培训形式与策略上均体现了一些新的思路，如：选派英语教师出国培训，开阔视野；区域合作，加强交流；立足校本培训；聘请专家 / 外教，加强理论引领；等等。但是，就实际培训来看，还存在培训机构多、高质量培训少，培训专家多、培训行家少，以及培训结果难以评价等问题。

程晓堂、孙晓慧（2010）指出，我国英语教师职后教育面临尚未建立系统的教师专业发展支持体系、教师自身专业发展意识不够强、教师专业发展缺乏必要的支持等问题。周燕（2010）也指出，多年来我国中小学英语教师职后教育主要由各省市英语教研员承担，通过组织教师集体备课的方式对在职教师进行培训，但是很多研修活动基本停留在如何完成教学任务和应对中高考层面，对真正提升教师的教育理念和专业素质帮助不大，而且尽管中小学教研机构也经常以聘请高校专家做讲座的方式对教师进行培训，但其培训往往以理论介绍为主，不贴近基础教学实际。

总之，我国英语教师队伍建设和教师教育已有了飞速发展，基本解决了师资严重短缺的问题，但教师职后教育仍然存在较大的发展空间。虽然教育部门已投入大量资金和人力支持教师集中培训和校本研修，但教师在职学习效果仍不尽如人意，探索改革教师职后教育、促进教师专业发展仍任重道远。

第三节　英语教师职后教育与发展模式研究及案例

英语教师职后教育和教师专业发展面临着多重挑战。面对这些挑战，除了加强支持教师专业发展的力度、建立促进教师专业发展的机制和体制，还应该探索更多有利于促进教师专业发展的途径。

Sparks、Loucks 归纳了以下 5 种教师专业发展模式（王少非，2005）：

（1）自我导向模式。该模式的理论基础是成人学习理论，其基本假设为教师作为成人学习者能够自我引导，自我驱动；他们明确自己的学习目的和学习需要；个体进行自己计划的学习时，会出现更好的学习效果。

（2）观察 / 评价模式。这种模式基于三个假设，即反思和分析是专业成长的核心手段；被观察者对自己实践的反思也有助于观察者的提高；当教师看到变革的积极结果后，他们会更愿意投入到变革中。教师同伴指导就属于这种模式。

（3）发展 / 提高模式。该模式将问题解决作为教师专业发展的基础，认为问题解决的过程就是学习发展的过程。这种模式的主要贡献在于提出教师专业发展必须与学校革新和课程的发展紧密相连。校本教研就接近于这种模式。

（4）培训模式。其基本假设是一些行为和技术值得教师复制，并且能应用于实际的课堂教学中。该模式主要是借助于工作坊，由专家提供训练的内容和相应的活动。让教师进行模仿学习的微格教学就属于此种模式。

（5）探究模式。该模式认为教师有能力提出问题并寻求答案，形成对教学新的理解。这种模式倡导教师即研究者，提倡通过行动研究促进专业发展。

Richards、Farrell（2005）提出，有效的教师教育与发展活动应该具备以下特点：（1）激发教师进行自我反思和评估；（2）发展有关教学诸多方面的专门知识和技能；（3）拓展教师有关科研、理论和教学观的知识基础；（4）让教师有机会体验新的角色、承担新的任务，比如指导其他教师，成为教学研究者或者教材编写者；（5）与其他教师建立合作关系。基于以上特点，Richards、Farrell 建议以下教师教育与发展的形式：工作坊、自我观察、教师支持小组、教学日志、同伴互评、教师档案袋、关键事件分析、个案分析、同伴互教、小组教学以及行动研究。

无论采用何种取向、何种模式，有效的教师职后教育应该具有一些共同的特点，即教师职后教育必须有明确的目标，且目标的制定必须在教师自身的需求与外部要求之间保持一种平衡；教师职后教育的内容和活动的设计必须建立在可靠的知识基础之上；教师职后教育必须与教师日常专业实践相结合，推动教师通过反思性实践和经验学习实现发展，实现专业实践与专业发展的一体化；教师职后教育必须基于良好的、以合作分享为核心的专业文化氛围。

我国教师教育者和研究者一直在探索英语教师职后教育的有效途径。我们收集了以下六种英语教师职后教育与发展案例供大家参考。

一、基于反思的课例研修

反思是教师理解教学和学会教学的重要方式。Wallace（1991）指出，教师在教学实践过程中的反思行为是促进教师发展的根本动力。L. S. Shulman、J. H. Shulman（2004）提出，反思是教师学习的重要特征之一。申继亮、刘加霞（2004）[44] 将教师的教学反思定义为："教师为了实现有效的教育、教学，在教师教学反思倾向的支持下，对已经发生或正在发生的教育、教学活动以及这些活动背后的理论、假设，进行积极、持续、周密、深入、自我调节性的思考，而且在思考过程中，能够发现、清晰表征所遇到的教育、教学问题，并积极寻求多种方法来解决问题的过程。"从该定义中可以看出，教学反思是教师进行的有意识、有目的的思维过程；教师通过反思，探究自己教学活动发生的原因、过程以及结果，从中获取对教学的新的理解，是教师发展专业知识、提高专业能力的有效手段。

近年来，我国学者对教师在实践中理解教学、在实践中发展的学习模式进行了探究。周燕、曹荣平、王文峰（2007）的研究则表明，教师有能力通过反思不断发展，教师的交流和互动是帮助教师形成自我反思能力的最好媒介。王俊菊、朱耀云（2008）使用叙事探究和个案研究的方法，研究了一名大学英语教师在师生关系情境中作为学习者的情况，旨在探讨其学习活动的类型、内容、效果、特性及意义。研究者设计了反思问题，要求该教师在熟悉反思问题的前提下，课后就自己的课堂教学进行反思并撰写反思日记，每周至少两次。反思的内容包括教学设计、教学实施、师生交流、课余学习、课堂感悟，以及课堂上的师生互动类型、小组活动效果、课堂话语比重、课堂提问类型、纠错方式、学生反馈等内容。通过分析该教师所写的104篇教学反思日志，发现师生关系情境下的教师学习活动大致包括为学生而学、因学生而学、向学生学习三种类型，涵盖了常见知识结构中的各类知识，能使教师获得知识建构和智慧情志的发展，有助于教师身份建构和所在文化圈的重建，促进师生共同取得螺旋式进步。研究表明，教师在行动前、行动中、行动后及时进行反思是教师专业发展的关键方法。

此外，程文华（2010）选取两名高校英语教师作为研究对象（一名为任教5年的讲师梅老师，一名为任教14年的副教授高老师），分别收集了梅老师一个学期的精读课教学日志18篇，高老师综合英语课的教学日志34篇。研究者随后运用质的研究中"主题分析法"对教学日志中的文本资料进行了分析和意义建构，旨在探究教师如何通过撰写教学日志这种反思形式理解和学会教学。通过对两位教师的教学日志所进行的主题分析，研究者发现，这两位教师通过对各自课堂教学实践的反思，他们的一般教学知识、学科教学知识、学生知识以及相关的教学观都有了不同程度的变化和发展。研究表明，这两位教师在教学日志中对课堂教学进行了"评价教学—分析原因—获得启示"的反思过程，这同样是教师理解教学、发展教学知识和教学观的学习过程。研究发现，这两位教师在教学日志中除了针对当天课堂上发生的具体教学事件进行反思，还会跳出具体事件对教学进行评价与分析，通过查找自身内在的原因寻求改进与发展，开启一种宏观的"反思之反思"模式，例如"作为一名教师，我还存在哪些不足？""为什么会有这些不足？""我应该怎样做才能改进这些不足？"等。该研究表明两位教师在教学知识和观念方面的变化相似，学习的方式和过程相同，都是一个包含行动前思考、行动中思考以及行动后反思三个环节连续、交互的动态过程。

课堂是教师教育实践发生频繁且集中的场所，也是教师专业学习发生的主要场所，因此在日常教学实践中的反思是促进外语教师学习的有效模式。对于在职教师而言，特别能培养其自我反思意识和反思能力的是课例研究。所谓课例就是以一节具体的课为例，反映课堂教学活动从设计到实施的过程，包括教学设计、教学实录、教学反思等，具有一人同课、同课多班多轮、多人同课或不同课多班多轮等多种模式。刘学惠（2009）认为课例研究有以下特征：（1）以教师集体方式进行，有充分的合作与互动；（2）针对一定的问题和具有一定的研究目的；（3）以提高学生课堂学习效益为宗旨、围绕一节课的教学设计而展开；（4）教学目标与过程的设计基于对教材和学情的深度把握；（5）研究过程具有一定的循环性，对既有教学设计反复研磨和不断优化。这些特点与当代教师学习理念高度契合，是促进教师学习的重要方式。

我国教师教育者意识到了课例研究的重要作用，已经在教师职后教育中进行实施，并且采用了一些创新的做法。例如，鲁子问、夏谷鸣和刘鹰尝试了临床解剖式的课例研修活动（见案例1），将传统的专家讲座和课堂观摩结合起来，具有现场性、剖析性和互动性，是一种理论基础比较扎实、实践方式比较多元、参与人数众多的教师教育模式（夏谷鸣 等，2016）。

案例1：基于反思的课例研修案例

鲁子问、夏谷鸣和刘鹰于2015年8月3日至7日在杭州进行了一次临床解剖式的“磨课”培训活动（夏谷鸣 等，2016）。三位专家借鉴医学上的临床解剖，在现场解剖课堂教学，通过分析、讨论，帮助受训教师观察、反思并体验课堂教学的各个环节。具体培训实施方案基于一个单元的教学设计，旨在解剖一个完整的英语课堂教学过程。在纵向上，方案涉及教学目标、教学过程和教学评价等课堂教学的各个环节；在横向上，每一天的培训活动包括专家讲座、教学活动解剖和受训教师微格实践。具体方案如下：

1. 培训主题：基于核心素养下的初中英语课堂学习活动。

2. 受训课题。（1）初中英语课堂教学中思维能力的培训；（2）基于单元主题的课堂学习活动设计；（3）以关键能力为导向的教材解读；（4）教学目标与评价。

3. 现场解剖实例。（1）教材：人教版义务教育英语教科书（*Go for It*！）九年级第一单元；（2）学生：杭州××中学学生；（3）单元主题：How can I become a good learner？

4. 参训教师的任务。（1）主动思考、质疑、挑战培训的主题及各项课题；（2）主动观察课堂活动、记录相关信息；（3）主动参与互动，与人分享自己的体验和观点；（4）主动参与微格教学活动，模拟实践。

5. 学生的角色（提前培训）。（1）理解“临床解剖式教学”的目的和意图；（2）转变主体角色，配合教师，担任好学生角色；（3）大胆表达自己对教学活动的真实感受；（4）参与受训教师的活动。

6. 实施过程：

第一阶段：培训“导航”。提前半天对学生进行项目的准备工作，介绍“临床解剖式教师教育”是什么，并进行简单的互动，了解其英语水平，然后请学生事先反思自己的学习习惯。与此同时，告知受训教师培训目标，并进行分组，以便讨论和互动。

第二阶段：课堂教学展示与解剖。该阶段历时四天，由理论讲座、课堂现场展示与解剖以及教师分组微格实践组成。第一天上午由夏谷鸣老师进行讲座，讨论话题包括（1）国民关键能力要求与我国学生发展核心素养；（2）基于英语学科核心素养的教学设计。当天下午，开展工作坊，以人教版英语教材九年级第一单元为例，运用上午介绍的教学理念，与参训教师一起讨论如何进行教学分析和教学设计。参训教师交流各自对教材的解读，讨论各组的教学简案，各组派代表交流分享教学设计。培训者引导评价参训教师的解读及其教学设计，与参训教师分享自己设计的教学教案，并做针对性解释，为接下来的课堂观察提供关注点。

接下来的三天培训活动由三位专家分别主持，一人负责一天。鲁子问教授先展示自己两个课时的教学活动，通过提问、讨论，激发学生反思自己的英语学习方法，引导他们对学习方法的合理分类。随后与参训教师互动，解剖自己的两节课，重点剖析几个学生的讨论活动。当天下午，鲁子问教授就课堂教学设计的三个维度（语言、文化、思维）做专题讲座，并结合上午的课堂教学示例，与参训教师一起讨论思维品质的培养。在此基础上，参训教师进行工作坊活动，各组选择不同内容，从语言、文化、思维等维度展示其教学设计，并与鲁子问教授进行互动讨论。

第三天培训活动由夏谷鸣老师负责。夏老师继续进行教学九年级第一单元的第三、第四课时内容的展示。夏老师采用与鲁子问完全不同的培训形式，用两个半小时完成两节四十分钟的课。在上课期间，夏老师采用每完成一个教学步骤，就停下来跟学生交流，了解他们在这一教学环节中的感受和想法，同时跟听课老师讨论这一教学步骤的有效性，并比较他们平时的做法。在课堂教学活动解剖过程中，夏老师重点引导参训教师关注其课堂提问，为下午工作坊活动积累资源。在下午参训教师工作坊活动中，夏老师先做专题讲座，介绍问题设计、提问技巧以及如何通过提问引导学生有效思维，激发学生的文化意识。最后参训教师分成十个组，各组选择不同内容，进行提问设计。随后夏老师选择三个组展示其教学设计，并进行微格模拟上课。

第四天，刘鹰老师上午采用了与鲁子问教授相同的上课模式，先展示教学活动，然后进行解剖，重点剖析了教材中的论证方式和学生论证能力的指导方式。下午刘鹰老师组织了工作坊活动，与参训教师讨论思维的培养，并请教师分组设计论证一种观点的活动，展示其活动方案。

第三阶段：评价与反馈。此次培训活动的评价包括学生的学习成效和参训教师的学习成效。对学生的评价采用单元评价方式，包括基于短文运用词汇、基于选择补全短文中的小标题、阅读短文完成短文笔记、基于短文与自己的英语学习经历回答问题。经过单元评价可知，三天六节课的学习，学生学习成效达到了预设目标。所有参训教师通过第三方评价平台对此次培训进行了评价，90.91% 的参训教师对此次培训非常满意。临床解剖式教师培训不仅具有理论指导的现场性、针对性、互动性，而且具有充分的实践魅力。

评述：

课例研究在基础教育英语教学领域非常普遍，其宗旨是立足课堂，通过课堂观察发现问题、探讨问题并解决问题，通过问题解决促进教师发展。与之类似的有同课异构研讨、课堂观摩研讨等形式，课堂观摩成为最重要的研究手段。在教师教育中成功运用课堂观摩需要注意以下三个方面的问题：

（1）根据目的选择课堂观摩的规模、对象与形式。

课堂观摩的运用通常具有四种主要目的（Maingay，1988）。第一种是培训教师的目的，职前教师通过课堂观摩了解课堂教学过程，其目的是向他人学习，了解课堂。第二种是评价目的，相关人员带着对教学过程与结果进行评判的目的进入课堂，其结果多用于教师考核或评价。第三种是教师发展目的，教师通过他人观摩或自我观摩及反思、研究，发现、探讨并解决教学问题。第四种是研究目的，观摩者通过课堂观摩研究课堂教学，发现问题，寻找闪光点或启示，观摩人员可以是研究者，也可以是教师自己。因此，在组织课例研究活动时需要注意根据课堂观摩的目的选择参与的对象、人数、组织形式与观摩活动，观摩前、中、后的活动内容准备起着至关重要的作用。否则，课堂观摩容易流于形式。

（2）注意对课堂的影响。

课堂观摩组织者或观察者的行为、角色与反馈无疑对观摩对象及课堂有着重大的影响。进入教师课堂的观摩组织者或观察者以平等的态度对待教师，避免居高临下的心态极为重要。

（3）把握课堂观摩与教师学习的关系。

教师学习的环境与氛围在教师教育和教师发展过程中起着十分重要的作用，教师通过与他人在课堂实践中的互动形成新的认识，产生个人理论。在这个过程中，被观摩教师个体的体验、反思以及与他人的关系和互动是课堂观摩的重点。

二、学习共同体视域下的校本教研

学习共同体是一种新型的教师学习模式。传统的教师发展培训不符合教师知识，特别是实践性知识的发展规律，偏重教师自我发展，而具有连贯性、实践性以及合作性的共同体学习克服了注重灌输、缺乏互动等局限（Shulman et al.，2004）。学习共同体源于Lave、Wenger（1991）提出的实践共同体的概念。在一个实践共同体中，所有成员拥有一个共同的关注点，共同致力于解决一组问题，或者为了一个主题共同投入热情；

他们在这一共同追求的领域中通过持续不断的互动增长知识、发展专长。学习是一个参与实践群体活动的社会过程。近年来，我国教师教育研究者们也已经开始关注学习共同体对教师专业发展的促进作用。

吴宗杰等（2005）介绍了浙江师范大学外语学院经过十多年摸索开创的 RICH 课程和教师发展项目。从 1995 年起，浙江师范大学的一群外语教师从机构群体（教研室）逐渐转变为一种开放性的学习群体。1997 年下半年，这一群体开始探索教学方法的革新和实验，开展了融合研究型学习（research-based learning）、整合型课程（integrated curriculum）、群体学习（community learning）和人文素质全面提高（humanistic outcomes）的课程实践。在这一自发组织的实践群体中，随着教师探索活动的不断深入，这一课程改革研究逐步发展成为一种融课程发展和教师发展为一体的持续性探索型实践活动。与此同时，一个有着共同的教育教学理念的教师学习共同体逐渐形成。这个共同体通过教育论坛、教学策划、合作教学等各种途径实现了自身作为教育者和研究者的发展。

孙钦美、郑新民（2015）以学习共同体为视角，采用叙事探究法研究了一名高校英语教师的专业发展之路。该教师具有 25 年教龄，活跃在某科研团队 QQ 群，积极通过师生互动、同事交流、攻读博士、海外访学、参加国内外学术会议、反思日志、在线交流、课题研究等途径为自己构架起了一个内容充实、内涵丰富的个性化学习网络，其中特别值得关注的是该教师与环境互动，建立起多元、融合的学习共同体。该教师通过阅读与其有共同研究兴趣的学者的专著、论文等科研成果，与他们进行想象对话，并通过这一想象共同体进行阅读、思考和写作等个人钻研。此外，该教师经常与学校内部同行交流，借助学术会议与国内其他高校的教师建立联系，并通过 QQ、微信、电子邮件等进行学术交流，在一定意义上构成了校际教师共同体。对于其带领的研究生团队，该教师也重视建立与学生的互动，让研究生团队成为其教学和科研推进的主要力量。研究表明，构建学习共同体是该教师专业发展的重要途径。同时，顾佩娅等（2016）也综述了学习共同体对教师学习的促进作用，指出促成教师转化性学习的因素包括对话环境、对共同体的认同、教师自主权和能动性等。

胡志雯等（2018）通过对某高校英语教师项目实践共同体的参与式观察及非正式访谈，探究教师合作学习情况及其对教师专业发展的影响。该项目实践共同体包含 13 位高校英语教师，项目目标之一是编写一套全国高校普遍适用的大学英语系列教材的综合教程。根据教材编写计划，团队分为纵向 4 个小组（分别负责教材 1~4 册）和横向 3 个小组（分别负责词汇、阅读、写作技能模块）。该项目采用质性研究方法探究教师在近两年教材编写过程中的合作学习情况及其对教师发展的影响。研究发现，项目实践共同体中教师在线上或线下、正式或非正式、有计划或偶发性的学习，从各个维度拓展了合作学习的范围，显著增加了教师发展机会。教师重构了自身专业知识和教师信念，愿意发表观点、分享课堂故事、反馈意见、提供帮助，保持和发展与同事之间的合作关系，最终推动了专业水平提升。

对广大外语教师，尤其是中小学外语教师而言，校本教研是利用学习共同体提升教师专业发展的重要途径。陈向明、张玉荣（2014）指出，由于教师的学习具有整体性、缄默性和情境性等特征，校本学习对教师的专业成长具有独特作用。陈芳、王蔷（2015）指出，校本教研是基础教育课程改革的一个重点，具有自我反思、同伴互助和专业引领三大要素，是学校改进和教师发展的有效途径，能促使教师成为研究者、学校成为学习型组织，是教育改革向纵深发展的重要动力。

校本教研还有很多不尽如人意之处，如模式化、形式化。如何将校本教研团队打造成真正的学习共同体是教师教育者们需要深入思考的问题。对此，有些研究者已经进行了探索和实践。

陈芳、王蔷（2015）采取了个案研究的方法，对一个教师群体自主开展校本教研的过程进行了为期两年的跟踪研究，选取了北京市 F 中学的高中英语教研组共 17 位教师为群体个案。选择该教研组的原因是，该教研组为了坚持开展自主校本教研，除开展教学研讨会和公开课等传统教研活动之外，还在两年之内进行十几项课题研究、撰写教学研究论文二十多篇且获得十几项市区级奖项。因此，该教研组是一个反映教师主体性较为集中且成功的案例。研究者以参与型观察者的身份，对该教研组的教研活动进行了实地观察和录音，对教师做了深度访谈，收集和整理了相关教研文档。该研究总结了一个体现教师主体性的、多维动态的校本发展模式，既反映了微观层面上教师的行为（讨论与交流、经验总结与反思），又体现了团队层面上的结构（多层次交叉型团队、负责人制度、合作与分工），还包括了与外界的互动（专业引领）及教研过程与结果间的循环关系（成果固化）。教师在校本教研中发挥主体性作用不但是可行的，而且是有效的，应充分调动教师的主动性，使其树立明确的主体意识；以教师为主体的校本教研的有效发展途径是培养教师的校本教研实践共同体，明确共同事业，鼓励相互投入，形成共享资源；学校等上级部门及外界专家应转变对校本教研的干预方式，变行政管理和指导为切实服务和适当辅助，不能取代教师的主体地位。

赵婉莉（2017）提出了完善现有校本发展模式的方案，指出可针对新教师、不胜任教师、骨干教师采取不同的校本实施模式。对新上任教师，可实施最少一年"一带一"的"青蓝工程"，由本校经验丰富的教师担任青年教师的指导教师，通过指导教师在教学规范、教学技能等教学素养方面的言传身教，使青年教师尽快成长起来；对于不胜任教师可采用"教学问题周末诊所"，使他们某些方面的胜任力得到加强，从而尽快在各方面都能胜任教师工作；对骨干教师，可实施"流动工作坊"，使处在娴熟绩效水平的骨干教师的胜任力进一步得到升华，培养具有良好绩效甚至卓越绩效水平的实践型专家教师，侧重当下专业实践问题的解决与具体教师胜任力行为的改善。

以下是资料齐全的校本教研案例之一（庄严 等，2016）。

案例 2：学习共同体视域下的校本教研案例

北京大学附属小学英语教研组开展了"基于现象学视野的微教学研究"项目，实践了基于教学录像片段的体验欣赏式教学研究，对校本教研的创新模式进行了探索（庄严 等，2016）。

教研组首先盘点了自身的素材积累和资源优势：自 2012 年学校英语团队进行分级阅读课题研究以来，有多位教师投入阅读教学研究（实验教材为外语教学与研究出版社出版的《领先阅读·X 计划》分级读物），积累了近 60 节研究课的录像资源和 5 万字左右的教学设计资料。2012

年，朱晓媛老师执教的阅读课“POPPET”获全国阅读教学大赛一等奖。2013—2016 年，学校先后有多位教师参加北京市及海淀区阅读教学研究课展示。目前，学校英语团队有 1 名特级教师，2 名市级骨干教师，1 名海外留学 7 年的教师，1 名有国家二级翻译证书的教师，80% 的教师都具有研究生以上学历。这样的团队有能力进行新教研模式的尝试。

经过项目可行性与必要性的充分研讨，结合当前小学英语教学的趋势，学校的实践方案很快出炉，将研讨的大主题定为“阅读教学与思维发展”。四次的小主题分别聚焦于思维发展、有效提问促进思维发展、图像设问促进思维发展以及合作学习与思维发展。教研活动的步骤如下：

校本教研活动安排

活动程序	时间（60分钟）	内容要求
活动导入	3分钟	主持人介绍活动参与人员、活动目的、活动主题、活动内容安排
说亮点	20分钟	执教者围绕教研主题，谈自己的成功经验（做法和效果）以及困惑点。每人发言不超过3分钟
看亮点	10分钟	看录像片段，记录主要做法和效果
议亮点	20分钟	课题参与人员比较录像亮点中的做法、效果与自己的做法、效果的异同，分析如何做更合理。每人发言不超过3分钟
定亮点	5分钟	主持人归纳总结教研主题中几种成功的做法、效果，提炼背后的道理
结束语	2分钟	在自己的课堂中再次验证亮点的做法和效果，写成叙事文章（介绍研究主题，以往的经验、做法和效果，通过教研活动获得的认识与提升）

备注：参与人员一共13人，其中英语学科教研组教师10人，科研专家2人，英语教研员1人

在第一次研讨中，研讨的素材来自朱晓媛老师的研究课，教研组教师庄老师和郭老师担任主持，邀请了英语教研员、教学干部、科研专家参加。第一次研讨结束，教师们对英语阅读教学有了基本的共识，即思维发展是英语学科教学的核心素养，并对以下具体问题进行了探讨：思

维的过程是什么？思维的品质包含哪些方面？教学目标如何关照不同层次学生的思维发展？英语学科思维与其他学科思维的不同之处在哪里？针对不同的思维发展，需要有怎样的教学策略和问题设计？在这次研讨中，大家也遇到了一些困惑：第一，大家对亮点的理解不一样，有的教师提出大思路的“亮”，有的教师提出小点的“亮”，“大亮”与“小亮”不一样，“此亮”与“彼亮”不一样；第二，校本教研活动的主持人应如何引导教师进行有质量的研讨，让讨论有载体、有聚焦，得出有效的操作思路与专业判断？

针对第一次的研讨，第二次的教研活动在任务设计上有所改进。这次不单是对某一个片段的亮点进行分析，而是对同一位教师同一堂课的两次阅读教学片断进行对比分析。这次研讨的主题为“有效提问促进思维发展”，教师们的研讨十分热烈、深入。例如，教师们认为“提问要有真实性、明确性、启发性”，“提问不是教师的专利，教师还应该引导学生进行提问”；关于提问的时机，应先问事实性问题，再问探究性问题、开放性问题；关于提问的艺术，可以“打破情节，提跳跃的问题”，“问题的深度一方面在于对简单问题的追问，另一方面在于对复杂问题的提问”。另外，关于文本和问题的关系，有教师认为“一个是语言学的表层含义，一个是深层含义”。第二次教研活动的研讨质量很高，但教师的参与热情呈现高低不同的现象。

为了更好地调动教师们的积极性，在第三次研讨中，教研组宣布了主持人轮流更替的决定。在教研组李老师的主持下，教研组郑老师分享了她的一个微教学片断，其中她使用了包含故事起因、经过、高潮和结局的曲线图，通过教师示范和学生小组合作完成图表，帮助学生梳理故事情节、理解故事发展脉络。随后，英语组的每一位教师以及专家聚焦于“图像设问激发学生的高阶思维”这一话题各抒己见、相互激发，围绕郑老师的教法和学生的学习情况，结合自身的教学经验，分享了自己的想法。在此次活动中，教师的积极性和研讨深度都有所改进，但也有教师指出：单独的片段需要放在整体课堂中去理解，否则有“一叶障目”之嫌；所有教师都用欣赏的眼光来看，不易发现创新背后存在的问题与局限，教师对于如何改进教学仍然会束手无策。

在第四次研讨中，活动的形式发生了很大的变化。与前三次活动不同的是，这次的看亮点环节不仅仅是通过课堂录像片段，而且引进了一堂“The Wobbly Tooth”的公开课。课堂上，刘老师向我们展示了如何运用“reading circles”阅读策略帮助学生深入阅读英语课文。学生每4人组成一个“reading circles”，分别承担discussion leader、summarizer、passage person、word master的角色。在小组活动中，学生们履行角色责任，分工协作完成了阅读英语课文的学习任务，并积极踊跃地在课堂上展示本组的学习成果。随后，教师们立即回放录像，聚焦“reading circles”这一阅读教学片段，通过说亮点、看亮点、议亮点、定亮点几个环节，直抒胸臆，各抒己见，阐述了对这一亮点的理解和看法。教师们还对如何改进这个亮点，让亮点更“亮”提出了自己的意见和建议（涉及小组合作过程中的角色分配、学生分组方式、教师提问方式、教学环节设置等问题）。

综观这四次研讨，基于“阅读教学与思维发展”这一主题，教研组共同提炼出如下亮点：第一，阅读教学中的有效提问是思维发展的源头活水；第二，问题呈现需要有生动的情境；第三，图像设问有利于发展学生的高阶思维；第四，“reading circles”有利于促进学生的深度学习。这四方面关注了问题的来源、条件、呈现方式以及解决方式，是教师们从课例中研究出来的“理论”，是经过实践检验的本土理论，也是有生命力的理论。

研究发现，基于录像片段的体验欣赏式校本教研能很好地提升教师的专业判断能力；能有效拓展校本教研的内涵；能促进教师的教学创新。同时，此模式的运用也需要一些条件，如要保证研讨内容与研究人员的充分“异质”，要配合扎根理论的科研方法训练，要有民主开放的学校文化。

评述：

学习共同体是一种新型的教师学习模式。在这种学习模式里，所有成员拥有共同的关注点，共同致力于解决同样的问题，通过这种持续不断的互动增长知识、发展专长。尽管学习共同体模式在我国最近几年才成为一种固定的概念，但与此模式类似的活动在实践中早已有教师群体开展，如第四章中的RICH项目案例与3DR项目案例，以及其他类似的探索。

学习共同体以团队互助的方式共同面对教师发展过程中可能出现的问题，使教师学习具有可持续性，对教师发展具有很强的促进作用。组织教师学习共同体需要注意学习环境的建设、教师共同体的认同、教师自主权和能动性、教师赋权等。

三、高校研究者与基础教育教师合作的行动教育

王洁、顾泠沅（2007）基于其20年的上海青浦教育改革试验提出了行动教育的理论，指出教师在职教育的本质是获得知识经验的“学”与行为跟进的“习”相结合的学习活动，追求的是“知行合一”的境界。行动教育的过程强调学思并重，通过“行中思”来发展专业知能，从而达到行中有思，思中有行，行而后思，思而后行的境界。王栋（2017）指出，行动教育的核心理念如反思批判、合作进步、实践改进、循环评价等，对改进教师在职研修效果具有正面作用，可以最大限度地克服当前教师在职研修的诸多弊端，为促进教师的专业发展提供支持。教师在职研修的具体形式包括课堂观察与交流、教案总结与研讨、合作行动研究、教研组集体备课或者课题组集体研究等，既能帮助教师们解决实际问题，又能加深其对教学的认识，逐步积累教学所需的实践性知识，并在行动之后开展反思，形成研修循环，促进教师个体和集体的可持续性发展。

行动教育的理念提出后，得到了很多研究者的关注和推广。杨鲁新（2016b）提出，行动教育的实施是教师与研究者的亲密合作，即在理念学习、教学设计、行为反省三个合作平台上有益的互动与互补，弥补各自的欠缺，提供不同层面的资料与洞察，以互补互惠的方式，不断提高每个参与者的专业理论水平与实践能力，使教师成为有研究能力的实践者，使研究者成为有实践经验的理论工作者。

以下案例均为研究者与一线教师成功合作、互学互赢的典范。研究者不再是传统意义上的理论知识的提供者、标准答案的发表者，而是教师的“协助者”与“合作者”，帮助并与教师一起学习，共同提高；一线教师不再是被动地接受和消化理论知识，而是研修活动的参与者，是培训内容和形式的主动创造者，也是培训者的合作伙伴。

刘学惠（2007b）报告了她于2004至2005年间在江苏一所高中支持一个教师课堂研究小组开展课堂话语分析的活动经历。小组成员将自己或其他成员的课堂录音分工转写成文本，然后大家坐在一起进行文本分析，在研究者的带领下围绕诸如互动模式、话轮转换、提问类型、纠错反馈、会话修饰等方面的特点及其作用进行细致的分析和讨论。总共进行了12次活动，历时10个月，小组成员付出了相当多的时间和精力，他们认为这是一段令他们震撼的经历。观察同伴的课堂话语行为、反复回放本人的课堂录音、亲手将课堂录音转写成文本、分析课堂数据并与同事共同切磋等，这些合作探究课堂的过程帮助小组成员们建构起关于教师课堂话语对语言学习影响的知识，使他们的观念发生了深刻改变。后期的跟踪观察发现小组成员的课堂话语行为也有不同程度的改变。

王蔷等（2010）介绍了北京师范大学外国语学院外语教师教育研究所与北京市海淀区教研机构以及来自北京市13所高中的一线英语教师开展的合作行动研究。该研究于2007年7月至2009年5月开展，为期两年，采用教育行政机制保障下的双主体研究：一方为38名高中英语骨干教师，组成若干行动研究子课题小组，基本以学校为单位，但是也有跨校组合的，在高校研究者的帮助下针对自己课堂教学中的问题开展行动研究；另一方主体为12名高校研究者，在与高中英语教师合作研究的同时，对教师参与研究的过程和专业发展特点进行跟踪研究。在合作互动的过程中，高校研究者将对高中英语教师的课题培训和分组指导贯穿于课题实施的始终，并且采用了5种方式进行，即专题学习与案例分析相结合，集中培训与分散指导相结合，集体研讨与个别会诊相结合，骨干培养与团队合作相结合，教学实践与教学反思相结合。教师从最关切的教学问题入手，分6个步骤逐步实施，即发现问题并开展调查与反思，进一步明确研究问题并制定行动方案，实施方案并在实践中根据需要调整，有计划地收集和整理数据，根据数据分析的结果评价和反思实施效果，撰写行动研究报告。38名高中英语教师从教学行动研究中的收获如下：（1）从经验型教师成长为学习型和智慧型教师，从常规、乏味、重复的教学中走出来，重新审视自己的教学，成为创新型和反思型教师；（2）提高了对新课程的执行力，从关注教转向关注学，并不断尝试新的教学策略，以培养学生的学习习惯、学习兴趣和学习策略，大大改善了师生关系；（3）发展了教学研究能力，学会了在教学中发现问题、分析问题并脚踏实地解决问题。经过两年的合作，高校研究者与基础教育教师共同开展行动研究 20 项，完成行动研究论文 20 篇。

袁燕华（2012）介绍了上海某大学 4 名外语教育理论方向的博士生与江苏某学校 4 位实验教师通过校级合作进行的教师培训实践。研究采用教师培训工作中“研究者与教师互动”的定位与具体实施方法，通过集中培训、教学日志反馈、主题研讨会、教材使用指导、课堂观摩反馈、教师访谈、科研指导、建立教师发展档案等一系列培训者与实验教师间的互动，尽可能深入教师教学工作的实际，帮助他们丰富理论知识，提升教学智慧，在实践中引导教师建立和提高专业发展意识与能力。其中，教学日志、科研指导和教师发展档案都对教师的专业发展发挥了重要作用。就教学日志而言，由实验教师每天记录，实验组以一周一次的集体批注形式对教师的教学日志进行反馈，教师在实验组反馈的基础上以二次反馈形式与实验组进行深入的交流，或将自己对于反馈的感想及时记录下来，为自己的教学研究积累宝贵的素材。此外，高校研究者还对中学教师进行了科研指导，通过组织教学理论专题培训、向教师推荐理论书籍、鼓励并指导教师个案研究、在教学日志反馈和主题研讨中向实验教师介绍外语教学理论以及论文的撰写主题和方向、开展论文研讨等方式帮助中学教师提高科研意识与能力。就教师发展档案袋而言，该研究中的教师发展档案分为教师个人信息、教学工作档案（包括各单元教案及课件、集体备课记录、课堂教学评价表、课例分析会议记录、教学日志及反馈、公开课记录、教学研讨会小结、学生周记反馈和学生评教表）、科研工作档案（包括读书笔记和读书交流会记录、个案研究进展资料、教学实验选题及进展情况和教学论文）、教师实验参与度评价（包括自评表、互评表和实验组评价表）四个方面，高校研究者向教师明确了发展档案建设对于教师自身专业发展的意义，帮助教师树立自己是档案袋主人的观念，在材料的收集、整理和归档过程中充分发挥教师的自觉性、主动性和创新性。在参与教改实验一年多的时间里，教师们经历了从对课堂教学的迷茫与困惑到主动探索与反思，在理论意识、反思意识、创新意识和主体意识等方面都得到了很大的提升。

杨鲁新（2016a）跟踪调查了由高校研究者、教研员和一线教师共同参与的集体备课活动。研究者参加了教研员组织的北京某区高一年级组70名教师的集体备课活动，每两周一次，每次大约两个小时，持续近四个月，包括教师们进行阅读教学设计、小组讨论、备课教师介绍备课思路和回答问题、教研员点评和研究者点评。研究者选取四位新手教师进行了追踪，通过分析观察、访谈、日志、问卷以及相关文字资料的收集，发现多方参与的集体备课活动对四位教师的教学理念和实践均产生了积极的影响。

北京市中小学名师发展工程北外基地培训也是高校教师与英语教研员、中小学英语教师合作的范例（杨鲁新 等，2016）。该项目利用北京市优质教育资源，旨在通过每期两年的培养，约10年的时间，打造一批在北京乃至全国有较高知名度的教师。为了让学员在两年的学习中更有获得感，名师发展工程设置了丰富又有针对性的学习内容：课程学习，包括人文与科学知识、方法论、教育学与心理学基本理论、课程热点与难点、教育名著经典选读等；课题研究，包括论文撰写、研究报告撰写、教育教学案例研究、调研观摩等；实践提升学习，在实践导师指导下，改进实际教学工作等。学员的学习结果通过“211”来呈现：2节基于课题研究的研究课，1篇论文，1份研究报告。该项目突出培养学员的多元化与个性化，配备“学术＋实践”双导师，通过开展理论学习、课题研究、论文撰写、同课异构、专题研讨等多种学习活动，针对每个学员进行个性化培养方案设计与实施，取得了良好的培训效果。每期名师工程的学员经过两年的学习均发生了很大变化。首先，名师学员进一步增强了科研意识，提升了科研能力和把握教学本质问题的能力，这在学员的研究开题报告、中期汇报以及最后结题报告的变化中得到印证，也在学员的研究课上得到体现。其次，学员通过名师工程学习教学理念得到了改变，并能将理念付诸实施，优化了课堂教学行为。例如，一位学员老师在进入北外基地前就意识到文学阅读有助于提升学生的批判思维能力，但并不清楚如何将这些认识落实到课堂教学中。进入名师发展工程北外基地后，她将“高中英语文学阅读教学行动研究”确定为研究课题，在理论方面不断明晰了文学阅读与发展学生批判性思维的关系，在课堂中不断反思并改进教学方法，最终创造了“文学阅读七步法”。

以下是高校研究者与基础教育教师合作的资料齐全的一个案例。

案例 3：高校研究者与基础教育教师合作的行动教育案例

秉承“把培训课堂建到学校，让教师研修真正发生”的理念，北京教育学院于 2016 年 1 月启动了“协同创新”项目，探索基于行动研究的创新型教师培训模式。

该项目的主题为“以学习策略培养提升中学生的英语学习能力”。项目主题在北京市发布，4 所学校自主选择参加了本项目：2 所城区初高中一体校，1 所城乡结合部初中打工子弟校，1 所城区初中校。项目团队每月深入每所项目校 2 至 3 次。本项目实施的主要思路是建构多种学习方式，引导教师在理论文献学习、实践经验分享以及同伴互助中反思教学问题，制订教学改进计划，在教学改进实践研究中不断转变教学观念及教学行为，实现多维度专业发展。

项目实施阶段规划

准备阶段

第一阶段（2015 年 12 月中旬到 2016 年 1 月底）：需求调查，确定核心成员以及项目推进思路。

第二阶段（2016 年 2 月到 3 月初）：文献学习，教学问题和困惑梳理与确认，教学研究规划初步确定。

实施阶段

第三阶段（2016 年 3 月中旬到 7 月 10 日）：行动学习，智慧分享；讲座、教学课例研究、学生研究、教学观摩和文献学习与研讨；初步提炼阶段研修成果并进行交流。

第四阶段（2016 年 8 月到 2017 年 1 月）：行动学习，讲座、教学课例研究、文献学习与研讨，提炼研修成果并进行阶段展示与交流。

一、项目准备阶段：充分调动、发挥项目校教师的主体性

1. 以深度调研精准定位培训需求，激活项目校教师的主体意识

在 2015 年 12 月项目启动之前，项目团队进入项目校开展了三次分层、深入的培训需求调研，调研对象为校长、教研组长、教师及学生。调研

形式为：访谈、问卷、课堂观察、集体座谈。第一次需求调研是针对校长、英语组长与教师进行问卷调查，了解其日常教研与教学的思路、面临的问题以及对项目实施的担心和期待等。在分析问卷了解学校不同主体需求的基础上，项目团队开展了第二次需求调研——观察、分析课堂教学，对校长、主任、英语教师以及学生进行访谈，进一步了解需求，为初步制订培训计划提供依据。第三次需求调研是在初步确定了项目实施思路和计划后，侧重沟通项目实施的目标、研究内容、活动形式、师资以及预期成果等，请教师针对项目实施计划提出问题与建议。

2. 引导教师自主确定研究主题及成果目标，充分发挥其主动性

培训主题与教师教学需求的契合程度是决定教师的学习和研究投入度的一个主要因素。该项目主题聚焦于以学习策略的培养提升中学生的英语学习能力，关注学生英语学习困难和策略指导，与教师的教学需求相匹配。

给教师确定项目研修成果目标的权利，能够很好地激活他们的学习动机和主体意识，提升其自我调节能力。项目调研阶段，项目团队和项目校教师一起协商确定成果目标，教师可以依据目标进展适时进行阶段调整，并达成共识：聚焦不同层次学生学习方面的问题与困惑，以学习策略培养提升其学习能力；从心理、兴趣、态度、行为、能力等方面全面评价学生的需求与发展。研修的目标、研究主题、研究计划等都由教师自主选择确定。例如，就研修成果目标，项目组提供了五个“一”（一节主题课例、一个学习反思札记、一篇学习总结、一个指导学生发展的叙事故事、一篇教学研究论文），供教师从中选择三项成果。个性化地制订学习及发展目标，充分发挥了教师的主体性和主动性。

二、项目实施：聚焦于学习，引领教师开展教学改进行动

1. 引领教师关注、研究学生的学习

课改 10 多年，教师都经历了不同层次的教师培训。很多学校开展的校本培训的主题紧跟课改大背景，侧重研究教学模式和教学创新点，对学科特性以及学生学习需求针对性考虑不多，教师要努力寻找大主题与学科教学的对接，会产生很多困惑。教师希望培训能更接地气，切实带来学生学习和自身发展的变化。该项目研修主题聚焦于以英语学习策略

的培养提升学生的学习能力，不同教师教学研究侧重点可以不同，比如可以侧重学生自我规划及自我反思的策略、词汇学习策略、听的策略、读写策略等，使教师更好地从外语学习规律以及学生英语持续学习能力培养的角度审视、开展教学改进研究。学生的学习与发展是教师持续改进教学，实现专业发展的真实需求。

2. 创新学习方式，助力教师提高教学研究能力

本项目中构建多样的学习方式使教师在持续学习的过程中确定研究主题与研究计划，并在研究过程中获得相应的实践支持，有效地开展教学改进研究。主要学习活动形式如图：

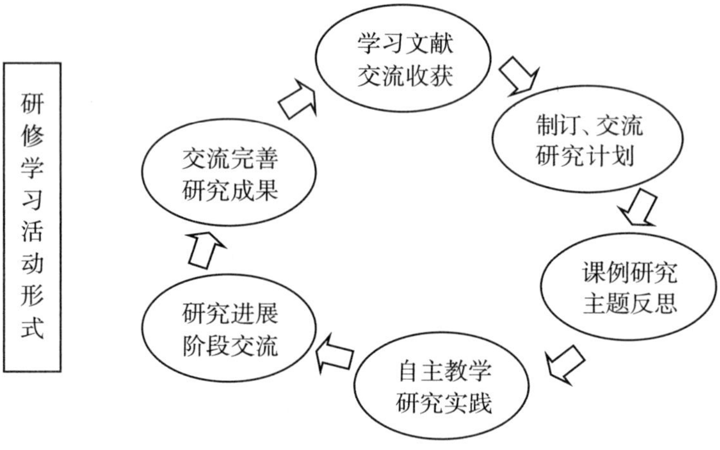

研修学习活动形式

本项目实施中学校教师团队建设的核心是建构教师持续学习、交流的氛围和机制，引导教师不断分享个人学习收获与教学实践经验。文献学习和课例研究作为教师学习和交流的主要载体，贯穿于项目始终，促使教师不断在学习中反思教学实践并制订教学改进计划，持续开展教学改进研究，实现深度反思与专业发展。

3. 以问题引导文献学习，提高教师的教学改进行动力

在项目启动之初的寒假以及项目中期的暑假中，项目组进行专业引领，提供聚焦英语学习规律和促进学生发展的主题阅读书籍和文章。阅读思路为必读和选读，必读内容为指定书中某章的内容以及某篇文章，目的是引领教师在阅读学习中反思自身的英语学习策略与教学策略。选

读的文章说明了推荐的理由，教师依据教学实际需求和研究兴趣自主阅读。在文献学习基础上，确定教学改进主题，制订下学期教学研究的规划。引导教师阅读文章的常规问题框架如下：

（1）阅读过程中有哪些收获？

（2）文章引发了哪些思考？

（3）在教学中想做哪一方面/主题的教学改进尝试？

（4）教学改进的初步计划是什么？

在项目实施过程中，指导教师不断地为教师提供个性化的主题文献，并提前布置阅读任务，明确何时要分享读书收获，对接教学行动。同时，引导教师在教研组定期交流文献阅读学习的收获与思考，交流教学改进行动计划，形成动态的学习交流氛围。

4. 引导教师在教学实践中深度反思，提升教学研究能力

项目组建构了教师团队定期开展主题学习与交流的氛围，促成教师在相互学习、相互交流教学实践经验中不断深度反思，获得关于自己和自身教学的知识，以及新的理论和理念。

该项目要求听课教师在课后研讨时要拿出记录下来的学生课堂学习作品（教材、课堂语言生成以及学案等）和参与状况信息，拿出课后和学生就学习过程中的感受、收获以及存在的问题等方面的访谈信息，作为评课研讨的依据，一起和授课教师探讨提升学生英语学习能力的思路和策略。该项目依据学生学习的多维度数据信息来分析、探讨教学实效的课例研讨方法，是促进教师专业化的一种有效途径。这种方法使授课教师与听课教师之间有共同的研讨切入点，启发教师真正从学生学习的视角反思、评价教学行为与教学实效，使他们在交流中创造新的知识。

在课例研讨后，项目组适时地嵌入以学生为主体，提升学生学习能力等内容的主题微讲座，例如自我效能感理论及其教学启示、学习动机的理论与实践策略、以学生为中心的理论与实践策略等。此外，指导教师鼓励教师把反思文本与指导教师和其他教师进行分享交流。指导教师针对反思中的教学困惑及时反馈指导，并提供相应主题拓展课例和文献资源，提升教师的反思深度及行动力。

5. 深度开展研究成果交流活动，提升教师的研究成果提炼能力

指导教师不断激励、支持教师把研修中的反思与收获应用于教学并创造新的实践做法，指导其总结提炼教学研究成果，实现专业发展。本着“深度实践＋深度交流＋深度提炼”的原则，指导教师组织项目校教师在教研组内进行了三次问题清单引导式教学改进思路和策略的提炼交流活动，问题框架为：

（1）要解决教与学中的什么问题？

（2）教学改进点 / 尝试点是什么？

（3）采取了哪些措施？

（4）效果如何？（收集了哪些学生学习与发展的数据信息作为佐证？）

（5）存在的问题及改进思路是什么？

（6）要进一步重点学习哪一方面的主题文献？

在教师确定研究主题后，指导教师就和教师沟通确定了这个反思交流的问题框架，作为教师自我阶段反思以及教师互动交流的依据。三次交流的思路如下：第一次交流，自主交流＋互助提炼＋即时反馈指导。第二次交流，自主提炼＋深度反馈。第三次交流，组织跨项目校的交流，教师在更大的范围内呈现教学改进的过程及实效。三次交流为教师提供深度反思、交流展示的机会与平台，有效提高其教学研究成果提炼能力，促使其实现多维度的专业发展。

三、项目实施的效果与反思

一年多的项目实施初步实现了项目目标：在项目校英语教师团队中建构了持续学习和交流的文化氛围，并促成了师生的发展。该项目取得的阶段性成效体现在学生的学习能力和学习成效得到提升，教师实现了多维度的显性发展：提升了个体和团队的学习能力；提高了教学问题意识；更新了教与学的观念，改变了教学行为；提升了教学研究能力。一位参与项目的教师这样反思：

我们在路上——行动研究阶段反思

作为一名有着十多年教龄的中年教师，我原以为自己的教学生涯会按部就班地走下去，没想到因为课程改革使我发生了转变，这些悄然发生的改变让我不断坚持课程改革的理念走下去。课程改革犹如在自己的

教学生涯中打开了一扇门，使我进入了一个“桃花源”，开始了新的阳光灿烂的日子。

2016年初，我有幸参加了北京教育学院外语系“协同创新”项目，本项目主题为“以学习策略培养提升中学生的英语学习能力”。面对教学中的困惑，我不断找专家切磋，学习资料文献，寻找突破口。此外，不放弃之前的些许成果进展，反复研究数据和分析结构。经过努力，我惊喜地发现，学生们使用同伴评价策略的态度比较积极，并且对同伴评价不陌生，平时也总是愿意欣赏同伴的习作等。基于以上的分析结构，我把研究课题做了进一步的细化，课题名称定为“在过程性写作中培养学生写作自主评价能力”，申请了海淀区“十三五”课题，被定为重点关注课题，并得到了研究经费的支持。

行动研究对于我的写作课堂的改革进展到如今，虽然一路艰辛，但总也有一些欣慰。当看到学生在写作课堂上从被动的“听”真正转换到了主动的“改”和“动”的时候，当看到学生在课堂上积极地参加讨论和评价的时候，当看到小组长（学优生）写在组员本子上的“小老师”般的写作评价和错误批改的时候，当看到学生们写作的一稿、二稿甚至三稿的变化的时候，作为教师的我知道，我的付出是值得的。我的项目研究还没有结束，之后的实施过程中还会出现这样或那样的问题，但是没关系，我一定会坚持到底。研究改革的过程就像一次旅行，我很庆幸，在这次旅行中有那么多专家与我同行，在我经历坎坷和磨难时，给我鼓励、陪伴和帮助，使我继续奋力前行。

当然，高校教师进入中小学校做校本培训面临的挑战很多，该项目实施中遇到的问题主要有四个：第一，工学矛盾。中学教师，特别是高中教师工作比较繁忙，很难保证在固定的时间参与团队学习与交流。第二，研究的持续性问题。第三，教师自主研究能力有待提高。第四，教师教学改进研究会因学生的更换而无法持续开展。这些问题在一定程度上制约着教师的参与度，影响其专业发展的维度与深度。面对这些挑战，指导教师不但要加强自身专业学习与发展，还要深入研究如何持续建构团队学习交流的文化氛围，有效促进项目校教师的专业学习，进一步发挥教师个体及团队的主动性。

评述：

高等院校教师进入中小学课堂是近年来教育领域大力提倡的教育活动形式，其目的是鼓励高校教师走出“象牙塔”，深入基础教育课堂。随着高等学校师范类专业认证的开展，对高校从事教师教育的教师更有了进入基础教育课堂可参照的标准，进而使高校教师进入基础教育课堂成为高等院校师范专业教育和基础教育教师发展的双赢活动。高校教师进入课堂既能从空间上为弥补理论研究与教学实践之间的鸿沟提供机会，又能就同样的问题与一线教师从不同的视角合作开展研究，还能丰富教师与他人在真实的环境中互动的机会。当然，这对高校研究者的要求比较高，既要有较高的理论水平，又能理解实践的重要性，还要有强烈地深入基础教育课堂的自觉性与愿望。

此外，正如案例 3 所反思的那样，高校教师进入中小学校面临着工学矛盾。工学矛盾并不只限于中小学教师，高校教师也同样面临时间安排的问题。同时，还面临研究的持续性问题。如果不能从高校管理和中小学校管理上有所突破，即从制度上有所突破，将无法保证双边教师的参与度与持久性。

四、基于信息技术的教师在线专业发展

现代信息技术，特别是网络技术的发展，不仅为信息的传播提供了更便捷、更迅速的方式，也为学习提供了新的途径。李瑾瑜、杨帆（2018）指出，进入 21 世纪，伴随着我国各个行业的改革发展，信息技术成为促进教育变革的重要因素。从最早期的电化教育手段应用，到计算机辅助教学和多媒体教学，再到今天的“互联网＋教育”“移动互联网＋教育”“微信＋教育”“AI ＋教育”，每一波浪潮都冲击着教育的理念和形式，对教育产生新的影响，进而推动教育的改革和发展。教育信息化和信息化教育成为我国教育发展的重要组成部分，“未来教育”“智慧教室”“在线学习”“翻转课堂”，以及微课、慕课、网络学习空间等，都已成为教育现代化的重要标志。当下的职后教师教育也应该注意结合信息技术。程晓堂（2015）指出，教师在线专业发展具有以下优点：（1）能够克服时间和空间的限制，教师可以根据自己的教学日程灵活地做出安排，也可

以从自我需求以及个体的先前知识与经验出发，选择所需学习资源，参与学习活动；（2）教师在线专业发展在很大程度上加强了教师和其他异质成员及群体的交往，促进了教师的协作学习，使教师成为主动学习者，能够培育在线学习共同体。

我国的教师教育者和研究者已经就职后教师在线发展进行了很多理论探讨和实践研究。

就理论探讨而言，研究者指出职后教师教育应该充分利用网络资源，并根据参训教师的需求制订适合的在线研修模式。朱敬（2018）介绍了国外各大 MOOC（大规模在线课程）平台推出的大量的教师发展类课程，如美国 edX 平台推出的“Enhancing Teaching Education through OER”“Teaching with Technology and Inquiry”等课程，英国 FutureLearn 平台专门推出的“Teaching and Study”课程模块，以及美国 Coursera 推出的 40 多门专门的教师培训课程，同时也介绍了我国在探索利用 MOOC 资源促进教师发展的尝试，例如中国大学 MOOC 平台对教师能力提升类 MOOC 项目进行了设计，就基础教育一线教师所需要的几个模块（如教学方法、信息化教学、教师素养、信息领导力等）进行了分期建设。赵兴龙（2018）提出了乡村教师互联网深度培训模式。这个模式主要由三个部分组成：（1）乡村教师及其所处的社会资源网络；（2）远端教师及其所处的社会资源网络；（3）互联网支持下“一对一”共同体空间。基本步骤是：（1）“寻”，为乡村教师所在的学校寻找合适的优质校；（2）“配”，在优质校中为乡村教师匹配合适的优秀教师；（3）“通”，让乡村教师与远端教师“一对一”联结；（4）“筑”，构筑国家教育资源公共服务平台、区域网络研修平台等共同体空间，开展认一位好师傅、交一个真朋友、上一堂优质课、做一次深反思等活动；（5）“研”，通过双方沟通选择相应的培训研学主题，定期研讨；（6）“建”，建立相应的定期远程交流、定期成果展示、学校领导定期会商等机制；（7）“用”，整理收集应用相应的成果，把积累的课例、资源、材料、活动等收集整理并转化为学校自己的内部资源，比如校本课程、开放式学习活动、项目式学习活动等，让更多的教师和学生受益。

就实践研究而言，研究者关注教师在线发展的有效途径以及促进教师发展的因素。汪琼（2015）介绍了首都师范大学首都教育发展协同创新中心基于“信息化时代背景下教师教育在线开放课程研究”课题推出的“翻转课堂教学法”MOOC课程实践，与若干县市教育局合作，由教育局向所辖中小学分派学习任务，共25000名教师参加课程，其中近5000人拿到了证书，3000人取得优秀的成绩。教学内容主要是视频、讨论、测验、作业等。研究指出目前教育培训存在很多问题，例如教师培训资源重复建设、教师专业发展资源地区不均衡、教师存在重复被培训与过度培训、原先的以观看讲座为主的部分网络远程培训课程效果不佳等，而MOOC教学提供了一个很好的解决方法。

2013年，教育部“国培计划”骨干教师高端研修项目开启了我国中小学在职教师大规模网络培训的航程，并于2013年12月启动“国培计划”骨干高端研修项目——初中英语教师工作坊。在2014年和2015年对21个省、自治区、直辖市实施“初中英语网络研修教师工作坊”的试点工作，每省构建两个工作坊，每个工作坊由一名高校学科教学专家、一名优秀教研员和一名优秀骨干教师组成“三人行”坊主团队，有300名优秀一线骨干教师和优秀教研员参加。刘丽平（2016）以“国培计划（2013）”初中英语教师工作坊四川1坊的广元、绵阳、德阳、成都、乐山、攀枝花的300名参训教师和教研员为重点研究对象，同时关注其他省（自治区、直辖市）学员在线学习情况，旨在了解初中英语教师的专业知识、教学技能、教学理念及教师素养等方面的现状，采用定量与定性相结合的研究方法，探讨网络研修工作坊是否能有效促进初中英语教师的专业发展，探索当前在职教师网络研修存在的问题。该研究的问卷调查发现，66.7%的教师认为网络研修在很大程度上促进了自身的专业发展。该研究的访谈表明，网络研修工作坊为参训教师在教育教学等方面带来了较为深刻的感悟和体会：网络研修提升了教师的理论水平，在教学实践方面具有一定的指导性；更新了教师的教育观念，让教师了解到更多前沿理论及实践经验，提升了自己的专业能力和教学能力；对教师的专业知识有较大的补充，能促进教师从“教书匠”向“教育家”转变；促进了教育教学改革，提高了教育教学能力，提升了“全人教育”的理念；增长了见识，开拓了思维，促使其不断成长。

汪茹（2018）指出，利用网络技术促进区域教师教学能力协同发展已经成为趋势。许多地方教育部门开始探讨云服务环境下基于信息技术的新的教师整体培训模式。该培训模式主要基于网络协同培训课程展开，具体操作步骤是:（1）在开始某单元教学前，由专家统一指导，录制视频，即“网络协同单元备课指导”，上传到网络协同教师培训课程中，供教师观看学习；（2）骨干教师通过观察“网络协同单元备课指导”，根据专家指导进行教学，技术人员录制整个教学过程，作为示范课上传至云服务教师培训课程中，供其他教师借鉴与学习研讨；（3）组织相关专家对示范课进行评价，录制视频上传到云服务教师培训课程中，供骨干教师及其他教师参考、学习、研究；（4）在进行视频观察的同时，教师可以针对本单元的问题在两个讨论区中进行研讨，在议课讨论区中与专家讨论示范课，深入剖析课堂中值得借鉴和需要改进之处，也可以向专家请教该单元的其他问题，获得专家指导，并在专题研修区中讨论由课程负责人发起的与本单元有关的代表性话题。一个课程单元所有的话题围绕本单元的内容进行，一个单元结束后，马上进行下一单元的学习。这种培训模式中，专家引领、示范课、研修区是最重要的三个要素。专家起到引领和指导作用，骨干教师展示示范课供其他教师分析，研修区则提供交流的平台。研究表明，该模式能加速教师专业发展，提高教师培训的有效性。

韩宝成、曲鑫（2017）指出，我国北京、深圳和宁波等地的教育部门已经将一项新近研发和推广的英语教师在线学习和资质认证系统在 ELTeach 项目运用于中小学英语教师培训。ELTeach 是美国教育考试服务中心和圣智学习集团合作研发的在线课程学习和测评项目，学员可在 6 个月内完成 100 至 140 小时的在线课程学习和两个模块的考试（教学英语考试和英语教学专业知识考试）。学习期间，有专职培训专家针对 ELTeach 项目的课程内容进行面授和解读。教师还可以参加在线 ELTeach 学习社区的交流和讨论，有专职人员负责解决教师学习时碰到的技术问题或学习疑问；培训组织者每周或每 10 天会收到教师学习进度的报告；教师每周或每 10 天会收到提示定期参与学习的邮件或短信，相对进展缓慢的教师会收到电话提醒、督促。该模式是推动英语教师在线学习的有效途径。

以下为基于信息技术的教师在线发展案例之一（郭遂红 等，2017）。

案例4：基于信息技术的教师在线专业发展案例

郭遂红、陈淮（2017）对广东省某普通高校的47名大学英语教师进行了通过QQ群协作发展的校本研究实验，探讨网络环境下教师校本教研的发展模式。从2013年9月开始，研究者组织建立起专门的大学英语教师交流QQ群进行实验，旨在利用网络交流与协作促进每位成员的学习、成长和发展。实验采取合作性行动研究的方法，具体步骤如下。

第一，确定研究主题。问题即研究的起点，也是研究的主题。教师在自己的教学实践中会发现许多值得研究的问题，明确问题情境，进而在学习共同体中提出疑惑，寻求解决途径，随之进入下一阶段。

第二，制订研究计划。整个大学英语教师集体就是一个大的研究团队，再根据不同的研究方向，分别确立由主任、科研骨干为负责人，以课题为中心的下一级研究团队。教师个体要求结合自己的教学实践，分别制订出自己的研究方案，包括研究时间、对象、数据收集方法等具体计划。各成员根据自身特色或科学分工，参与并亲历课题研究的过程。

第三，计划实施，合作研讨。教师个体借助QQ群网络平台，与其他教师相互交流信息、情感、观念和价值观等活动，通过在QQ群网络学习共同体中积极互动，形成合力。

第四，反思评价，调整改进。教师个体在共同体成员的帮助下，广泛收集并分析相关数据和资料，特别是关于自己活动的信息，边研究，边记录，边反思，包括教学信念、行为、目的、态度、情感和价值观等，通过他人的观察、建议与批评，丰富并改善自己的专业视域。

第五，研究总结和提炼。通过教师的共同努力，教师个体积极寻找"共同体"的新思想和新策略来解决所面临的问题。同时，教师还会继续遇到新的教学问题，从而又进入下一阶段，开始新的循环，形成一个螺旋式不断上升的发展过程。

研究发现，基于QQ群网络平台的大学英语教师协作发展模式很有效果。首先，有效地转变了教师的工作观和发展观。该教研模式为教师创设了相互交流的平台，在群聊、群论坛和群共享等协作空间里，教师们通过交谈来分享信息、观念，或共同工作来解决某个问题。其次，提高了教师的合作意识和教育活动的效率。借助QQ群这样的网络平台，平时工作繁重的大学英语教师们能很灵活方便地进行信息交流，实现了信息交流技术的运用常态化，而且互相之间能有效合作、互动和积极学习，促进信息交流技术与大学英语课程之间的整合。再次，深化了研究型教师的角色意识。通过QQ群网络平台的交互，大学英语教师的观察力变得敏锐，对自己的课堂教学采取一种科研的态度，进一步提高了反思能力。最后，构建了专业切磋、分享反思、共同提高的团队文化。该教研模式营造了一种学习共享的氛围，削减了自我学习的孤独感，给予了教师心理和情感的支持，使其获得了自我发展的持续动力。

参与教研的不少教师在提到QQ群教师学习共同体的促进作用时，不约而同地提到大学英语教师交流QQ群为他们提供了一定的精神依托，而且扩展了其学习和发展的广度和深度。对于这一点，几位助教职称的新教师深有感触：

"我刚做教师不久，所有的一切都还在摸索阶段。加入教师交流QQ群，心里顿时感觉有了依托，有经验丰富的前辈悉心指点，可以少走弯路。我感觉自己的业务水平各方面都有了相应的提高。"

"由于资源有限，每次学校教师参与进修的名额都非常有限。但是每次学院的同事进修期间或是进修归来，都会与我们分享他们的学习心得，分享国内外学术界和教育界的最新信息。这些分享大大开阔了我们的视野，有助于整个团队的共同进步。"

评述：

随着"互联网＋"的快速发展，新技术在教师发展中的运用也越来越多。但是，如何使新技术得以充分运用并持续发展是教师在职教育或教师发展中值得研究的问题。和之前的案例一样，教师共同体的建设、教师的认同与主动性，以及教师自主权和教师赋权等对虚拟社区的持续性与有效性起着至关重要的作用。

在"互联网＋"的热潮下，通过建立网络社区组织教师研修的案例越来越多。开展网络社区研修活动需要注意以下几个方面：

第一，注重项目前期准备，包括现场调研、与当地相关部门合作组建合理的专业指导团队、参与当地的参训学员遴选、与项目的管理者达成共识等。这些基础工作做得扎实，项目推进才能比较顺利。

第二，整体规划全面细致，根据需求调研，从问题入手，整体规划安排项目方案，包括目标的确定、内容的选择及学程的安排。坚持以终为始的原则，时刻以最终教师研修成果为依据进行整体设计安排。

第三，在组织方式上，组建规模适当的网络学习共同体（工作坊）。相比而言，小团队组织（如不超过 50 人为一个组坊）的效果可能更佳。

第四，在研修主题的确定上，从教师常见的困惑或问题入手，开展小主题的主题研讨与课例研磨，一个学期的研修项目只解决一个小问题。

第五，在组织实施上，基于教师工作场景，致力于将网络研修与学校常态的校本研修深度整合，使研修与日常工作紧密关联。

第六，在学习资源的提供上，面向大规模人群针对性推送资源时，需注意分层，按初任教师、有潜力青年教师、骨干教师、名师，分层推送课程资源及与教学同步的精选资源。从反馈情况来看，对资源较好的网络资源的正面评价多，同步教学资源在中西部地区尤其受到教师欢迎，同步教学项目教师实际参与度较高。

第七，在技术运用上，运用直播技术，打破时空界限，组织网络同步教研和同步课堂；运用手机研修，帮助教师进行有针对性的单项学习。

第八，在学习支持上，针对教师在学习过程中遇到的问题，及时提供反馈服务和相应的帮助。

第九，在评价方面，动态采集学习者的各项学习数据，跟踪学员学习行为轨迹。

总之，在现代教育信息技术高度发达的今天，对技术的充分利用仍然面临许多问题，亟须从教育技术的定位与理解入手进行进一步的研究。

五、基于可持续发展的教师培训者培训

教育的最终目的是培养具有自主学习能力的学习者，因此在职教师教育的目标不是仅让教师学习重要的知识和技能，而是让教师学会如何自我发展，并且能够带动周围的教师共同发展。

教师培训者是保证我国基础教育质量的特殊队伍，应贴近中小学教

育教学实际，了解中小学教育教学真实情况和教师的实际需求。应加强对教师培训者的培训，以便培训者能将鲜活的课程改革信息、先进的教育理论动态及时传递给更多一线教师，成为构架理论与实践之间的“桥梁”。进一步完善和加强教师培训者培训是落实《国家中长期教育改革和发展规划纲要（2010—2020年）》所提出的“以提高质量为核心”的教育发展观的关键。

进入新课改以来，英语教师的职后教育面临更多的新任务、新挑战，仅靠高校教师教育者和教研员无法承担广大英语教师职后教育的重任，政府机构的介入能起到更多有效的辐射与中介作用（见案例5）。

案例5：基于可持续发展的教师培训者培训案例

一、项目背景

鉴于2014年4月中英教育峰会期间，某省教育厅与英国大使馆文化教育处签署的教育合作备忘录（2014—2019年），双方希望继多年来在教育领域的密切合作和取得的成果基础上，加强在英语教学领域的合作，开展中小学教师英语语言和教学能力培训，不断提高当地中小学英语教学的整体水平。

在此框架指导下，双方在2014年合作试点了该省小学英语教师培训者发展项目，取得了双方满意的效果：（1）创建了一个可以在该省各地区复制的创新型农村教师培训模式；（2）培养了一批可以在各地区开展辐射培训的教师团队，他们掌握了以学习者为中心的教学理念和实操型的交际教学技能；（3）为拓展更大规模或更高层次的教师培训者发展研修项目奠定基础；（4）有助于创建可持续的教师职业发展体系。

在2014年项目成功试点的基础上，双方同意继续实践培训者发展的模式，开展2015年目标省初中英语教师培训者发展项目（2015农村骨干初中英语教师培训项目）。项目旨在通过提升来自该省农村地区的24位初中英语教师的英语语言水平、跨文化交际意识、教学方法与技能以及培训技能，使其不仅能够自如运用交际型教学法和课堂技能，有效引导学生参与英语课堂学习，并对学生学习效果进行有效评价，以更好实践国家英语课程标准的相关要求，同时具备作为英语教师培训者的能力，作为种子教师引领、辐射所在地区初中英语教师共同发展，从而在当地形成有效的教师学习共同体，共同实践以学习者为中心的教学法，提升目标省整体教学水平。

二、项目需求调研（2015 年 5 月）

1. 调研目标

（1）了解目标地区现阶段英语教学和英语教师职业发展情况。

（2）根据调研结果调整 2015 年培训方案。

（3）为目标省英语教师发展中英后续合作提供建议。

2. 调研对象

项目学员：24 位来自农村地区的初中英语教师。

项目领队：1 位省级初中英语教研员。

3. 调研方法

（1）观摩课堂教学。

了解参训学员及非参训学员的现有课堂教学方法、教学水平、教学环境、学生情况及教材使用情况。

（2）小组访谈。

与影响教师发展和教学相关环节的有关方开展座谈，包含参训教师、参训教师所在地区其他英语教师、在校学生、校长、教研员及当地教育主管部门负责人、教研员等。

（3）样本选取。

选取代表该省不同英语教学水平的地区，同时考虑不同年级、教材等因素，涵盖参训教师和其他非参训教师。

三、项目设计及实施方案

基于需求调研所发现的教学现状以及该省教师发展的总体规划与目标，双方探讨项目的设计，并一致同意实施如下方案。

1. 项目预期成果

（1）提升 24 名参训学员以学习者为中心的教学理念和教学方法、跨文化交际意识，并在此过程中促进他们的英语语言水平的提升。

（2）发展 24 名参训学员的培训技能，使其能通过组建工作坊带动本地区其他教师，以使参训学习成果得到拓展，辐射更多英语教师，使参与工作坊的英语教师都能够获得教学理念与实操教学方法，带动本地区英语教学水平的提升。

2. 项目设计

阶段	发展技能	时长	地点
第1阶段	教学技能发展 校本实践	3周	国内学员所在地
第2阶段	赴英培训：教学技能、语言文化、培训技能准备 校本实践	3周	英国培训地
第3阶段	培训者技能发展	2周	国内学员所在地
第4阶段	二级辐射培训指导	2周	国内学员所在地区
第5阶段	二级辐射培训延展期	1年	国内学员所在地区

3. 项目实施方案

	培训项目实施各阶段	时长
1	学员技能测试——机考（采用普思考试系统）	3.5小时
2	预培训（学术以及文化准备）（学员国内所在地）	3小时
3	英语教学能力和教学法提升培训（学员国内所在地）	3周
4	校本实践和反思阶段	8周
5	英国语言文化、教学技能培训及培训者技能培训	3周
6	校本实践和反思阶段	2周
7	培训技能发展（引领其他教师）及培训方案涉及（学员国内所在地）	
8	学员开展培训项目［学员所在市（州）/县/镇：为所在地区其他教师组织实施培训，培训不少于两次，至少培训10名其他教师，并根据培训效果，颁发课程证书］，英国专家追踪指导	2周
9	项目评估	3~5天
10	学员继续开展培训和引领其他教师（所在市（州）/县/镇）	1年

四、项目评估及成果

1. 第一阶段：英语教学能力和教学法提升培训

在英国专家指导下，参训学员在为期三周的集中培训中提升了如下技能：（1）交际型语言教学；（2）以学习者为中心的教学；（3）有效的课堂管理；（4）教材的使用；（5）交际型课堂教学的准备；（6）如何使备考课更具交际性；（7）如何使用交际型教学法教授听、说、读、写、词汇、语音及语法；（8）如何使语言练习变得有意义；（9）如何创造性使用故事、歌曲、朗诵；（10）微课教学练习。问卷调查表明，91.67%的学员表示培训满足了预期，100%的学员认为此次培训是高质量培训，培训内容与工作职责紧密相关，学到了新知识和技能。

2. 第二阶段：英语教学技能、语言文化培训

学员在为期三周的培训中学习了实用英语教学方法、课堂用语、英语语言提升、英国文化理解、英国教育制度、学校教育实践。学员的学习总结和培训承担机构的评估表明培训效果良好。

3. 第三阶段：培训技能发展及二级辐射培训方案设计

在英国专家的指导下，参训学员在为期2周的培训技能课程中提升了如下技能：辨别可以直接转化为培训技能的教学技能，辨别并描述学生学习习惯，将不同学习习惯与课堂活动/任务类型相关联，了解培训过程中的学习动力，在培训中如何依据教师的经验水平分析其问题与所面临挑战，为受训者提供建设性评价，根据受训者不同水平来确定培训材料，建立一系列评价指标，制订有效且可衡量的学习目标，模拟培训。

参训学员根据该省农村地区英语教师普遍需求，在英国专家指导下设计了4个工作坊，包括学生学习方式（learning style）、课堂教学指令（giving instruction）、阅读教学（teaching reading）和写作教学（teaching writing）。同时，英方专家为学员提供了充足的参考资料和建议，由学员培训课程结束后共同完成第5个工作坊——语法教学（teaching grammar）。培训结束后，就培训技能发展课程质量及学员学习成果进行了问卷调查。91.30%的学员表示培训满足了学习预期，100%的学员认为此次培训是高质量的培训，100%的学员认为通过培训学到了新的知识和技能，91.30%的学员认为培训对其所在工作单位非常重要，100%的学员认为自己享受培训过程。部分参训英语教师在参加完工作坊后，表达了对培训方式和培训主题的喜爱：

> "我喜欢工作坊，因为它和一般的培训不同。老师们是通过积极参与活动学到知识，而不是只听别人讲。"

"我认为这个工作坊很有趣，我能把在这里学到的东西用到我的课堂里。我想学生也会喜欢。"

"我喜欢这个工作坊，因为它很有趣。这是一种有效的教师培训方式。通过参与其中，我学到了一些教学技能。"

"培训主题和我们的实际教学密切相关，可以学以致用。"

4. 第四阶段：二级辐射培训项目实施（英国专家前往部分地区观摩指导）

英国专家对 8 名学员进行了跟踪指导，并邀请临近地区的参训学员前往观摩和参与诊断与反馈环节。英方专家对培训的学员给予了针对性的指导和改进意见，并撰写了评价报告，被观摩学员也就此阶段亲自开展培训并进行了自我总结。结果表明，项目在参训学员英语水平非常有限的条件下，取得了超出项目合作双方的预期成果，达成了一个有效的培训模式。其中一位被观摩学员老师回到原工作单位组织了关于学习风格的教师培训，以下是该学员对培训过程、培训效果和培训不足之处的反思：

2016 年 3 月 15 日，作为参与初中英语农村骨干教师培训二级辐射培训的一员，我在我的工作单位进行了第一次培训，培训的主题是 learning style（学习方式）。

当天，参与培训的 20 名学员是来自我市各所中学的初中英语教师，从整个培训流程和结果来看，达到了我所预期的效果。在培训前，我非常希望能将我在之前培训中学到和感受到的东西和学员们分享，比如一些先进的教育教学理念，丰富有趣的课堂活动等，为此我做了精心和充足的准备，以期望学员们在这次培训后，能够充分认识和了解我们这次培训的主题——学习方式，并意识到自己课堂教学中存在的问题以及思考如何改进和提高。

从培训结束后的反馈信息上来看，每名学员都认为这次的培训非常有意义，使他们开始反思自己对于课堂教学活动的安排和处理，且他们对于这次培训中所体验到的一些活动非常感兴趣，渴望知道如何在课堂上开展这些活动，并极其盼望有更多的机会参加此类培训活动。这样的反馈无疑是对我这个新培训师最好的肯定，让我对接下来的培训更有信心。

但反思整个培训，我还是有许多要提高和改进的地方。比如对于部分培训环节的时间处理，有些过于随意，并没有按照培训计划严格进行，不够严谨；对于学员们的反馈，有些方面在培训之前没有进行全面的预估。当然，这和我自身的教学理论功底有待进一步提高以及对于培训师这个角色不太适应有关。这次培训让我意识到自己在今后还需要花更多时间学习，多读专业书籍，拓展自己的知识和能力，努力争取做一个优秀的培训师。

另一位被观摩学员老师组织了基于参与式体验的二级辐射培训，对培训形式、团队支持和自己作为培训者的个人体验进行了反思：

3 月 16 日，在我县举办了农村初中英语骨干教师教学能力培训项目二级辐射培训。作为本次培训主讲者，从接到任务的欣喜忐忑、项目学员间的切磋交流、几易培训教案的苦思冥想，到一个半小时培训任务结束后的如释重负，静而思之，感受很多：

一、参与体验式培训倍受青睐

从这次培训来看，与常见的只有听讲、记笔记的讲座式培训相比，老师们更喜欢这种重在体验的参与式培训。因为老师们是第一次参加这种形式的培训，有少部分老师还有点惧怕。但在培训正式开始后，大家在活动和游戏中找到了乐趣，都能进入角色，积极参与到每个活动中。“吾听吾忘，吾见吾记，吾做吾悟”，这种培训有效地把思维与行动结合在一起，促使自己成为积极主动的学习主体，在体验中反思，从反思中更新理念和教法，何乐而不为？ 而从培训后的反馈来看，老师们都希望有机会参加更多类似的培训，一致表明这种培训的实用性、趣味性和有效性是他们所期待的。

二、珍惜机会，感恩团队

培训能比较成功的举行，得益于之前来之不易的培训学习的机会，得益于指导教师的现场指导，得益于与其他同仁的交流，得益于我所在的教育行政部门和教研员的大力支持，得益于全体参训人员的积极配合！感谢所有的良师益友！这次经历是我职业生涯中一笔珍贵的财富。

三、学习永远在路上，只有进行时

一个半小时的培训，可以做得更好的地方还有很多。从培训者的角度而言，经历了从参训者到培训者的角色转变，只是觉得自己需要学习的东西太多太多。参训的学员们有着良好的英语素养，作为英语教师，他们有着教师特有的职业精神——好学、勤奋、执着。而我，如何进行更有效的英语课堂教学，怎样更有效地将已学的理念和教学法分享给同事们，是后期将继续努力的方向。学无止境，我们没有理由停下学习的脚步！

评述：

案例5通过中外教育行政部门合作，搭建了在职教师教育平台，提升了来自农村地区的24位初中英语教师的英语语言水平、跨文化交际意识、教学方法与技能以及培训技能，使其不仅能够自如运用交际型教学法和课堂技能，有效引导学生参与英语课堂学习，并对学生学习效果进行有效评价，以更好实践国家英语课程标准的相关要求，还具备作为英语教师培训者的能力，作为种子教师引领、辐射所在地区初中英语教师共同发展，从而在当地形成有效的教师学习共同体，共同实践以学习者为中心的教学理念，提升整体教学水平。

在这个项目中，二级培训引导了该地区教师探讨课堂活动设计背后的指导原则。例如，了解学生的学习习惯，给予学生清晰、明确的教学指令等，从而通过设计有意义、符合学生学习习惯的课堂活动来改善教学效果。同时，培训以引导教师反思为主，使其能够从自己的实际教学出发，调整和改变教学活动，并探讨以学生为中心的教学活动如何与自己的教学和课堂相结合，拓展教学活动。

六、以教育叙事为载体的职后教育

改革开放40多年来，我国中小学教师培训的目标取向发生了很大变化。1978—1992年开展中小学教师培训旨在弥补基础教育师资力量的紧缺，1993—2012年旨在提升教师全面推进素质教育需要的素养，2013年至今旨在提升教师生活质量，促进教师常态化发展。这折射出我国对教师专业发展内涵的不断深化，即从“教师是一种职业”到“教师是一种专业”,再到“教师是一种生活方式”的转化,体现了教师教育理念由“工具化”向“人本化”的不断转变(李运福 等,2016)。

我国已经有教师教育者探索如何进行人本化的教师教育,探究如何激发教师的心灵智慧,让教师更好地“认识自己,理解自己,探索自己,解放自己,把教育教学作为神圣的心灵旅程,在轻灵、新鲜、清朗、平和、畅达、欢悦的心态中,把自己的心灵之光投射到学生的心灵上”(吴国珍 等,2010)[2]。研究发现,教育叙事具有特别的感染力,能帮助教师从最细微处领悟教育哲理,将教师缄默的实践性知识外显,唤醒和提升教师内在的生命力,促进教师反思日常教育行为,改变教师的教育理念,提升教师的课堂行为。北京师范大学的吴国珍老师对以教育叙事为载体的教师教育进行了很多探索。她2005年翻译了美国学者帕克·帕尔默的《教学勇气——漫步教师心灵》一书,将众多一线教师引进了探索心灵旅程的世界,促成了很多教师参与读书会、教师研修活动,而且自2006年开始在北京组织跨校教师叙事探究活动,持续了8年,继而又以“教师勇气更新活动”的形式走向公众,吸引了更多省市的城乡教师参加,促进了老师之间的交流和分享,把叙事探究内化为有助于学校教师专业成长的生活方式(吴国珍,2019)。张仙、黎加厚(2007)收集了参加常熟市研究型教师培训的26位教师在2005年3月至2006年1月培训期间所写的教育叙事994篇,对培训中基于博客的教育叙事的应用情况进行了调查和分析,发现教师通过写教育叙事,反思了自己的教育教学,分享了自己的教育教学经验,学习了其他教师的优秀经验,促进了自己的专业发展。

在第二语言教师教育中,叙事能引发教师的认知建构,帮助外语教师对自己的教育经验进行反思、质疑和学习,使其关注自己的课堂生活,反思自己的教学实践,并通过叙述自己的故事和阅读他人的故事形成一个教师“实践共同体”,促进教师的共同发展。叙事对于教师专业发展具有强大的作用,因此被作为一种重要探究工具广泛使用已有20余年的历史(Johnson et al.,2011)。就我国的英语教师职后教育而言,尽管很多教师教育者已经意识到教育叙事对其专业发展的作用,但是相关的实证研究还非常有限,例如,范文艳(2017)调研了江苏省连云港市赣榆区

34 所学校的小学英语教师校本培训，发现相对于科研论文，教师更喜欢撰写教育叙事。研究者阅读了教师撰写的 200 多篇教育叙事后，发现在叙事视角下教师的自我反思和自我提升不只是泛泛而谈，对教学行为和教学现象更敢说，更愿意分享，可惜该研究的具体实施过程在论文中并没有得到充分展现。鉴于笔者在目前公开发表的资料中没有找到完整的以教育叙事为载体的英语教师培训案例，本节将分享某小学对全体教师开展基于教育叙事教师教育的案例（见案例 6）。

案例 6：以教育叙事为载体的小学教师教育

刘润爱、牛同和（2010）介绍了胶南市珠海路小学依托校本教研，在进行教育课题实验研究的同时开展教育叙事研究的情况，使教师在工作中研究，在研究中反思教育实践行为，实现了教师专业化素质和学校办学水平的协调稳步发展。该校本教研的具体实施步骤和效果评价如下：

一、实施培训——走近教育叙事

学校首先开展了通识培训。全体业务干部进行集体备课，商讨培训的内容和方式，并对培训的讲稿字斟句酌，对讲座选用的教育叙事案例从篇幅长短到叙事的题材反复筛选，保证讲解材料的可接受性。接着，学校以“走近教育叙事”为题，围绕什么是教育叙事、教育叙事的种类、如何认识教育叙事、写教育叙事时应注意的问题等方面，组织教师从理论与具体案例两个方面进行了学习、交流。之后，学校又通过简报向教师进一步介绍教育叙事。通过上述方式，教师们逐渐达成共识：教育叙事就是教师讲述自己的教学故事，涉及教育教学工作的方方面面，可以畅谈工作中的得与失、成功与困惑、灵感与顿悟，重点是反思自己的教学行为，实现提高自己教学水平的目的。

二、完善机制——走进教育叙事

为确保教育叙事活动不流于形式，学校采取多种机制、方法调动教师的积极性，不断深化教育叙事研究。（1）提出数量要求。从实际出发要求中青年教师每两周撰写一篇教育叙事，50 岁以上教师每月撰写一篇教育叙事，上不封顶，篇幅可长可短。（2）搭建教育叙事平台。①例会交流。选取优秀作品，利用教师例会时间进行交流，共享叙事研究的成果。如今，例会交流教育叙事已成为全校教师共享教育教学感受和经验的幸福时刻。②简报交流。学校以半月一期的简报为平台，专门交流教育叙事，让更多教师的教育叙事刊登印发，让更多的教师感受到教育叙事撰写的成功，让更多的教师分享到他人的快乐。③组内研讨。教研组定期汇总教师叙事研究过程中呈现的问题，并将具有共性的问题作为教研组全体教师每周“专题研讨”的主题，有效地将教师个人叙事与教研组集体教研有机结合。④结集成册。学校将教师撰写的优秀教育叙事分类整理，结集印发，并赠送给家长。既为教师学习交流提供了方便，又拓宽了家长与学校和教师间沟通、了解、交流的渠道。

三、完善激励措施

（1）及时肯定。学校及时通过各种会议，利用各种机会，充分肯定教师在开展教育叙事研究活动中的成功做法，同时指出存在的问题，明确努力的方向。（2）及时反馈。学校每月一次反馈教师撰写叙事和简报录用情况，公布每期各教研组刊发数量，有效调动教师参与的积极性。（3）评选表彰。学校每学期组织一次教育叙事评选活动，对撰写具有研究与鉴赏价值的优秀教育叙事的教师给予精神奖励的同时，给予一定的物质奖励。

四、效果评价

伴随着教育叙事研究，学校教育教学工作出现了“五多”现象。一是对教育教学工作的观察多了。教育叙事研究让教师反思自己的教育教学行为，让教师有意识地观察、思考教育教学工作。故事的捕捉，情感的升华，都需要一双慧眼，需要留心日常的教育教学工作。平时，教师们养成了留心教育教学过程，观察教育教学活动的习惯，因而他们的教育故事多了，内容丰富了，情节生动了，文笔精彩了。二是对教育教学的思考多了。以前教师们做的多，反思的少。如今，做事情前能结合教育理论考虑，做事情时能运用教育理论指导言行，做事情后能借助教育理论升华认识。教师们把问题解决与亮点发挥有机结合起来，在问题解决中发现亮点，在亮点发挥中发现问题，整个叙事过程呈现为螺旋递进、永无止境的滚动发展。三是对教育教学工作的交流多了。教育叙事已成为教师调节工作紧张情绪的有效方式和手段，既放松了教师的身心，缓解了工作压力，又交流了教育思想。教师们认为教育灵感及其顿悟往往是智慧的火花，它常常是突然而至，一闪而过的。若不及时去反思去捕捉，便会因时过境迁而烟消云散，令人遗憾，因而需加强交流，及时升华认识。课余，几位教师在一起随机交流的场景在学校随处可见，研究教育教学故事与交流工作感悟已成为教师"闲谈"的主题，成为教师繁忙工作后放松身心的重要方式。四是主动阅读教育书籍的多了。没有科学的理论、先进的理念支撑，没有一定的理论素养，就很难发现问题，也很难将问题叙述成生动有价值的故事。为了给自己的教育故事寻求科学的理论支持，实现理性与实践的有机结合，教师们查阅资料的多了，学习教育理论的多了。五是主动写作的多了。教育叙事促进了教师专业精神的升华，促进了专业能力的提升。许多教师说："教育叙事让我们感到我也能写作了。它让我们享受到了教育的快乐。"随着活动的深入，由被动撰写教育叙事到积极主动撰写的教师多了。教师们撰写课后反思、记录教育感悟已由初期的定量定篇逐渐变成教师的自觉行为。

评述：

案例 6 表明，教育叙事能潜移默化地改变教师的专业视角和教学行为，以教育叙事为载体的教师教育能突出教师的主体性，让教师由被动的受训者变为主动的实施者，对教师的专业化成长具有不可忽视的作用，是中小学教育科研的新趋向。

教育叙事来源于教育现实，来自教师心灵世界的真实声音，是促进教师专业发展的有效途径。

教师教育者要特别注意教育叙事不是随便讲故事，要特别注意以下几点：

第一，营造激发高质量教育叙事的氛围。要实现真正促进教师发展的叙事探究，应该为教师提供可以安心、放心地讲述自己"秘密故事"的场所和氛围，而且要不带任何功利心和任何对故事的评判（李晓博，2011）。只有当教师带着开放、舒展的心态去主动观察、审视日常的教育教学，才能做到内醒，获得专业发展的动力。

第二，追求基于真实教育实践的深度思考。教育叙事应基于真实的教育实践，而不是虚构的，否则就背离了教育研究的本质；教育叙事应有重点、有选择地记叙教育实践与反思，而不是流水账，否则就过于琐碎；

教育叙事应体现教师基于教育理论的深层次思考，而不是简单地讲故事，否则就流于肤浅（刘润爱 等，2010）。

本节所引用的案例全部来自英语教学实践，各案例背景不一，组织目的、组织形式与操作过程各有特色，但都遵循了在职教师作为成人学习者的学习特点与规律，以学校课堂为教师学习的基地，针对的是教学工作中的问题，以一种教师共同体的形式，充分利用了基础教育教师、高校教师、研究者与教育行政部门各方优势，对英语教师在职教育的组织形式、发展模式、学习内容和学习环境等进行了有效的尝试。

第四节　英语教师职后教育与专业发展

随着教育改革的推进，教师的重要性不言而喻，其专业知识和能力的高低、专业意识的发展程度，已经成为决策者、管理者、教师教育者和研究者关注的重点。人们希望教师通过专业发展提升自身素质，从而为学生提供高质量的教学，进而促进学生的发展。作为促进教师专业发展的重要途径，教师职后教育也因此引起了人们的极大关注。教师的教育教学能力，尤其是在实践中的行动能力，在突发事件中的决策能力，是如何形成和发展的？在职教师如何提高自我专业发展的意识和能力？

近年来，人们对教师专业发展内涵的理解不断深入，充分认识到了教师学习是一种由经验式学习、基于问题的学习、自我导向的学习、同伴互助学习、职场学习等组成的综合体（李宝荣，2017）。教师职后教育的实践因此也发生了很大变化，出现了范式的转变。

本章介绍了不同的教师职后教育模式，探讨了多种学习活动、方式与教师学习、发展的关系，介绍了课例研究、学习共同体、专家引领与同伴互助等多种形式。研究者和教师教育者们对英语教师职后教育的有效途径和方法进行了很多尝试，如注重个体实践反思的课例研修、提倡融合理念与实践、多方参与协商的校本教研、追求知行合一的行动探究、以信息技术为载体的在线研修以及注重可持续发展的培训者培训。本章就每一种模式都呈现了比较成功的案例，其共性是拥有共同的认识论基础，针对教师的专业发展需求，尊重教师的心理和情感需求，竭力搭建理论与实践的桥梁，对当今的英语教师在职教育有以下启示：

第一，应该研究制定英语教师专业发展标准和能力框架。教师教育和专业化发展已经成为全球教育改革的重要议题。不少国家在大力推进教师培养和教师继续教育工作的同时，也开始重视教师专业标准的制定。李翠英、孙倚娜（2014）指出，鉴于我国目前还没有出台英语教师能力标准以及这一标准对于英语教师发展的重要性，我们有必要研制一个详尽、合理的能力指标框架，以便教育机构和教师都能有据可循，更好地开展教学、提升自我。这一标准与框架要以中国英语教学实际情况为背景，符合英语教师专业能力特征，体现英语教师专业能力的本质，遵循教师专业能力构建与发展规律。

第二，重视发展教师的核心专业能力。教师成长与发展是多元因素交互作用的结果，除教学能力之外，教师发展的核心是其自我反思能力和教学研究能力。优质的英语教师职后教育重视梳理教师专业发展的核心能力，了解教师已有的能力和形成过程，而且会对教师核心专业能力所涵盖的子能力之间的关系进行分析。关于教师能力基础，国内学者在这方面的研究也较多，如叶澜等（2001）尤其强调理解他人和与他人交往的能力、管理能力、教育研究能力，又如林崇德、申继亮、辛涛（1996）及吴永军（2007）认为教师教学能力是教师能力基础的关键因素，它包括教学认知能力、教学监控能力、教学操作能力等。

第三，注重教师专业发展的需要和意识。要考虑何时何地何种条件下教师的自我专业发展更为有效。叶澜（1991）指出，教师的自我专业发展意识，按照时间维度，其内容构成至少包括三个方面，对自己过去专业发展过程的意识，对自己现有专业发展状态、水平所处阶段的意识，以及对自己未来专业发展的规划意识。自我专业发展意识能促使教师将过去的发展过程、目前的发展状态和以后可能达到的发展水平结合起来，“理智地复现自己，筹划未来的自我，控制今日的行为”。教师本人在将外在因素转化为自身专业发展过程中发挥着不可替代的作用。因此，从内容上来说，教师培训应该充分考虑教师的“先前信念”和“先前经验”，而且要思考这些教师的需求与期望。从方法上来说，在职教师培训要采用多样的方法，要创造对话和思考的空间，营造宽松平等的氛围，让教师认识到知识既要借助他人的帮助，更要通过自己的努力来获得。

第四，注重教师情感体验，建设有利于教师发展的环境。专业能力不能独立于教师而存在。作为“人”的教师具有社会性和个人情感，其专业能力的发展是一个持续社会化和心理化的过程，因此教师不仅仅是“应该具备什么能力”的个体，而是富有生命力的人，是专业能力的生成者。在职教师教育要特别重视学习共同体文化的建设，注重营造轻松、自由的线上线下学习氛围，让教师感受到自己的参与对于整个社会群体来说都是有意义的，帮助教师通过与不同教师在合作、分享、交流中学习，在复杂而多元的情境中获得强大的专业支持。

第五，为在职教师培训的高校研究者或教师教育者要与一线外语教师建立合作关系。高校研究者或教师教育者的理论素养较高，而一线教师拥有更多的实践智慧，二者的合作能够形成优势互补，彼此激发，获得新知，改变高校研究者与基础教育一线教师来往过少的局面。

在职英语教师教育是英语教师专业发展的重要一环，希望更多的研究者和教师教育者投身在职英语教师教育，开展更为个性化、情境化和多样化的培训，进一步提高职后教育的针对性和时效性。

本章小结

本章探讨了在职教师的学习特点、学习模式、学习方式与学习环境，并结合背景不一、形式各异的英语教师在职教育案例，探讨了在职英语教师教育的有效途径和教育模式，介绍了基于反思的课例研修、学习共同体视域下的校本教研、高校研究者与基础教育教师合作的行动教育、基于信息技术的教师在线专业发展模式、基于可持续发展的教师培训者培训以及以教育叙事为载体的教师教育等六个案例。

此外，本章还总结了英语教师在职教育中需要注意的相关事项，强调了教师的专业发展是动态、螺旋式递进的，是在实践中反思、在反思中实践的循环过程，需要关注教师的心灵世界、情感体验和内生专业发展动力。

参考文献

AHN K，2011. Learning to teach under curricular reform：the practicum experience in South Korea［M］// JOHNSON K E，GOLOMBEK P R. Research on second language teacher education：a sociocultural perspective on professional development.New York：Routledge：239-253.

BERGER P L，LUCKMANN T，1967. The social construction of reality：a treatise in the sociology of knowledge［M］. Harmondsworth，Middlesex：Penguin Books.

BORG S，2006. Teacher cognition and language education：research and practice［M］. London：Continuum.

BORG S，2011. Contemporary themes in language teacher education［M］//吴一安，张莲．外语教师文化建构与教师发展：第三届全国外语教师教育与发展学术研讨会论文集．北京：外语教学与研究出版社：3-15.

CALDERHEAD J，1996. Teachers：beliefs and knowledge［M］// BERLINER D，CALFEE R. Handbook of research on educational psychology. New York：Macmillan：709-725.

CARTER L，1990.Teachers' knowledge and learning to teach［M］// HOUSTON W R，HABERMAN M，SUKULA J. Handbook of research on teacher education. New York：Macmillan：291-310.

CHILDS S S，2011. Language teacher cognition：tracing the conceptulizations of second language teachers［D］. Philadelphia：Pennsylvania State University.

CLANDININ D J，1985. Personal practical knowledge：a study of teachers' classroom images［J］. Curriculum inquiry（4）：361-385.

CLANDININ D J，CONNELLY F M，1986. Rhythms in teaching：

the narrative study of teachers' personal practical knowledge of classrooms [J] . Teaching and teacher education (4) : 377–387.

CLANDININ D J, CONNELLY F M, 1995. Teacher's professional knowledge landscapes [M] . New York : Teachers College Press.

COCHRAN K F, OERUITER J A, KING R A., 1993. Pedagogical content knowing : an integrative model for teacher preparation [J] . Journal of teacher education (4) : 263–272.

COHEN L, MANION L, MORRISON K, 2000. Research methods in education [M] . 5th ed. London : Routledge.

CONNELLY F M, CLANDININ D J, 1990. Stories of experience and narrative inquiry [J] . Educational researcher (5) : 2–14.

CONNELLY F M, CLANDININ D J, 1999. Shaping a professional identity : stories of educational practice [M] . New York : Teachers College Press.

CRANDALL J, 2000. Language teacher education [J] . Annual review of applied linguistics (20) : 34–55.

DENNISON B, KIRK R, 1990. Do, review, learn, apply : a simple guide to experiential learning [M] . Oxford : Blackwell.

DUFF T, 1988. Explorations in teacher training : problems and issues [M] . London : Longman.

ELBAZ F, 1983. Teacher thinking : a study of practical knowledge [M] . London : Croom Helm.

ELLIS V, EDWARDS A, SMAGORINSKY P, 2010. Cultural historical perspectives on teacher education and development : learning teaching [M] . London : Routledge.

ELLIOTT J, 1991. Action research for educational change [M] . Milton Keynes : Open University Press.

FENSTERMACHER G D, 1994. The knower and the known : the nature of knowledge in research on teaching [M] // DARLING-HAMMOND L. Review of research in education. Washington D. C. :

American Educational Research Association : 3–56.

FREEMAN D, JOHNSON K E, 1998. Reconceptualizing the knowledge-base of language teacher education [J] . TESOL quarterly (3) : 397–417.

FREEMAN D, RICHARDS J C, 1996. Teacher learning in language teaching [M] . Cambridge : Cambridge University Press.

FULLAN M, 1993. Change forces : probing the depths of educational reform [M] . London : The Falmer Press.

FULLAN M, 2001. The new meaning of educational change [M] . 3rd ed. London : Routledge.

GESS-NEWSOME J, 1999. Pedagogical content knowledge : an introduction and orientation [M] // GESS-NEWSOME J, LEDERMAN N G. Examining pedagogical content knowledge : the construct and its implications for science education. Dordrecht : Kluwer Academic Publishers : 3–20.

GOWER R, 1988. Are trainees humans ? [M] // DOFF T. Exploration in teacher training : problems and issues. Harlow : Longman : 20–25.

GROSSMAN P L, 1990. The making of a teacher : teacher knowledge and teacher education [M] . New York : Teachers College Press.

GUDMUNDSDOTTIR S, 1990. Values in pedagogical content knowledge [J] . Journal of teacher education (3) : 44–52.

HARGREAVES A, 1994. Changing teachers, changing times : teachers' work and culture in the postmodern age [M] . New York : Teachers College Press.

HARGREAVES A, FULLAN M G, 1992. Understanding teacher development [M] . New York : Teachers College Press.

HOLLIDAY A, 1994. Appropriate methodology and social context [M] . Cambridge : Cambridge University Press.

HOYLE D, JOHN P D, 1995. Professional knowledge and professional practice [M] . London : Cassell.

JOHNSON K E, 2009. Second language teacher education : a sociocultural perspective [M] . New York : Routledge.

JOHNSON K E, GOLOMBEK P R, 2002.Teachers' narrative inquiry as professional development [M] . Cambridge : Cambridge University Press.

JOHNSON K E, GOLOMBEK P R, 2003. "Seeing" teacher learning [J] . TESOL quarterly (4) : 729–737.

JOHNSON K E, GOLOMBEK P R, 2011. Research on second language teacher education : a sociocultural perspective on professional development [M] . New York : Routledge.

JOYCE B, SHOWERS B, WEIL M, 1992. Models of teaching [M] . 4th ed. Englewood Cliffs, NJ : Prentice Hall.

LAVE J, WENGER E, 1991. Situated learning : legitimate peripheral participation [M] . Cambridge : Cambridge University Press.

LITTLE J W, 2002. Locating learning in teachers' communities of practice : opening up problems of analysis in records of everyday work [J] . Teaching and teacher education (8) : 917–946.

LIU Y, FISHER L, 2010. "What have we learnt after we had fun ?" : an activity theory perspective on cultures of learning in pedagogical reforms [M] // ELLIS V, EDWARDS A, SMAGORINSKY P. Cultural-historical perspectives on teacher education and development : learning teaching. London : Routledge : 180–195.

MAINGAY P, 1988. Observation for training, development or assessment ? [M] // DUFF T. Explorations in teacher training : problems and issues. London : Longman : 118–131.

MCCLELLAND D C, 1973. Testing for competence rather than for "intelligence" [J] . American psychologist (1) : 1–14.

MCNICHOLL J, CHILDS A, 2010. Taking a sociocultural perspective on science teachers' knowledge [M] // ELLIS V, EDWARDS A, SMAGORINSKY P P. Learning teaching : cultural historical perspectives on teacher education and development. London : Routledge : 45–62.

MEDGYES P, 2001. When the teacher is a non-native speaker [M] // CELCIE-MURCIA M. Teaching English as a second or foreign language. 3rd ed. Boston : Heinle & Heinle : 415–427.

MEIRINK J A, MEIJER P C, VERLOOP N, et al., 2009. Understanding teacher learning in secondary education : the relations of teacher activities to changed beliefs about teaching and learning [J] . Teaching and teacher education (1) : 89–100.

MEZIROW J, 1990. Fostering critical refection in adulthood : a guide to transformative and emancipatory learning [M] . San Francisco : Jossey-Bass.

PAVLENKO A, 2003. "I never knew I was a bilingual" : reimagining teacher identities in TESOL [J] . Journal of language, identity and education (4) : 251–268.

REYNOLDS M C, 1989. Knowledge base for the beginning teacher [M] . Oxford : MacMillan.

RICHARDS J C, 1998. Beyond training [M] . Cambridge : Cambridge University Press.

RICHARDS J C, 2011. Competence and performance in language teaching [M] // 吴一安，张莲 . 外语教师文化建构与教师发展 . 北京 : 外语教学与研究出版社 : 16–45.

RICHARDS J C, FARRELL T S C, 2005. Professional development for language teachers [M] . Cambridge : Cambridge University Press.

RICHARDS J, NUNAN D, 1990. Second language teacher education [M] . New York : Cambridge University Press.

ROBERTS J, 1998. Language teacher education [M] . London : Arnold.

SARASON S B, 1990. The predictable failures of educational reform [M] . San Francisco : Jossey-Bass.

SCHEFFLER I, 1965. Conditions of knowledge [M] . Glenview,

IL : Scott Foresman.

SCHEFFLER I, 1973. Reason and teaching [M] . London : Routledge.

SCHÖN D A, 1983. The reflective practitioner : how professionals think in action [M] . New York : Basic Books.

SHULMAN L S, 1986. Those who understand : knowledge growth in teaching [J] . Educational researcher (2) : 4–14.

SHULMAN L S, 1987. Knowledge and teaching : foundations of the new reform [J] . Harvard educational review (1) : 1–21.

SHULMAN L S, 2000. Teacher development : roles of domain expertise and pedagogical knowledge [J] . Journal of applied developmental psychology (1) : 129–135.

SHULMAN L S, SHULMAN J H, 2004. How and what teachers learn : a shifting perspective [J] . Journal of curriculum studies (2) : 257–271.

SIEGEL H, 1998. Knowledge, truth and education [M] // CARR D. Education, knowledge and truth. London : Routledge : 19–36.

STENHOUSE L, 1975. An introduction to curriculum research and development [M] . London : Heinemann.

STERN H H, 1983. Fundamental concepts of language teaching [M] . Oxford : Oxford University Press.

TASKER T, 2011. Teacher learning through critical friends groups : recontexualizing professional development in a K–5 school [M] // JOHNSON K E, GOLOMBEK P R. Research on second language teacher education : a sociocultural perspective on professional development. New York : Routlege : 204–221.

TSUI A, 1996. Learning how to teach ESL writing [M] // FREEMAN D, RICHARDS J C. Teacher learning in language teaching. Cambridge : Cambridge University Press : 97–109.

TSUI A, 2003. Understanding expertise in teaching : case studies of second language teachers [J] . TESOL quarterly (3) : 235–242.

TSUI A, 2007. Complexities of identity formation : a narrative inquiry of an EFL teacher [J] . TESOL quarterly (4) : 657–680.

UTLEY J, 1990. Training teachers and training teacher-trainers [M] // WANG Z L. ELT in China. Beijing : Foreign Language Teaching and Research Press : 460–479.

VARGHESE M, MORGAN B, JOHNSON B, et al., 2005. Theorizing language teacher identity : three perspectives and beyond [J]. Journal of language, identity and education (1) : 21–44.

VYGOTSKY L S, 1978. Mind in society : the development of higher psychological processes [M] . Cambridge, MA : Harvard University Press.

WALLACE M J, 1991. Training foreign language teachers : a reflective approach [M] . Cambridge : Cambridge University Press.

WALLACE M J, 1998. Action research for language teachers [M] . Cambridge : Cambridge University Press.

WENGER E, 1998. Communities of practice : learning, meaning and identity [M] . Cambridge : Cambridge University Press.

WILLIAMS M, BURDEN R, 1997. Psychology for language teachers [M] . Cambridge : Cambridge University Press.

WILSON S M, SHULMAN L S, RICHERT A E, 1987. "150 different ways" of knowing : representations of knowledge in teaching [M] // CALDERHEAD J. Exploring teachers' thinking. London : Cassell : 104–124.

WOODS D, 1996. Teacher cognition in language teaching : beliefs, decision-making and classroom practice [M] . Cambridge : Cambridge University Press.

WU X, LI M, 2015. English language teacher education and teacher development [M] // LIU D Y, WU Z Y. English language education in China : past and present. Beijing : People's Education

Press：257-290.

WU Z M，2002. Pre-service English language teacher education in China-BA/TEFL curriculum studies [R]. Beijing：BNU Centenary International Conference on English Teacher Education and Development.

ZHENG H Y，2013. Teachers' beliefs and practices：a dynamic and complex relationship [J]. Asia-Pacific journal of teacher education (3)：331-343.

ZHENG H Y，2015. Teachers' beliefs as a complex system：English language teachers in China [M]. London：Springer.

陈芳，王蔷，2015. 教师主体性校本教研的多维动态模式：基于对个案的研究 [J]. 教育理论与实践（11）：19-21.

陈静静，2011. 教师实践性知识论：中日比较研究 [M]. 上海：华东师范大学出版社.

陈向明，2001. 教师如何作质的研究 [M]. 北京：教育科学出版社.

陈向明，2003. 实践性知识：教师专业发展的知识基础 [J]. 北京大学教育评论（1）：104-112.

陈向明，等，2011. 搭建实践与理论之桥：教师实践性知识研究 [M]. 北京：教育科学出版社.

陈向明，2013. 从教师"专业发展"到教师"专业学习"[J]. 教育发展研究（8）：1-7.

陈向明，2020. 跨界课例研究中的教师学习 [J]. 教育学报（2）：47-58.

陈向明，王志明，2013. 义务教育阶段教师培训调查：现状、问题与建议 [J]. 开放教育研究（4）：11-19.

陈向明，张玉荣，2014. 教师专业发展和学习为何要走向"校本"[J]. 清华大学教育研究（1）：36-43.

陈永明，1999. 现代教师论 [M]. 上海：上海教育出版社.

程晓堂，2015. 英语教师在线学习与自主专业发展：以 ELTeach 项目为例 [J]. 中小学外语教学（小学篇）（4）：1-6.

程晓堂，栗娜，2016. 职前教师教育［M］// 徐浩 . 外语教师教育重点问题研究 . 北京：外语教学与研究出版社：172-192.

程晓堂，孙晓慧，2010. 中国英语教师教育与专业发展面临的问题与挑战［J］. 外语教学理论与实践（3）：1-6.

程文华，2010. 外语教师课堂学习的个案研究［M］. 北京：外语教学与研究出版社 .

崔琳琳，2014. 理解教师学习：关于四位新手中学外语教师的叙事探究［M］. 北京：外语教学与研究出版社 .

杜静，2010. 历史与现实的追问：英国教师在职教育的发展与动因研究［M］. 北京：中国社会科学出版社 .

范文艳，2017. 教育叙事与小学英语教师校本培训［J］. 江苏教育（54）：51-53.

冯加根，2016. 我国中小学教师资格考试改革发展三题［J］. 课程·教材·教法（2）：107-112.

冯友兰，2016. 人生四境界［M］. 武汉：长江文艺出版社 .

葛炳芳，2013. 外语教师的专业成长：阅读教研与行动改进［M］. 2 版 . 杭州：浙江大学出版社 .

格罗斯曼，2012. 专业化的教师是怎样炼成的［M］. 李广平，何晓芳，等译 . 北京：人民教育出版社 .

龚亚夫，2018. 中国中小学英语教师专业发展参照框架（小学）［M］. 北京：高等教育出版社 .

龚亚夫，2019. 中国中小学英语教师专业发展参照框架（中学）［M］. 北京：高等教育出版社 .

顾泠沅，王洁，2003a. 教师在行动教育中成长：以课例为载体的教师教育模式研究［J］. 全球教育展望（1）：44-49.

顾泠沅，王洁，2003b. 以课例为载体引领教师专业发展［J］. 人民教育（6）：24-34.

顾明远，2004. 教师的职业特点与教师专业化［J］. 教师教育研究（6）：3-6.

顾佩娅，2009. 优秀外语教师成长案例研究［M］. 北京：外语教学

与研究出版社 .

顾佩娅，陶伟，古海波，等，2016. 外语教师专业发展环境研究综述［J］. 外语教学与研究（1）：99-108，161.

顾佩娅，等，2017. 中国高校英语教师专业发展环境研究［M］. 北京：外语教学与研究出版社 .

郭遂红，陈淮，2017. 基于 QQ 平台的大学英语教师协作发展模式研究［J］. 中国教育学刊（S1）：193-196.

过伟瑜，2011. 成为学习者：教师工作的道德职责［M］// 吴一安，张莲 . 外语教师文化建构与教师发展：第三届全国外语教师教育与发展研讨会论文集 . 北京：外语教学与研究出版社：87-103.

国务院，2001. 国务院关于基础教育改革与发展的决定［EB/OL］.（2001-05-29）［2021-02-05］. http：// www.gov.cn/gongbao/content/2001/content_60920.htm.

韩宝成，2010. 关于我国中小学英语教育的思考［J］. 外语教学与研究（4）：300-302.

韩宝成，曲鑫，2017. 中国英语教师专业能力评价探讨［J］. 外语学刊（5）：69-74.

韩刚，2008. 课程与人：职前英语教师的成长［M］. 北京：外语教学与研究出版社 .

韩刚，2011. 英语教师学科教学知识的建构［M］. 上海：上海外语教育出版社 .

韩刚，李庆，2005. 英语师范生教师教育课程改革："3DR" 课程方案［J］. 海南师范学院学报（社会科学版）（1）：126-131.

韩刚，王蓉，2005. 英语师范生教师教育课程的专业化目标［J］. 教师教育研究（3）：25-30.

韩刚，王蓉，2008. 理解职前外语教师的 "反思性实践"［J］. 外语教学理论与实践（3）：82-87.

韩刚，王蓉，李庆，2007a. 职前外语教师教育课程的探索性改革［M］// 吴一安，等 . 中国高校英语教师教育与发展研究 . 北京：外语教学与研究出版社：471-503.

韩刚，王蓉，李庆，2007b. 探索性新课程的实证性研究与反思［M］// 吴一安，等. 中国高校英语教师教育与发展研究. 北京：外语教学与研究出版社：504-551.

韩刚，王蓉，李庆，等，2011. 促进外语教师的互动性专业发展：农村外语教师 TTR 周末培训的理论与实践［M］// 吴一安，张莲. 外语教师文化建构与教师发展：第三届全国外语教师教育与发展研讨会论文集. 北京：外语教学与研究出版社：149-178.

郝彩虹，2010. 大学英语教师职后学历学习与专业认同变化研究［J］. 外语界（4）：84-90.

洪磊，2013. 高等师范院校英语教育专业课程结构优化研究［D］. 上海：上海师范大学.

黄爱凤，吴宗杰，2007. 探索型外语课程：RICH 课程实践［M］// 吴一安，等. 中国高校英语教师教育与发展研究. 北京：外语教学与研究出版社：182-241.

胡惠闵，王建军，2014. 教师专业发展［M］. 上海：华东师范大学出版社.

胡秀威，肖甦，2013. 澳大利亚变革型教师专业化工程的内容与实施述评［J］. 比较教育研究（6）：42-46，92.

胡志雯，稂建中，蒋珍云，2018. 项目实践共同体中教师合作学习及其对专业发展的影响［J］. 外语界（4）：27-35.

贾爱武，2006. 美国外语教师教育及专业资格标准政策研究［J］. 外语界（2）：41-46，52.

贾爱武，2014. 外语教师专业标准研究［M］. 北京：中国书籍出版社.

教师专业标准研究课题组，2013. 中学教师专业标准：要点·行动·示例［M］. 北京：北京师范大学出版社.

教育部高等学校教学指导委员会，2018. 普通高等学校本科专业类教学质量国家标准［M］. 北京：高等教育出版社.

教育部考试中心，2019. 中小学教师资格考试 考试介绍［EB/OL］.（2019-12-16）［2020-05-14］.http：// ntce.neea.edu.cn/html1/folder/1507/1181-1.htm.

教育部考试中心，2020a. 教师资格条例［EB/OL］.［2020-05-14］. http：// ntce.neea.edu.cn/html1/report/1508/309-1.htm.

教育部考试中心，2020b. 中小学教师资格考试暂行办法［EB/OL］.［2020-05-14］. http：// ntce.neea.edu.cn/html1/report/1507/1139-1.htm.

教育部考试中心，2020c. 中小学和幼儿园教师资格考试标准（试行）［EB/OL］.［2020-05-14］. http：// ntce.neea.edu.cn/html1/report/1508/332-1.htm.

教育部考试中心，2020d. 305-《英语学科知识与教学能力》（初级中学）［EB/OL］.［2020-05-14］. http：// ntce.neea.edu.cn/html1/report/1508/349-1.htm.

教育部考试中心，2020e. 405-《英语学科知识与教学能力》（高级中学）［EB/OL］.［2020-05-14］. http：// ntce.neea.edu.cn/html1/report/1508/371-1.htm.

教育部考试中心，2020f. 中小学和幼儿园教师资格考试面试大纲（试行）—中学［EB/OL］.［2020-05-14］.http：// ntce.neea.edu.cn/html1/report/1508/377-1.htm.

教育部考试中心，2020g. 中小学和幼儿园教师资格考试面试大纲（试行）—小学［EB/OL］.［2020-05-14］.http：// ntce.neea.edu.cn/html1/report/1508/379-1.htm.

鞠玉翠，2003. 教师个人实践理论的叙事探究［D］. 上海：华东师范大学.

李宝荣，2017. 基于中学英语教师校本研修实践研究的教师学习［J］. 课程·教材·教法（7）：106-111.

李翠英，孙倚娜，2014. 国外英语教师能力标准对我国英语教师发展的启示［J］. 外语界（1）：57-63.

李德华，2005. 新手教师实践性知识的建构：从教师生活史分析［J］. 当代教育科学（12）：26-30.

李芳，宋熙炯，2014. 试析我国中小学教师培训制度的未来走向［J］. 创新人才教育（4）：79-84.

李红惠，2018. 国际教师专业标准制定：时代背景、理论依据与框架内容：兼论我国教师专业标准的特点［J］. 教师发展研究（2）：119-124.

李瑾瑜，杨帆，2018. 教师培训:40 年的实践历程及其发展趋势［J］. 教师发展研究（4）：17-26.

李良佑，张日昇，刘犁，1988. 中国英语教学史［M］. 上海：上海外语教育出版社.

李莉春，2012. 教师在行动中的识知与反思：教师实践性知识本质探究［D］. 北京：北京大学.

李晓博，2011. 有心流动的课堂:教师专业知识的叙事探究［M］. 北京：外语教学与研究出版社.

李运福，杨晓宏，2016. 基于大数据分析的 O2O 教师培训模式研究：对“互联网＋”教师培训的初步思考［J］. 中国电化教育（12）：113-120.

联合国教科文组织总部中文科，1996. 教育:财富蕴藏其中［M］. 北京：教育科学出版社.

林崇德，申继亮，辛涛，1996. 教师素质的构成及其培养途径［J］. 中国教育学刊（6）：16-22.

林红，2003. 非英语专业小学教师转岗培训的研究［J］. 现代教育论丛（4）：54-57.

刘道义，2001. 小学开外语，步子要稳妥［N］. 光明日报，2001-02-15.

刘道义，2008. 基础外语教育发展报告（1978—2008）［M］. 上海：上海外语教育出版社.

刘道义，2011. 试论中小学英语教师的专业发展［M］// 首都师范大学外国语言学及应用语言学研究所. 英语教育与教师教育研究:第 1 辑. 北京：首都师范大学出版社：1-12.

刘丽平，2016. 网络研修工作坊:在职英语教师专业发展的助推器［J］. 海外英语（15）：1-3.

刘润清，2000. 总序［M］// RICHARDS J C，NUNAN D. 第二语言教师教育（Second language teacher education）. 北京：外语教学与研究

出版社：F5-F9.

刘润爱，牛同和，2010. 用叙事研究引领教师专业成长［J］. 当代教育科学（10）：28-29.

刘学惠，2007a. 外语教师教育与发展的概念重构和研究进展［M］// 吴一安，等. 中国高校英语教师教育与发展研究. 北京：外语教学与研究出版社：2-33.

刘学惠，2007b. 探究教师建构性学习：一个英语教师课堂研究小组的案例［D］. 北京：北京师范大学.

刘学惠，2009. 基于课例研究的教师学习共同体［R］. 重庆：第三届全国外语教师教育与发展学术研讨会.

刘学惠，申继亮，2006. 教师学习的分析维度与研究现状［J］. 全球教育展望（8）：54-59.

刘熠，2011. 叙事视角下的大学公共英语教师职业认同建构研究［M］. 北京：外语教学与研究出版社.

龙宝新，2017. 当代国外中小学教师培训理论的发展与走向［J］. 天津师范大学学报（基础教育版）（1）：1-8.

骆传伟，胡伟杰，裘晨晖，2019. 新时代卓越英语教师培养的继承与革新［N］. 中国社会科学报，2019-08-16（5）.

毛齐明，2011. 略论“社会文化—活动”理论视野下的学习过程观［J］. 外国教育研究（6）：1-6.

毛齐明，蔡宏武，2012. 教师学习机制的社会建构主义诠释［J］. 华东师范大学学报（教育科学版）（2）：19-25.

濮实，吴一安，2011. 外语教师教育课程与职前教师职业信念的发展［M］// 吴一安，张莲. 外语教师文化建构与教师发展：第三届全国外语教师教育与发展学术研讨会论文集. 北京：外语教学与研究出版社：271-290.

欧阳护华，2011. 从“能不能”到“愿不愿”、“敢不敢”：探索中国教师发展的本土路径［M］// 吴一安，张莲. 外语教师文化建构与教师发展：第三届全国外语教师教育与发展学术研讨会论文集. 北京：外语教学与研究出版社：46-56.

潘裕民，2013. 教师专业发展的理论取向与实现路径［M］. 桂林：广西师范大学出版社.

彭剑娥，2016. 教师研究的生态学视觉［M］// 徐浩. 外语教师教育重点问题研究. 北京：外语教学与研究出版社：260–276.

彭伟强，朱晓燕，钟美华，2008. 外语教师教育与发展研究：现状、思考与展望［J］. 外语界（5）：38–45，83.

祁占勇，2014. 卓越教师专业能力成长的合理性建构［J］. 当代教师教育（3）：42–47.

秦杰，2018. 我国中学英语教师专业能力发展研究［M］. 北京：外语教学与研究出版社.

乔纳森，2002. 学习环境的理论基础［M］. 郑太年，任友群，译. 上海：华东师范大学出版社.

申继亮，刘加霞，2004. 论教师的教学反思［J］. 华东师范大学学报（教育科学版）（3）：44–49.

申继亮，辛涛，1996. 论教师素质的构成［J］. 中小学管理（11）：4–7.

孙钦美，郑新民，2015. 共同体视域下高校英语教师个性化学习的个案研究［J］. 外语界（5）：88–96.

孙有中，张虹，张莲，2018.《国标》视野下外语类专业教师能力框架［J］. 中国外语（2）：4–11.

陶丽，顾佩娅，2016. 选择与补偿：高校英语教师职业能动性研究［J］. 外语界（1）：87–95.

陶燕琴，苏启敏，2020. 澳大利亚教师专业道德守则的基本特质、价值取向与发展趋势［J］. 教育导刊（1）：89–96.

田贵森，2013. 师范院校英语专业的课程改革与人才培养［J］. 大学英语教学与研究（6）：3–7.

王栋，2017. 基于行动科学的教师在职研修与专业发展模式探析［J］. 教育评论（1）：111–114.

王洁，顾泠沅，2007. 行动教育：教师在职学习的范式革新［M］. 上海：华东师范大学出版社.

王俊菊，2012. 外语课堂环境下的教师学习研究［J］. 中国外语（1）：

56–63.

王俊菊，朱耀云，2008. 师生关系情境中的教师学习：基于叙事日志的个案研究［J］. 外语教学与研究（外国语文双月刊）（4）：287–292.

王蔷，田贵森，钱小芳，等，2007. 外语师范教育：现状与建议［M］// 吴一安，等. 中国高校英语教师教育与发展研究. 北京：外语教学与研究出版社：392–433.

王蔷，张文华，林周婧，2010. 高校与基础教育教师合作行动研究的实践探索［J］. 课程·教材·教法（12）：87–93.

汪琼，2015.MOOC 用于教师培训："翻转课堂教学法" MOOC 课程实践［J］. 中国教育信息化（1）：9–11.

王蓉，韩刚，2005. 英语师范生的专业成长：3DR 课程实验总结［J］. 海南师范学院学报（社会科学版）（1）：132–137.

汪茹，2018. 基于云服务正反馈的区域教师培训策略研究［J］. 电化教育研究（12）：123–128.

王少非，2005. 新课程背景下的教师专业发展［M］. 上海：华东师范大学出版社.

王艳，2011. 优秀外语教师实践性知识的个案研究［J］. 外语教学理论与实践（1）：68–76.

王枬，等，2007. 教师发展：从自在走向自为［M］. 桂林：广西师范大学出版社.

文秋芳，任庆梅，2011. 探究我国高校外语教师互动发展的新模式［J］. 现代外语（季刊）（1）：83–90，110.

吴国珍，等，2010. 心灵的觉醒：理解教师叙事探究［M］. 北京：北京师范大学出版社.

吴国珍，2019. 中国教育，这样自然平衡："教师勇气更新" U 境进化［M］. 上海：华东师范大学出版社.

武和平，2012. 探索符合成人学习特点的教师培训模式［J］. 基础英语教育（2）：11–13.

吴欣，2005. 中学英语教师发展研究：现状与措施［M］. 北京：外语教学与研究出版社.

吴欣，2008. 中国中小学英语教师现状现场调查总报告［M］//吴欣，杨晓青 . 中国中小学英语教师现状调查与分析 . 北京：人民教育出版社：333-388.

吴欣，2021. 论中小学英语教师专业能力：内涵、特征与内容结构［J］. 课程·教材·教法（1）：110-117.

吴欣，杨晓青，2008. 中国中小学英语教师现状调查与分析［M］. 北京：人民教育出版社 .

吴一安，等，2007a. 中国高校英语教师教育与发展研究［M］. 北京：外语教学与研究出版社 .

吴一安，王文峰，2007b. 优秀外语教师的专业素质［M］//吴一安，等 . 中国高校英语教师教育与发展研究 . 北京：外语教学与研究出版社：127-155.

吴一安，王文峰，2007c. 优秀外语教师的专业发展研究［M］//吴一安，等 . 中国高校英语教师教育与发展研究 . 北京：外语教学与研究出版社：156-180.

吴一安，张莲，2011. 外语教师文化建构与教师发展：第三届全国外语教育与发展学术研讨会论文集［M］. 北京：外语教学与研究出版社 .

吴永军，2007. 我国教师专业化研究：成绩、局限、展望［J］. 课程·教材·教法（10）：64-70.

吴宗杰，1997. 英语师资教育课程发展：师范院校本科英语教育专业课改革思考［J］. 外语界（2）：2-6.

吴宗杰，2005. 教师知识与课程话语［M］. 北京：外语教学与研究出版社 .

吴宗杰，黄爱凤，郑志恋，等，2005. 外语课程与教师发展：RICH 教育视野［M］. 合肥：安徽教育出版社 .

吴宗杰，晏小萍，1997. 从 IATEFL 年会看英语教学走向［J］. 外语教学与研究（4）：78-79.

夏谷鸣，鲁子问，2016. 试论临床解剖式教师培训模式［J］. 基础教育课程（3）：57-62.

肖丽萍，2002. 国内外教师专业发展研究述评［J］. 中国教育学刊（5）：

57–60.

肖正德，张素琪，2011. 近年来国内教师学习研究:盘点与梳理［J］. 全球教育展望（7）：54–59.

徐浩，2016. 外语教师教育重点问题研究［M］. 北京：外语教学与研究出版社.

许悦婷，刘永灿，2008. 大学英语教师形成性评估知识的叙事探究［J］. 外语教学理论与实践（3）：61–67.

严明，2010. 中国外语教师角色的教育文化诠释［J］. 上海师范大学学报（哲学社会科学版）（4）：106–111.

杨鲁新，2016a. 集体备课对中学英语教师教学理念和实践的影响：四位新手教师的个案研究［J］. 山东外语教学（3）：62–70.

杨鲁新，2016b. 扎根课堂，教研一体：高校研究者专业引领下的中小学英语教师发展新模式研究［M］. 北京：外语教学与研究出版社.

杨鲁新，付晓帆，2014. 语法教学理念及实践转变:活动理论取径［J］. 外语与外语教学（1）：60–66.

杨鲁新，裘晨晖，2016. 英语名师学员教研相长录:反思与实践［M］. 北京：外语教学与研究出版社.

叶澜，1991. 教育概论［M］. 北京：人民教育出版社.

叶澜，白益民，王枬，等，2001. 教师角色与教师发展新探［M］. 北京：教育科学出版社.

叶澜，2009. 中国基础教育改革发展研究［M］. 北京：中国人民大学出版社.

叶澜，2019. “散论”教师［M］//叶澜，庞庆举. 俯仰间会悟：叶澜随笔读思录. 北京：中国人民大学出版社：121–127.

余新，王婷，2018. 改革开放 40 年我国教师在职教育的回顾与前瞻［J］. 课程·教材·教法（7）：21–26.

俞燕明，闻琴华，2019. RICH 理念引领下的英语（师范）专业课程改革［N］. 中国社会科学报，2019–08–16（5）.

袁燕华，2012. 校际合作、准确定位：我国外语教师培训的有效途径［J］. 外语与外语教学（5）：20–23.

张莲，2007. 优秀外语教师课堂决策研究［M］// 吴一安，等 . 中国高校英语教师教育与发展研究 . 北京：外语教学与研究出版社：104-126

张莲，2008. 外语教师教育研究方法：回顾与展望［J］. 外语教学理论与实践（3）：48-54.

张莲，2011. 外语教师个人理论研究［M］. 北京：外语教学与研究出版社 .

张莲，2013. 高校外语教师专业发展的制约因素及对策：一项个案调查报告［J］. 中国外语（1）：81-88.

张莲，高释然，2019. 中国外语教师教育与发展研究 40 年：回眸与展望［J］. 外语教育研究前沿（1）：3-12.

张莲，吴一安，金利民，等，2013. 英语专业课程改革与教师发展良性互动机制的构建：以北外英语学院为例［J］. 外语与外语教学（3）：30-33.

张洁，周燕，2018. 我国外语教育传统中的教师学习：一项人类学视阈下的个案研究［J］. 外语与外语教学（4）：34-43.

张仙，黎加厚，2007. 基于 Blog 的教育叙事促进教师专业发展的调查研究［J］. 电化教育研究（3）：56-59.

张亚萍，竺金飞，2019. 基于教研—育人共同体的大中学校协同培养职前教师模式探索［N］. 中国社会科学报，2019-08-16（5）.

赵婉莉，2017. 教师胜任力培训：现状、问题及对策：以中学英语教师为例［J］. 中国成人教育（18）：147-151.

赵兴龙，2018. 互联网时代乡村教师深度培训模式［J］. 电化教育研究（4）：86-92.

赵永勤，2013. 基于成人学习特点的教师培训者专业能力探析［J］. 当代教育论丛（5）：73-78.

浙江师范大学 RICH 团队，2011. 重温 RICH 教育故事：在课程改革的探索型实践中孕育学习文化［M］// 吴一安，张莲 . 外语教师文化建构与教师发展：第三届全国外语教师教育与发展研讨会论文集 . 北京：外语教学与研究出版社：117-148.

郑师渠，2004. 论高师院校的转型［J］. 教师教育研究（1）：3-7.

中华人民共和国教育部，2001. 全日制义务教育普通高级中学英语课程标准（实验稿）[M] . 北京：北京师范大学出版社 .

中华人民共和国教育部，2003. 普通高中英语课程标准（实验）[M] . 北京：人民教育出版社 .

中华人民共和国教育部，2009. 中国教育统计年鉴 2008 [M] . 北京：人民教育出版社 .

中华人民共和国教育部，2012a. 义务教育英语课程标准（2011 年版）[M] . 北京：北京师范大学出版社 .

中华人民共和国教育部，2012b. 幼儿园教师专业标准（试行）[EB/OL] . http：// www.moe.gov.cn/srcsite/A10/s6991/201209/t20120913_145603.html.

中华人民共和国教育部，2012c. 小学教师专业标准（试行）[EB/OL] . http：// www.moe.gov.cn/srcsite/A10/s6991/201209/t20120913_145603.html.

中华人民共和国教育部，2012d. 中学教师专业标准（试行）[EB/OL] . http：// www.moe.gov.cn/srcsite/A10/s6991/201209/t20120913_145603.html.

中华人民共和国教育部，2013. 中小学教师资格考试暂行办法 [EB/OL] . http：// www.moe.gov.cn/publicfiles/business/htmlfiles/moe/s7085/201309/xxgk_156643.html.

中华人民共和国教育部，2017a. 普通高等学校师范类专业认证实施办法（暂行）[EB/OL] . http：// www.moe.gov.cn/srcsite/A10/s7011/201711/t20171106_318535.html.

中华人民共和国教育部，2017b.（2017-08-21）[2021-02-19] . 初中分课程专任教师学历情况 [EB/OL] . http：// www.moe.gov.cn/s78/A03/moe_560/jytjsj_2016/2016_qg/201708/t20170823_311736.html.

中华人民共和国教育部，2017c.（2017-08-22）[2021-02-19] . 普通高中分课程专任教师学历情况 [EB/OL] . http：// www.moe.gov.cn/s78/A03/moe_560/jytjsj_2016/2016_qg/201708/t20170829_312600.html.

中华人民共和国教育部，2017d.（2017-08-24）[2021-02-19]. 各级各类学历教育学生情况 [EB/OL]. http：// www.moe.gov.cn/s78/A03/moe_560/jytjsj_2016/2016_qg/201708/t20170823_311668.html.

中华人民共和国教育部，2018. 普通高中英语课程标准（2017 年版）[M]. 北京：人民教育出版社.

中华人民共和国教育部，2019.（2019-08-12）[2021-02-19]. 小学分课程专任教师学历情况 [EB/OL]. http：// www.moe.gov.cn/s78/A03/moe_560/jytjsj_2018/qg/201908/t20190812_394196.html.

中华人民共和国教育部，2020a.（2020-06-09）[2021-02-19]. 小学分课程专任教师学历情况 [EB/OL]. http：// www.moe.gov.cn/s78/A03/moe_560/jytjsj_2019/qg/202006/t20200611_464824.html.

中华人民共和国教育部，2020b.（2020-06-10）[2021-02-19]. 普通高中分课程专任教师学历情况 [EB/OL]. http：// www.moe.gov.cn/s78/A03/moe_560/jytjsj_2019/qg/202006/t20200610_464557.html.

中华人民共和国教育部，2020c.（2020-06-09）[2021-02-19]. 初中分课程专任教师学历情况 [EB/OL]. http：// www.moe.gov.cn/s78/A03/moe_560/jytjsj_2019/qg/202006/t20200611_464843.html.

钟启泉，2001. 教师“专业化”：理念、制度、课题 [J]. 教育研究（12）：12-16.

钟亚尼，2009. 协作的教师学习：社会文化理论的视角 [M] // 卢乃桂，操太圣. 中国教师的专业发展与变迁. 北京：教育科学出版社：169-199.

仲伟合，王巍巍，2016.“国家标准”背景下我国英语类专业教师能力构成与发展体系建设 [J]. 外语界（6）：2-8.

中小学教师专业发展标准及指导课题组，2012. 中小学教师专业发展标准及指导：英语 [M]. 北京：北京师范大学出版社.

周燕，2010. 教师是外语学习环境下提高英语教学水平的关键 [J]. 外语教学与研究（外国语文双月刊）（4）：294-296.

周燕，2019. 论外语教育的学科定位与教师的身份认同 [J]. 外语教育研究前沿（4）：11-15.

周燕，曹荣平，王文峰，2007. 在教学和互动中成长 [M] // 吴一安，等.中国高校英语教师教育与发展研究.北京：外语教学与研究出版社：310-341.

周燕，张洁，2014.外语教师的课堂角色定位探究［J］.外语教学理论与实践（1）：30-33.

朱晓燕，2004.中学英语新教师学科教学知识的发展［M］.南京：南京师范大学出版社.

朱敬，2018.论中小学教师发展之MOOC路径：兼议基础教育与高校协同发展［J］.中小学教师培训（7）：21-25.

朱旭东，周钧，2007.教师专业发展研究述评［J］.中国教育学刊（1）：68-73.

庄严，郭向军，2016.走向有深度的校本教研：基于录像片段的体验欣赏式校本教研新尝试［J］.教育科学研究（7）：14-18.

邹为诚，2009，中国基础教育阶段外语教师的职前教育研究［J］.外语教学理论与实践（1）：1-16.

邹为诚，2010a.中国基础教育阶段外语教师的职前教育研究报告［M］//邹为诚.中国基础英语教师教育研究.上海：华东师范大学出版社：31-75.

邹为诚，2010b.中国基础英语教师教育研究［M］.上海：华东师范大学出版社.

邹为诚，2010c.外语教师教育的历史回顾［M］//邹为诚.中国基础英语教师教育研究.上海：华东师范大学出版社：3-28.

佐藤学，2003.课程与教师［M］.钟启泉，译.北京：教育科学出版社.

图书在版编目（C I P）数据

英语教师专业能力及其发展途径 / 吴欣，崔琳琳著
. -- 南宁 ：广西教育出版社，2022.4（2024.9 重印）
（中国外语教育研究丛书 / 刘道义主编）
ISBN 978-7-5435-9001-4

Ⅰ.①英… Ⅱ.①吴… ②崔… Ⅲ.①英语-中学教师-师资培养-研究②英语-小学教师-师资培养-研究
Ⅳ.①G633.412

中国版本图书馆 CIP 数据核字(2022)第 043596 号

策　　划	黄力平	装帧设计	刘相文
组稿编辑	陶春艳　黄力平	责任技编	蒋　媛
责任编辑	陶春艳	封面题字	李　雁
责任校对	石　刚　卢佳慧		

出 版 人：石立民
出版发行：广西教育出版社
地　　址：广西南宁市鲤湾路 8 号　　邮政编码：530022
电　　话：0771-5865797
本社网址：http: //www. gxeph. com
电子信箱：gxeph@vip. 163. com
印　　刷：广西民族印刷包装集团有限公司
开　　本：787mm×1092mm　1/16
印　　张：15
字　　数：224 千字
版　　次：2022 年 4 月第 1 版
印　　次：2024 年 9 月第 2 次印刷
书　　号：ISBN 978-7-5435-9001-4
定　　价：36.00 元